아동건강교육

신애선 임경례 공저

CHILD HEALTH
EDUCATION

양 성 원

머리말

영유아 시기는 성인에 비해 면역력이 약하여 질병에 노출되기 쉽다. 영유아가 아프면 먹는 것도 제대로 먹지 못하게 되고, 잠도 제대로 못 자며, 놀이나 활동을 하기도 어려워진다. 또한 영유아의 성장 · 발달에도 지장을 주게 된다. 영유아 교육기관에서 생활하는 중에 영유아가 아프게 되면 교사는 아픈 영유아를 돌보는 것과 함께 상황에 맞게 대처를 할 수 있어야 한다.

아동건강교육은 영유아의 건강을 증진하고 건강 관련 문제가 발생하지 않도록 영유아 교육기관에서의 영유아 건강관리와 교육방법에 관련된 전반적이고 개괄적인 지식을 습득하는 교과목이다. 구체적으로 교사가 영유아 교육기관에서 영유아의 건강상태를 점검하고 질병 및 감염병을 예방하는 방법, 그리고 영유아에게 건강교육을 운영하고 응급상황에서 올바르게 응급처치하는 방법을 다룬다.

따라서 아동건강교육은 학습자가 영유아 건강의 중요성을 알고 건강점검을 통해 영유아에게 발생하기 쉬운 건강상의 문제를 파악하고 질병과 감염병으로부터 영유아를 보호하는 건강관리의 측면과 건강교육을 통해 영유아가 건강한 생활습관을 형성하도록 하는 데 목적이 있다. 이를 위해 이 책에서는 아동건강의 이해, 영유아의 발달단계별 건강증진, 영유아 건강문제 및 대응, 영유아 교육기관 건강교육, 영유아 교육기관 건강점검 및 질병관리 등의 건강 전반에 걸친 내용을 5부 13장으로 구성하여 살펴보고자 한다.

이에 1부 '아동건강의 이해'에서는 영유아 건강의 중요성과 건강의 결정요소를 내용으로 다룸으로써 건강의 개념과 영유아 건강의 중요성 이해, 그리고 영유아 건강의 결정요소를 파악한다. 이러한 과정을 통해 학습자는 영유아 건강에 대한 기초 지식을 습득한다.

2부 '아동의 발달단계별 건강증진'에서는 영유아의 건강증진 방법을 그 내용으로 하여 영양 및 섭생, 위생관리와 같은 영유아 건강교육을 통해 교육 현장에서의 적용 능력을 함양한다.

3부 '아동 건강문제 및 대응'에서는 신체 · 정신 건강문제 및 대응과 영양 건강문제를 내용으로 다룸으로써 영유아의 건강문제에 적절하게 대응하는 방법을 습득한다.

4부 '영유아 교육기관 건강교육'에서는 0~만 1세, 만 2세 보육과정과 누리과정의 건강 관련 영역과 평가제 지표의 건강 관련 영역을 통해 영유아의 건강과 영양의 내용을 알 수 있다.

5부 건강점검 및 질병관리'에서는 영유아 교육기관에서의 건강점검 및 질병관리, 응급처치를 내용으로 다룸으로써 영유아에게 발생하기 쉬운 질병 및 감염병을 이해하고, 질병 및 감염병 발생 시 적절하게 대처하는 방법을 익힌다. 또한 응급상황 시 영유아에게 적절한 응급처치 방법을 숙지하고 이를 실시할 수 있다.

집필진은 연구자들이 다양한 기관에서 연구한 연구 결과와 건강 관련 전문 지식인이 아낌없이 내어주는 건강 관련 지식, 그리고 영유아 교육현장에서와 강의실에서의 교육경험을 이 책에 담았다. 이 책이 사용되는 영유아 교육현장과 강의실의 학습자에게 탄탄한 이론과 실제가 될 수 있는 교재이기를 염원한다. "어제의 의학, 오늘은 틀릴 수도 있다."라는 말이 시사하는 바와 같이 질병 관련 새로이 밝혀지거나 이루어낸 지식과 같은 집필진이 담지 못한 측면이나 관점, 내용에서 오는 아쉬움은 전국 각처에서 아동건강교육을 강의하는 분들의 빛나는 강의를 통해 채워질 것으로 사료된다.

이 책의 출판을 맡아 주신 양성원의 대표이사님을 비롯하여 편집 관계자분과 영유아 교육현장에서 협조해 주신 원장님, 선생님들께 감사의 마음을 전한다.

2022년 2월

집필진 올림

차례

3부 ❀ 아동 건강문제 및 대응

4부 ❀ 영유아 교육기관 건강교육

5부 ✽ 건강점검 및 질병관리

1부

아동건강의 이해

1장

영유아 건강의 중요성과 건강의 결정요소

영유아의 건강은 임신을 계획한 이래 건강한 몸과 마음의 상태를 유지하는 남성과 여성의 건강으로부터 출발하여, 태아기의 건강을 거쳐 영유아기에 이른다. 이 흐름은 이후의 생애 동안의 건강과도 직결된다. 따라서 이 장에서는 영유아 건강과 건강의 결정 요소에 대한 고찰을 통해 영유아의 건강한 삶을 영위하도록 하는 데 중점을 둔다.

1. 건강의 개념과 영유아 건강의 중요성

1) 건강의 개념

건강을 생각하면 신체적 건강이 가장 먼저 떠오른다. 통상적으로 몸이 아픈 데가 없으면 건강하다고 여겨졌다. 그러나 점차 정신적 건강이 중요하다고 느끼게 되었으며, 이는 사회적 건강과도 밀접한 관계가 있기에 오늘날에는 사회적 건강 또한 강조되는 추세이다. 개인이 일상생활 속에서 느끼는 행복감, 만족감이나 안녕감은 정신 건강과 직결되고, 이는 대인관계를 통해 사회적 안녕감과 관련된다.

이에 대한 예의 하나로 일의 정황이나 남의 마음 따위를 상황으로부터 미루어 알아내는 힘인 '눈치'를 들 수 있다. 우리나라는 눈치가 사회문화적 맥락에서 대인관계 기능의 향상과 주관적 안녕감의 증진에 기여하는 중요한 요인으로 작용한다. 눈치는 적응과 관계가 있으며, 자아존중감과 관련이 있다. 즉, 눈치는 정신적 · 사회적 건강과 깊은 관계가 있다.

건강(health)의 어원을 살펴보면 완전한 혹은 온전한 의미인 whole[houl]에서 시작되어 활기 있는 hale[heil]을 거쳐 health[helθ]가 되었다. 이는 건강의 의미가 단순히 질병의 유무에 국한된 것이 아니라 전인교육에서 제시하는 신체적(physical), 정신적(mental), 사회적(social)으로 적절히 조화를 이루는 상태로 그 의미가 확장되었다는 것을 뜻한다(이동건, 2020).

1948년 세계보건기구(世界保健機構, World Health Organization: WHO)는 헌장에서 건강에 대하여 건강을 단순히 질병이나 허약함이 없는 상태가 아니라 육체적 · 정신적 · 사회적으로 완전한 안녕 상태(Health is a state of complete physical, mental and social well-being and not merely the absence of disease or infirmity)라고 규정하였다.

앞에서 거듭 강조하듯이 건강이라는 것은 완전한 육체적, 정신적 및 사회적 복리의 상태를 뜻한다. 하지만 단순히 질병 또는 병약이 존재하지 않는다는 것을 뜻하는 것은 아니다. 따라서 인간이 도달할 수 있는 최고 수준의 건강을 향유한다는 것은 인종, 종교, 정치적 신념과, 경제적 또는 사회적 조건의 구별 없이 만인이 가지는 기본적 권리이다.

2) 영유아 건강의 중요성

영유아기는 전 생애의 발달에 있어서 기초가 되는 중요한 시기이다. 그런데 영유아기의 성장과 발달을 잘 이루어 가도록 힘쓰는 교육적 노력은 영유아의 건강을 토대로 할 때 가능하다. 따라서 영유아 교사는 영유아의 건강의 중요성을 인식하고, 영유아 건강 관련 지식의 함양과 이의 적용에 대한 역량을 길러야 한다. 이에는 영양, 구강위생, 전염병 관리 및 예방접종, 휴식과 수면, 운동 등이 있으며, 이는 중요하게 다루어져야 한다.

영유아는 성인처럼 자신의 건강을 스스로 관리하기 어렵다. 게다가 모체에게서 받은 면역력이 소실되면서 면역력을 형성해야 하는 시기이므로, 성인에 비해 면역력 또한 떨어진다. 영유아는 신체발달이 진행되면서 자신의 능력을 시험하고자 신체를 활용하여 무엇에든지 도전하고자 하여 감염에의 노출과 상해에 대한 위험이 늘 산재해 있다. 따라서 교사에 의한 건강관리가 이루어져야 한다. 영유아의 효율적인 건강관리를 위해서는 먼저 영유아의 발달 상태를 이해하고 이에 적절한 건강 관련 경험이나 활동을 제공해야 한다. 또한 영유아 개개인의 특징을 이해하고, 그에 따라 식사, 배변, 의복, 수면 및 휴식, 청결 등에 있어서 건강한 생활 습관을 익히도록 해야 한다(엄옥주, 2005).

2. 영유아 건강교육의 개념과 중요성

1) 영유아 건강교육의 개념

영유아기는 기본적인 발달과 함께 생활습관과 가치관이 형성되는 매우 중요한 시기이다. 그러나 영유아기는 영유아 자신의 건강을 유지하는 데 필요한 기술과 지식의 발달이 미흡하여 영유아 교육기관에서의 건강교육이 요구되며, 교사의 적극적인 관심과 노력이 필요하다. 특히 이 시기에 형성된 건강에 대한 생활습관과 태도는 이후 발달에 영향을 준다는 점에서 그 중요성이 더욱 강조된다. 따라서 가정과의 연계하에 영유아 교육기관에서의 단계적이고 체계적인 건강교육이 이루어져야 한다.

(1) 연령별 건강교육

① 0~만 1세

0~만 1세의 시기에는 교사가 더욱더 위생에 철저해야 하며, 교사의 도움 속에서 이루어지는 영아의 청결 생활이 중요하다. 영양 면에 있어서는 적절한 영양공급이 수유와 이유를 통해 이루어져야 하며, 이유는 개인차가 있지만 대략 5~6개월경에 시작하고 일주일에 한 가지씩 시도하여 알레르기로 인해 어려움을 겪지 않도록 진행한다. 또한 점차 컵과 식기 등을 적절하게 사용하도록 한다. 수면, 배변에 있어서도 영아의 비언어적인 표현을 잘 읽어 내어 그에 따른 도움을 제공해야 한다.

② 만 2세

만 2세의 시기에는 '내가' 해 보려는 시도가 증가한다. 이에 따라 교사는 영아의 건강한 생활습관 형성을 위해 영아 스스로의 시도에 중점을 두어야 한다. 영아에게 손과 얼굴을 스스로 씻고 이 닦기 등을 혼자 할 수 있는 경험을 제공하며, 올바른 방법에 대하여 시범, 그림 등을 통해 알려 주고 즐거움을 느낄 수 있도록 상호작용을 해 주어야 한다(김은숙, 2015). 배변훈련은 괄약근의 신체적 성숙이 이루어지는 18개월 이후에 여유를 가지고 영아의 리듬에 맞추어 진행하는 것이 좋다.

③ 만 3~5세

만 3~5세의 시기에는 건강의 중요성을 강조하고 식사, 수면과 휴식, 청결, 배설, 의생활 등을 하루 일과 속에서 일관성 있게 지도한다. 유아의 청결한 생활습관은 자신의 신체를 항상 깨끗이 유지하는 것에서부터 시작하며, 손과 치아의 청결은 건강유지의 기본이 되므로 손과 몸, 치아를 청결히 유지하도록 지도한다.

(2) 영유아 교육기관에서의 건강교육

영유아 건강교육은 영유아가 건강한 몸과 마음을 가지고 생활하도록 습관화하고, 이를 기초로 미래의 건강한 사회를 위한 초석이 되도록 교육 내용을 구성하고 환경을 정비하는 의미를 내포한다. 영유아기는 심신이 급속하게 발달하는 시기이고, 일생 동안의 성장과 발달의 기초가 되므로, 좋은 습관과 태도를 형성할 수 있도록 영유아 교육기관에서의 세심한 건강관리와 지도가 필요하다. 영유아 교육기관에서는 건강교육 활동을 계획할 때 포괄적 건강교육 내용 제시와 함께 동화 듣기, 간식 및 점심시간, 극놀이, 화장실 가기, 요리하기, 현장학습 등 다양한 영역별 활동을 통합하는 것이 효과적이다(임미혜, 정정옥, 2010). 영유아 교육기관에서의 건강교육에 대하여 살펴보면 〈표 1-1〉과 같다.

〈표 1-1〉 영유아 교육기관에서의 건강교육

주제에 따른 통합적 접근	• 영유아에게 건강에 관련된 지식, 기술, 태도를 가르칠 때 영유아가 항상 경험하는 일상생활의 다양한 상황과 통합하여 제시한다.
상황중심 건강교육	• 여러 가지 실제 상황을 건강교육에 활용하는 교육이다. 예: 건강검진을 하는 날 유아들에게 건강검진을 하는 이유와 건강검진 방법에 대해 토의하거나 이야기를 나눈다. • 간식과 점심시간에 이루어지는 건강교육도 이에 해당한다. 이러한 방법은 영유아가 실생활에서 직접 경험하면서 이루어진다는 점에서 영유아의 동기를 유발한다. 예: 식사를 시간에 맞추어서 하는데 그 사이에 배가 고프면 약간의 간식을 챙겨 먹는 것을 알 수 있다.
역할놀이를 활용한 건강교육	• 유아가 관심 있는 주제를 중심으로 가상놀이를 하므로 적절한 상황에서 하는 말과 행동을 경험해 볼 수 있다. • 유아기에는 다양한 역할놀이를 통해서 실생활에서 직접적으로 경험하기 어려운 일들을 간접적으로 체험할 수 있게 함으로써 관심을 가질 수 있도록 한다. 예: 케이크를 만드는 빵가게 놀이를 하면서 케이크에 들어가는 재료와 방법들을 상상하고 체험하면서 다양한 재료에 관심을 가질 수 있다.
모델링을 활용한 건강교육	• 일상생활 습관은 영유아가 일상생활 속에서 자연스럽게 습득하는 것이 좋은 방법이다. • 교사는 영유아에게 매일 설명하면서 건강교육을 하는 것보다는 일상생활 속에서 자연스럽게 건강한 생활 습관이 형성될 수 있도록 도와야 한다. • 교사가 일상생활 습관에서 보여 주는 모든 것이 모델링이다.

부모를 통한 건강교육	• 가정통신문, 안내문, 부모교육을 통해 이루어지는 건강교육은 영유아 교육기관과 가정이 연계를 한다는 점에서 중요한 부분이다. • 기본생활습관은 반복적이고 지속적으로 이루어져야 형성된다는 점에서 가정과의 연계는 반드시 필요하다. • 부모와 함께 건강에 관한 정보를 살펴보면서 건강교육을 지속할 수 있다. 영유아 교육기관과 가정과의 협력으로 인해 영유아는 건강한 생활을 영위할 수 있다.
지역사회 연계를 통한 건강교육	• 건강과 관련된 전문가를 영유아 교육기관으로 초빙하여 건강과 관련된 직업에 대해 설명을 듣거나 건강관리 방법에 대한 시범을 보면서 토의하는 기회를 갖는다. 예: 의사, 간호사, 영양사 등
생태학적 접근을 통한 건강교육	• 영유아 주변 환경과 상호작용을 통해 건강교육을 실시한다. 예: 바깥놀이, 산책, 텃밭 가꾸기, 동물 기르기 등
현장학습을 통한 건강교육	• 영유아 교육기관 밖의 장소를 방문하여 영유아가 실제 현장경험을 할 수 있게 함으로써 학습의 효과를 높이는 방법이다. • 영유아의 현장학습을 효과적으로 진행하기 위해서는 사전에 현장학습 장소와 일정 및 과정에 대한 교사의 치밀한 계획이 선행되어야 하며, 현장학습을 다녀온 후 현장에서의 경험을 확장시켜 보는 다양한 사후활동을 전개함으로써 현장에서 경험한 내용을 학습 주제와 통합시킬 수 있어야 한다.
매체를 활용한 건강교육	• 교사가 설명과 시범(시연)을 통해 올바른 손 씻기와 이 닦기 방법, 계절에 맞는 옷차림에 대해 보여 주며, 어떻게 하는지에 대한 방법을 설명한다.

출처: 이동건(2020).

2) 영유아 건강교육의 중요성

영유아 건강교육의 목적은 영유아의 성장 발육과 유지 및 증진, 질병에 걸렸을 때 조기 발견과 조기 치료를 통해 정상적인 생활을 하도록 하는 데에 있다. 그런데 영유아기는 건강을 위하여 스스로 생활환경을 조절할 수 있는 능력이 발달되지 않은 시기이다. 따라서 교사의 적절한 건강교육이 필요하다. 건강교육의 필요성에 대하여 살펴보면 다음과 같다(이동건, 2020).

(1) 적기성

적기성은 어떤 발달과업을 성취하는 데는 적절한 시기가 있다는 것으로, 그 시기를 놓칠 경우 부정적인 영향이 있다. 영유아기는 신체적, 정서적, 사회적 건강 발달의 결정적 시기이다. 결정적 시기 동안 환경적 경험에 의해 획득된 특성은 영유아의 전 생애에 걸쳐 영향을 주기 때문에 풍부한 환경적 경험이 결정적 시기 동안 제공되어야 한다. 따라서 영유아 건강에 따라 조기 진단과 예방에 도움을 주는 건강교육은 생애 어느 단계보다 중요하다.

(2) 기초성

기초성은 어린 시기의 초기 경험이 그 이후의 시기의 기초가 되는 것으로, 우리의 속담에 '세 살 버릇 여든 간다.'가 이에 해당한다. 영유아기는 인생의 기초가 형성되는 시기이다. 영유아 시기의 바람직한 식생활 습관, 규칙적인 운동, 건전한 몸가짐 등과 같은 건강교육은 한 인간의 생애 전체 삶에 영향을 주는 생활습관의 기초를 형성하는 만큼 모든 교육에 앞서 우선적으로 이루어져야 한다. 성인이 된 후 건강하지 못한 행동 패턴을 변화시키는 것보다 생애 초기에 건강한 생활습관을 형성시키는 것이 효과적이며 경제적이라는 점에서도 생애 초기 영유아의 건강 요구에 대하여 높은 교육효과를 기대할 수 있다.

(3) 누적성

누적성은 영유아기 초기 결핍된 환경 경험이 성장과정 동안 누적적으로 영향을 주어 더욱 심각한 결과를 초래하는 것으로, 영유아기는 건강발달의 중요한 시기이다. 이전 발달에서 결손이 생기면 다음 시기의 발달에 좋지 못한 장애가 일어날 수 있음을 의미하는 발달의 누적성 성향은 영유아기의 바람직하지 않은 건강습관이 생애 전체에 부정적 영향을 주는 것에서도 찾아볼 수 있다. 따라서 바람직한 건강습관을 형성시키기 위해 계획된 건강교육은 영유아기에 있어서 필수적이다.

(4) 불가역성

불가역성은 결정적 시기를 놓쳤을 때, 이후에 이에 대한 보충을 해 주어도 그 결함이 회복되지 않는 것을 말한다. 특히 심리적 건강과 관련하여 영유아 건강교육이 필요하다. 심리적 건강은 환경에 적응을 잘할 수 있으며, 인지와 정서 등이 긍정적인 상태를 의미한다. 따라서 발달의 최적기를 놓치게 되면 다음 시기에 이를 보완하거나 교정하기가 어려우므로, 영유아 시기의 건강교육은 매우 중요하다.

이와 같이 영유아기는 전 생애주기에 있어서 건강교육의 결정적인 시기이다. 또한 영유아기의 건강한 생활을 위한 습관의 형성은 일생에 있어서 건강생활의 기초가 된다. 따라서 영유아기의 건강교육은 모든 교육에 앞서 우선적으로 이루어져야 하며 모든 교육활동의 기초가 되어야 한다. 이 같은 영유아기 건강교육의 필요성을 바탕으로 영유아 건강교육이 중요시되고 있는 이유를 살펴보면 다음과 같다(하새봄, 2014).

첫째, 영유아기는 건강생활 습관이 형성되는 시기이다.

둘째, 영유아의 건강은 학업 성취도에 영향을 주게 된다.

셋째, 영유아의 건강한 발달을 위한 최적기를 놓치면 이에 대한 교정을 하는 것에 어려움이 따른다.

3. 영유아 건강의 결정요소

모슬리와 첸(Mosley & Chen, 1984)은 영유아의 건강증진을 위한 결정요소로 경제적, 사회문화적, 생물학적, 환경적 요인을 제시하였으며, 영유아의 건강은 이들 요인 간의 상호작용이 축적되어 나타난다고 주장하였다. 조정명(2012)은 영유아

건강의 결정 요인을 개인적 요인(출산 간격, 임신부의 건강행동), 사회경제적 요인(소득, 교육 수준), 물리적 환경요인(거주 지역, 위생 및 생활환경), 의료 환경적 요인(의사의 유입, 의료서비스에 대한 접근성, 의료의 질)으로 분류하였다.

영유아의 건강은 부모로부터 물려받은 유전을 포함하여 영유아를 둘러싸고 있는 환경과 그에 반응하는 영유아의 기질적 성격 및 행위로 결정된다. 특히 2007년 세계보건기구(World Health Organization: WHO)는 영유아의 의존적 특성이 자신의 의지에 따라 건강 결정권을 갖는 성인과 달리 가정의 사회 · 경제적 및 양육 환경이 영유아의 건강을 결정하는 데 있어서 중요하다는 사실을 제시하였다. 이는 가정 빈곤으로 인한 영양 결핍, 그로 인한 성장발육의 저하 및 감염에 대한 면역의 취약성, 거주 지역에 따른 건강의 차이, 질병에 대한 의료 이용의 접근성, 주양육자를 모방하는 건강 행태 등 각 가정의 환경적 요소에 따라 건강상의 차이를 보이는 결과로 증명되고 있다(Bradley & Corwyn, 2002).

이와 같이 부모로부터 받은 유전적인 측면은 영유아의 건강에 영향을 준다. 또한 영유아의 건강은 유전적인 요인 외에도 기후와 날씨, 물과 영양, 공기, 세균, 관습 등과 같은 환경적 요인의 영향을 받는다. 이렇듯 영유아의 건강에 영향을 주는 요인으로 유전적 요인과 환경적 요인을 들 수 있다. 하지만 이 두 요인은 엄밀히 구분하기 어렵다. 이는 두 요인이 함께 작용하기 때문이다. 이를테면 아토피피부염의 경우가 그러하다.

아토피피부염 발생의 주요 원인은 명확하게 알려지지 않으나 유전적 요인과 환경적 요인의 상호작용으로 발생하는 것으로 보인다. 부모의 아토피피부염 병력이 한 명이라도 있는 경우 만 1세 자녀의 발생은 41.7%로 매우 높다. 특히 부모 중 어머니의 영향이 더 크다.

유전적인 요인은 피부 장벽과 관련된 단백질인 필라그린 유전자의 돌연변이가 아토피피부염의 원인이 된다. 최근 아토피피부염 환자에서 나타난 유전적인 요인은 표피의 각질층에서 단백질의 합성과 기능의 저하로 인한 정상적인 표피의 장벽에서 역할이 크게 장애를 발생하는 것으로 밝혀졌다.

환경적 요인은 인근 공장에서 나오는 화학물질, 생활환경의 변화로 서구화된 생활습관(특히 음식, 포름알데히드, 휘발성유기화학물질, 간접흡연, 곰팡이, 동물의 털, 바퀴, 집먼지 진드기 등)의 변화에 의한 영향이 아토피피부염 발생 원인이 되고 있다(최길용, 2017).

1) 유전적 요인

키, 몸무게, 성장 속도, 얼굴의 모양이나 형태, 신체 구조를 포함한 신체 특성, 기질, 활동수준, 반응, 수줍음 등은 부모에게서 자녀에게로 유전된다. 유전에 의한 신체 결함, 정신적 질환 또는 장애는 영유아의 신체적·정서적 성장과 상호작용을 변화시키거나 수정하도록 한다(신순식, 2014).

수정 시 부모에게 받는 유전인자는 영유아의 건강에 영향을 준다. 예를 들면, 염색체 이상이나 선천성 대사 장애 등은 지적장애의 원인이 된다. 주의력결핍과잉행동장애(Attention Deficit Hyperactivity Disorder: ADHD)의 유전적 영향임을 입증하는 증거로 일란성쌍생아를 들 수 있다. 일란성쌍생아는 똑같은 유전적 형질을 나누어 가진다. 쌍생아 중 한 명이 ADHD일 때 다른 한 명이 ADHD일 확률이 90%이다(윤지민, 2011).

최선의 건강관리는 질병의 예방이다. 가족력을 미리 파악해 질병의 최소화에 힘쓸 수 있으며, 조기 발견은 조기치료로 이어져 정상화로 가는 기간을 좁힐 수 있다. 따라서 임신 전 건강관리를 해야 한다. 대한산부인과학회에서는 임신하기 전 남성과 여성이 공통적으로 받아야 할 검사 항목으로 빈혈 및 혈소판 감소 등을 파악하기 위한 혈액검사, 소변검사, 후천성면역결핍증(Acquired Immune Deficiency Syndrome: AIDS), B형·C형 간염 및 간 기능 검사를 제시하였다. 또한 갑상샘질환, 고혈압, 당뇨병, 심장질환, 천식 등의 질환이 있는 여성의 경우 산부인과 의사에게 미리 알려 도움을 받아야 함을 강조하였다.

2) 환경적 요인

(1) 태내 환경

부모의 영양상태, 질병, 약물, 알코올, 흡연, 생활유형, 연령, 그리고 정서나 주변 환경에 이르기까지 부모의 모든 환경이 태아의 건강을 결정하는 요소이다. 임신을 시도하기 전에 남성과 여성은 감염성 질환에 대한 예방접종을 하여 면역력을 갖추는 것이 좋으며, 이는 당사자와 배우자 그리고 태아의 건강에 이롭다. 남성의 예방접종 항목에는 성인용 Tdap백신(파상풍, 디프테리아, 백일해 예방접종), MMR 백신(홍역, 볼거리, 풍진), 수두 백신, A형 · B형 간염 백신, 인플루엔자 백신 등이 있다. 여성의 예방접종 항목에는 성인용 Tdap백신, MMR 백신, 자궁경부암 백신, 수두 백신, A형 · B형 간염 백신, 인플루엔자 백신, 수막수균 백신(당뇨, 면역저하, 심혈관 질환, 천식 등 고위험군인 경우) 등이 있다.

임신 중 방사선이나 독성 물질에의 노출, 알코올, 카페인 등은 지적장애의 원인이 된다. 대한산부인과학회에서는 임신부의 알코올 노출로 인하여 1% 정도 발생하는 태아알코올스펙트럼장애(Fetal AlcOhol Spectrum Disorder: FASD)로 인해 학습과 사회 부적응, 기억력 장애, 약물 및 알코올 중독, 학교 중퇴 등이 발생함을 제시하였다.

임신부가 섭취한 알코올은 성장하고 있는 태아의 혈관을 쉽게 통과하여 태아의 뇌, 중요 장기, 구조 및 생리학적 시스템의 발달을 저해할 수 있다. 몸 속 '뇌-혈액 장벽'은 혈액 속 물질이 뇌로 진입할 때 장벽 역할을 하여 뇌로 들어가서는 안 되는 물질들을 차단한다. 뇌-혈액 장벽은 출생 후부터 발달되기 때문에, 독성물질을 걸러 낼 수 없는 태아에게 알코올은 아주 치명적이다. 출생 전 알코올 노출로 인해 심각한 영향을 받는 곳은 뇌이며, 그 결과 아기는 평생 동안 지속되는 발달, 인지 및 행동 기능의 장애가 발생할 수 있다.

– 국립부곡병원 –

또한 임신부의 흡연은 구순열 발생을 증가시킬 수 있으며, 혈관에 손상을 주어 혈류를 통해 태아에게 적절한 산소와 영양분을 공급하기 어려운 태반 기능부전, 태반의 일부 또는 전체가 자궁으로부터 분리되어 떨어지는 태반 조기박리의 위험성을 증가시키고, 이는 37주 이전 출산(조산)과 2.5kg 미만의 저체중아 출산을 증가시킨다. 간접 흡연한 임신부의 자녀에게서도 저체중, 학습장애, ADHD와 관계가 있음을 강조하였다.

삼성서울병원 건강의학센터 금연클리닉 이진영 교수는 "3차 흡연의 경우 담배 연기에서 발생한 각종 유해물질이 공기 중의 다른 성분과 만나면서 그 유해성이 더 커지기 때문에 직접 담배를 피우는 것만큼이나 해로울 수 있다. 또한 영아의 경우 성인에 비해 체중이 적게 나가고, 호흡이 빠르며 바닥에서 기어 다니기 때문에 그 노출 정도가 성인에 비해 더 높다."며 특히나 어린 영아에게 3차 흡연이 더 위험하다고 강조했다. 이를 통해 임신부와 태아에게 그 피해가 고스란히 가지 않도록 더욱 주의를 기울여야 함을 알 수 있다.

3차 흡연

흡연 시 발생하는 유해물질 가운데 많은 가스 형태의 화학물이 흡연자의 몸이나 옷, 집안의 벽, 가구, 차 안의 좌석 시트, 천장 등에 달라붙게 된다. 이렇게 흡착된 화학물질이 다시 공기 중으로 배출되는 과정을 통해 흡연에 노출되는 것을 3차 흡연이라고 한다.

김초롱(2020)의 연구에서는 임신 중에 약물, 음주, 흡연, 카페인의 섭취를 하지 않은 경우가 대부분인 것으로 나타났다. 이처럼 출생 전후 자녀의 건강을 위해 임신하기 전부터 부모는 금연하고, 알코올, 약물 복용 등에 유의하며 신체적, 정신적 건강을 유지해야 한다. 태내 환경의 건강 관련 요인에 대해 살펴보면 다음과 같다.

① 영양

임신부는 탄수화물, 단백질, 지방(지질), 비타민, 무기질, 물의 6대 영양소를 골고루 알맞은 양을 섭취해야 한다. 태아와 모체에게 필요한 열량이 증가하여, 임신 전보다 더 많은 음식을 섭취해야 하는 것은 중요하나, 이것은 평상시 섭취량의 두 배를 먹어야 함을 뜻하는 것은 아니다. 평상시에 균형 잡힌 적절한 식사를 해 왔다면 임신 중의 식사수칙을 지키면서 임신 주수에 적합한 열량을 섭취하고, 각 시기에 요구되는 추가식품을 섭취하면 된다.

임신 시 지방 섭취는 모유의 성분과 구성에 영향을 준다. 임신부가 섭취한 실온에서 고체 상태이고, 체내에서 합성이 가능한 지방으로 주로 동물성 식품에 많은 포화지방산과 참기름, 해바라기유, 올리브기름, 고등어 등의 생선 기름인 불포화지방산은 임신의 유지에 영향을 준다. 또한 임신 28~40주에 태반으로 많은 양이 전해지며, 태아의 뇌와 장기의 발달에 영향을 준다(Innis, 2006).

특히 가임기 여성과 임신부에게 강조되는 영양소는 철분, 엽산, 칼슘, 식이섬유이다. 임신이 되면 철분의 필요량이 급격히 상승하므로, 임신 전 식품 섭취를 통해 철분을 충분히 저장해야 한다. 임신부에게 빈혈이 발생하면 먼저 순환기계가 영향을 받는데 혈색소가 줄어들게 되면서 면역기능 저하로 질병에 대한 저항기능이 낮아지며, 미숙아 출산, 조산, 신생아기 사망의 위험률이 높아진다.

엽산(비타민 B9)은 가임기와 임신 초기에 특별히 중요한 영양소로 자궁확대, 태반 발달, 모체 적혈구 수의 증가 및 태아성장과 관련한 세포증식에 필수적인 요소이다. 임신 전 엽산의 섭취는 태아로 하여금 건강하게 잘 자라도록 한다. 태아의 척추와 신경계는 수정 후 21일경에 형성되는데, 이때 엽산이 중요하다. 즉, 임신 전부터 임신 초기까지 엽산을 복용하면 태아의 신경관 결손의 발생을 예방할 수 있다. 또한 태아의 골수에서 세포 분화에 의한 태아 성장에 매우 중요한 역할을 한다. 임신 전후 엽산이 부족하면 태아의 신경관 결손이나 구순구개열의 선천성 기형, 척추파열, 무뇌증 등 신생아의 기형 발생률을 높이고, 백혈병, 빈혈, 피로, 무기력을 유발한다(김세미, 2016). 엽산은 비타민 B군에 속하는 수용성 비타민으로서, 2014년 식품의약품안전처에서는 하루 가임기 여성은 400mg, 임신부는 600mg의 엽산 복용을 권장한다. 엽산이 들어 있는 건강기능식품을 선택할 때는 하루 권장 섭취량의 30% 이상을 충족하는 제품을 선택해야 하며, 1회 분량을 기준으로 가임기 여성은 20mg, 임신부는 180mg 이상, 수유부는 550mg의 섭취를 권장한다.

임신 시 건강한 태아의 뼈 형성을 위하여 가임기 때부터 임신, 수유기간의 적절한 칼슘 섭취가 필요하다. 칼슘의 섭취는 임신 6주가 되었을 때 태아의 뼈와 치아가 형성되기 시작하므로 필요하며, 신경과 근육의 기능을 위해서도 필요하고, 골다공증의 예방을 위해서도 중요하다. 과일, 채소류, 콩류 등을 통한 식이섬유의 섭취는 변비 예방 및 개선에 효과적이며, 열량이 없고, 포만감을 주며, 혈당, 혈액에 콜레스테롤을 낮추기 때문에 비만과 성인병을 예방하는 데 도움이 된다(식품의약품안전처, 2010).

② 질병

임신 중 지속적인 건강관리는 발생 가능한 신체적, 정신적 문제를 사전에 예방하여 임신부와 태아의 안녕(well-being)을 가져올 수 있다(Barros, Tavares, & Rodrigues, 1996). 임신 중에 당뇨병이 발생한 임신부는 정상적 건강상태인 임신부에 비해 임신이 건강을 위협하며 에너지를 소진하는 일이라는, 임신에 대한 부정적인 지각을 보다 더 높게 지니고 있는 것으로 나타났다(Levy-Shiff, Lerman, Har-Even, & Hod, 2002). 이는 임신부 자신의 신체적 건강상태가 좋지 않을수록 임신을 보다 부정적으로 지각하게 됨을 말해 준다.

임신부에게 가장 확연하게 발생하는 질병은 치주질환과 치아우식증이다. 임신기간 동안에 에스트로겐(estrogen)과 프로게스테론(progesterone)의 호르몬 변화로 인해 치은에 염증과 출혈양상을 보이는 임신성 치은염이 발생되며, 이는 임신 후반기에 가장 심해진다. 임신성 치은염을 방치하게 될 경우, 치아와 치은 사이에 치주낭이 형성되면서 치주질환으로 빠르게 이행되는데, 치주질환이 있는 임신부는 조산 또는 저체중아 출산의 가능성이 높다(김미나, 2015 재인용). 따라서 임신기간 동안 구강건강관리의 중요성이 강조된다.

③ 약물

임신을 준비하는 과정에서부터 남성과 여성은 약물을 주의해야 한다. 여성이 임신 준비 시 피해야 할 약물로 중증 여드름 치료제인 이소트레티노인(isotretinoin)이 있다. 임신을 준비한다면 최소 1개월의 약물 중단 이후 임신 시도를 하는 것이 바람직하다. 그 이유는 태아에게 뇌, 심장, 안면, 흉선에 기형을 일으킬 확률이 30%에 달하며, 중추신경계 기능 저하를 유발하기 때문이다. 임신 중에는 감기약조차 마음 편히 복용할 수 없게 된다. 의료진이 안전하다고 한 약조차도 태아에게 좋지 않게 작용할까 봐 꺼려지는 게 실상이다. 그러므로 임신부에게 약물에 대한 안전성과 위험성에 대한 정보 제공이 필요하다.

1950~1960년대에 입덧 완화제로 사용된 탈리도마이드(thalidomide)는 태아기형과의 원인적 인과관계가 밝혀지면서 그에 따른 기형인 단지증(短指症, brachydactyly) 희생자가 최근까지 수천여 명 이상 발생되었다(Kim & Scialli, 2011). 소염진통제로 흔히 사용되는 이부프로펜의 경우, 일부 연구에서는 임신 초기에 복용 시 태아의 주요 기형과 관련이 있다고 알려졌는데(Cappon, Cook, & Hurtt, 2003), 국내의 이부프로펜 관련 연구에서는 임신 초기 이부프로펜의 복용이 기본적인 태아 기형 발생 위험률을 증가시키지 않았으며, 자연유산의 위험도 증가하지 않았다(안계형 외, 2009)는 결과가 발표되었다. 이와 같이 연구 결과가 엇갈리는 약물은 어떤 정보에 의존해야 하는지 더욱 혼란을 준다. 그러하기에 임신부의 건강이 무엇보다도 중요한 것이다.

자궁 내에서의 수은·알코올과 같은 기형발생 물질에 대한 노출은 영유아의 건강에 커다란 영향을 준다. 임신 초기 약물에 노출될 경우 기형아 발생률은 2.5%로, 수치상으로 높지 않게 보일 수도 있지만, 정작 당사자에게는 100%의 수치가 된다. 이렇듯 약물에 노출된 임신부는 약물에 노출되었다는 이유만으로도 불안에 따른 스트레스가 커지고, 우울에 빠질 수 있게 되어 태아와 임신부에게 위험을 초래하는 선택을 할 가능성이 있다(윤순정, 2014).

④ 정서

대부분의 임신한 여성은 정도의 차이는 있으나 심리적으로 불안하고 걱정과 두려움, 공포, 불쾌감, 신체적인 불편감 등을 경험하는데, 분만 시 통증에 대한 불안, 분만의 실패에 대한 불안, 태아 건강에 대한 불안 등 여러 가지 불안을 경험하게 된다. 출산 전후 여성의 정신 병리에 관한 연구에서는 정상적인 임신부 중 20%에서 40%가 정서 및 인지 장애를 보인다고 하였다(김영란, 2017).

또한 임신은 새 생명을 잉태한다는 경이로움도 있지만 신체 변화 및 역할 변화 등으로 심리적인 스트레스가 작용하여 우울증이 생기기도 한다. 스트레스원에는 임신으로 인한 체중 증가, 배부름, 입덧, 호흡곤란, 기미, 피로 등의 신체적인 변화, 출산과 진통에 대한 걱정 및 태아와 배우자에 대한 걱정 등의 심리적 변화, 대인관계의 변화, 임신으로 인한 음식 및 약물 복용의 제한, 일상 활동 범위 제한, 가사일과 아내로서의 역할 변화와 같은 사회경제적 변화 등이 있다(Lynn, Alderdice, Crealey, & McElnay, 2011).

최근 영국정신의학저널에 실린 기사에 따르면 임신 중 스트레스가 아이의 성격장애 발병에 유의미한 영향을 끼칠 수 있다고 한다. 연구팀은 약 3,600명의 태아가 겪었던 임신부의 스트레스 정도를 측정하고 30년 후 그들이 성격장애로 진단되었는지에 대하여 조사했다. 연구 결과 임신 중 중간 이상의 스트레스를 받은 경우 그렇지 않은 임신부의 태아에 비해 성인이 되었을 때 성격장애로 진단될 확률이 3배 더 많았다. 임신 중 심한 스트레스를 받을 경우에는 7배까지 더 많았다. 이는 임신 중 스트레스가 출산 전후, 영유아기, 아동기, 청소년기, 성인기까지 이어지는, 즉 생애 전체의 문제로 이어질 수 있음을 시사한다.

– 정신의학신문. 2020. 10. 26. –

이렇듯 임신부가 지니는 정신적 긴장과 부정적 정서는 임신부뿐만 아니라 태아의 건강에도 악영향을 끼치게 된다. 임신기간 동안 느끼는 불안은 분만 시에 신체적 · 심리적 고통, 공포, 긴장 및 불안을 초래한다. 또한 내분비계통이나 신경계통을 통해 태아와 분만에 영향을 주어 난산이나 분만 곤란이 될 수 있다.

이와 같이 임신부가 고도의 불안이나 공포 등을 계속 경험하면 태아의 운동이 지나치게 활발해져 출생 이후에 과활동적이고, 잘 울고, 잘 놀라고, 잠을 잘 자지 않고, 잘 먹지 않는 등 정서적 불안정이 나타난다(송영희, 1998). 따라서 임신부는 자신과 태아의 건강을 위해 안정된 정서를 지니고자 노력해야 하며, 임신을 긍정적인 것으로 지각·수용하고 태아에 대해서도 긍정적 태도를 가져야 한다.

(2) 출생 이후의 환경

① 영양

영아기는 제1차 성장급등기라고 할 정도로 급격한 성장이 이루어지며, 유아기 역시 영아기만큼은 아니어도 눈에 띄게 성장세를 보인다. 때문에 에너지, 단백질, 수분의 필요량이 많다. 또한 영유아는 성인에 비해 신진대사가 활발하며, 활동량도 많은 까닭에 고른 영양섭취가 필요하다. 그러하기에 이 시기의 적절한 영양은 매우 중요하다고 볼 수 있다. 영유아는 세 끼의 식사와 간식을 통해 건강한 생활을 영위하게 되며, 이는 바람직한 식생활 습관 형성에 기초가 된다. 식생활 습관은 만 2~3세에 확립되어 그 이후 지속적으로 영향을 준다.

이렇듯 영유아기는 신체적으로 급속한 성장과 발달을 이루는 시기로, 영유아 교육기관에서는 양질의 급·간식을 제공하여 이를 지원해야 한다. 양질의 급·간식은 영유아의 건강에 절대적인 요소로, 이를 통해 건강과 발달을 이루고, 면역력을 키워 질병을 예방할 수 있다. 영유아는 급·간식을 통해 하루의 긴장을 해소하고 에너지를 얻으며, 쾌적한 신체 여건을 유지할 수 있다.

영유아는 음식의 색이나 강한 냄새, 촉감 때문에 혹은 익숙하지 않은 새로운 음식에 대한 두려움으로 편식을 하게 된다. 영유아가 편식하지 않고 음식을 고르게 먹기를 바라는 마음으로 음식을 보상이나 칭찬의 대가로 이용한다면 과식을 일으키거나 탈이 날 수 있으니 부모나 교사는 이를 주의해야 한다. 영유아가 편식하는 음식에 대하여 가정이나 영유아 교육기관에서는 영유아가 선호하는 조리법을 사용하여 제공하도록 한다.

영유아 교육기관에서는 영유아의 발달단계와 영양적 요구에 적합한 식단을 토대로 영유아의 기호에 맞는 음식을 제공하며, 이에 따른 식자재의 구입과 보관, 조리 및 배식 과정이 위생적으로 이루어지도록 해야 한다. 이러한 과정에서 영유아 교육기관은 「식품위생법」에 따라 영유아에게 제공된 급·간식(이유식 포함), 대체 식품(기존 음식의 소진에 따라 추가 제공되는 음식, 식품 알레르기에 따라 대체 제공되는 음식) 모두의 보존식을 영하 18℃ 이하의 상태에서 144시간 이상 보관해야 한다. 음식의 종류별로 각각 1인분(각 150g 이상 보관 권장) 이상 독립 보관하며, 완제품으로 제공하는 식재료는 원상태로 보관한다. 음식물의 보관은 음식을 담기 직전에 소독·건조한 스테인리스 재질의 뚜껑이 있는 전용 용기 또는 1회용 멸균 팩에 보관한다. 이때 보존일 및 폐기일(날짜, 시간: 시/분), 채취자 성명, 메뉴명을 철저히 기록하여 보존식 용기에 부착하여 보관한다(보건복지부, 2022). 식중독 발생 시 보관 또는 사용 중인 식품은 역학조사가 완료될 때까지 폐기하거나 소독 등으로 현장을 훼손하여서는 아니 되고 원상태로 보존하여야 하며, 식중독 원인규명을 위한 행위를 방해하지 않아야 한다(「식품위생법」 제88조 제2항).

식품위생법 제88조

② 집단급식소를 설치·운영하는 자는 집단급식소 시설의 유지·관리 등 급식을 위생적으로 관리하기 위하여 다음 각 호의 사항을 지켜야 한다. 〈개정 2010. 1. 18., 2013. 3. 23., 2020. 12. 29.〉

1. 식중독 환자가 발생하지 아니하도록 위생관리를 철저히 할 것
2. 조리·제공한 식품의 매회 1인분 분량을 총리령으로 정하는 바에 따라 144시간 이상 보관할 것

출처: 법제처 국가법령정보센터.

또한 영유아 교육기관에서는 입학원서 작성 시 알레르기 질환 관련 내용 기입을 안내하며, 필요시 전체 영유아를 대상으로 한 식품 알레르기 조사를 실시한다. 교사는 식품 알레르기 유발 식품 표시제의 목적 및 표시 방법을 이해하고 영유아의 식사지도에 적극 참여한다. 교사는 식품 알레르기가 있는 영유아를 파악한 후 해

당 알레르기 식품이 포함된 메뉴를 배식받지 않도록 지도하고, 다른 영유아와 나누어 먹지 않도록 한다. 알레르기원이 포함된 음식의 영양을 대체식품으로 섭취하도록 한다.

② 수면 및 휴식

수면은 인간에게 있어 일상생활을 통해 안정된 삶을 위해 가장 필요한 기본적인 욕구로 생리적인 욕구, 에너지의 균형 등 신체적 기능을 조정하는 역할을 한다. 수면은 신체적 에너지와 정신 건강을 유지하기 위해 신체의 기능을 회복시키는 인간의 가장 중요한 휴식 방법이다. 질 높은 수면은 신체적·정신적 성장에 긍정적인 효과를 나타낸다. 반면에 낮은 수면의 질은 우울감, 긴장감, 분노, 피로 등이 발생되며, 이는 공격성, 과잉행동, 충동성, 피로감 등과 같은 수면 문제를 일으키게 된다(정윤진, 2021 재인용).

수면은 영유아가 일상의 작업에 대한 에너지를 회복하기 때문에 영유아의 성장과 안녕에 필수적인 요소이다. 수면이 부족하면 영유아의 작업수행과 그들의 신체적 성장, 건강, 행동에 영향을 준다. 생후 3년간 20~30%의 영유아는 수면문제를 경험한다. 수면문제는 끊임없이 지속되기도 하고 낮에 행동문제와 관련되거나, 부모와 교사에게 고통을 주기도 한다(김미수, 2019 재인용).

신생아의 평균 수면 시간은 16시간 30분이며, 만 2세 영아의 수면 시간은 12시간 30분 정도이다. 이 시기에 엎드려 자는 수면 자세는 질식, 호흡곤란, 사망과 같은 문제를 일으킬 수 있다. 만 3~5세 유아는 낮잠을 포함하여 11~12시간 정도의 수면 시간이 필요하다. 어린이집 평가 매뉴얼에는 만 3세 이하의 영유아는 일과 중 반드시 낮잠 시간을 계획하고 실행해야 하며, 만 4~5세 유아의 경우 개별 유아의 상태에 따라 낮잠 또는 휴식 시간을 운영할 수 있다고 명시하고 있다(보건복지부, 한국보육진흥원, 2021).

영유아는 발달특성상 낮잠을 자거나 편안히 쉬면서 에너지를 충전하는 시간이 반드시 필요하다. 왜냐하면 영유아가 피곤해지면 짜증을 내며 또래와 다투기 쉽고, 졸음이 올 때 넘어져서 다칠 수도 있기 때문이다. 또한 놀이나 활동에 몰두하다 보면 휴식을 취하지 않은 채 집중하게 되어 피곤함과 스트레스가 높아진다. 따라서 활동 양이 많은 영유아가 수면이나 휴식을 취할 수 있도록 교사는 하루 일과 중 낮잠 및 휴식시간을 운영해야 한다.

영유아는 개별적 특성에 따라 잠이 드는 시간의 차이가 있을 수 있고, 잠을 이루지 못하는 영유아도 있을 수 있다. 그러므로 교사는 영유아를 일률적으로 재우기보다는 개별적 특성을 고려하여 낮잠 및 휴식 시간을 운영하도록 하며, 잠을 이루지 못하는 영유아의 경우 편안하게 누워 휴식을 취하게 함으로써 낮잠을 자는 다른 영유아에게 방해가 되지 않도록 지도한다.

영유아의 수면 및 휴식의 중요성에도 불구하고 영유아의 수면 시간은 현저하게 줄어들고 있다. 이러한 수면 부족은 영유아로 하여금 면역력 감퇴, 성장 발달 저해, 자율성 감소, 집중력 부족, 활동성 감소로 이어져 질병이 발생하게 된다. 2016년 을지병원 소아과 연구팀에서 17개 국가의 영유아 3만 명을 대상으로 한국, 한국을 제외한 아시아 국가, 서구 국가 3개 그룹으로 나누어 수행한 수면에 관한 연구 결과에 따르면, 잠자리에 드는 취침 시간은 한국 영유아가 평균 밤 10시 5분이며, 한국을 제외한 아시아 국가의 영유아는 밤 9시 25분, 서구 국가는 밤 8시 25분이었다. 한국의 영유아가 가장 늦은 시간에 취침하고 있으며, 한국 영유아의 수면시간은 권장 수면시간 대비 최대 3시간 이상 적은 것으로 나타났다.

수면은 시간뿐 아니라 수면의 질에 영향을 주는 원인에 따라 큰 영향을 받는다. 수면을 방해하는 다양한 원인으로 인하여 영유아의 일상생활에 부정적인 영향을 줄 수 있다. 이를테면 수면의 패턴이 바뀌거나, 늦은 취침 시간의 고착으로 인한 수면의 질 저하와 같은 것을 수면을 방해하는 주요 원인으로 꼽을 수 있다. 또한 수면 전 동적인 활동은 영유아의 스트레스와 피로감이 증가하고, 이로 인해 수면 장애가 심각해진다. 그러므로 교사는 낮잠 및 휴식 시간에 조명의 조도를 낮추고, 커튼을 쳐서 약간 어두운 환경을 조성한다. 조용하고 잔잔한 음악을 들려주거나 부드럽고 조용한 목소리로 책을 읽어 준다. 영유아가 몸을 뒤척일 경우에는 토닥

토닥 해 주며 편안한 몸 상태에서 쉴 수 있도록 한다.

③ 치아관리

유치는 모두 20개이고, 영구치는 32개이다. 유치는 영유아가 음식을 잘 씹어서 소화를 할 수 있도록 하며 성장발육을 정상적으로 돕는 데 중요한 역할을 한다. 치아의 출현은 출생 후 6개월경 아랫니부터 나기 시작하여 일정한 순서로 진행된다. 만 6세경이면 유치가 1~2개 빠지기 시작하여 1년에 약 4개의 유치가 빠지고 그 자리에 영구치가 난다. 치아는 최초의 이가 나온 후부터 하루도 거르지 말고 관리를 해 주어야 이가 튼튼해지고 충치나 치주질환이 생기지 않는 고른 이가 난다.

[그림 1-1] 이가 나는 시기

출처: 대구광역시, 대구광역정신건강복지센터, 대구가톨릭대학병원(2020).

유치는 발음, 심미적인 기능, 저작, 영구치를 위한 공간 확보 등의 기능을 담당하기에 유치관리는 매우 중요하다. 치아관리를 위해 첫 이가 나온 이후 6개월 이내, 이후 연 1회 정기 치과 검진을 받는 것이 바람직하다.

유치가 나는 시기는 영아에 따라 다양하다. 영아는 이가 날 때 치아의 끝부분이 주위의 얇은 막을 뚫고 나오므로 통증이 있다. 그래서 영아는 이가 날 때 잠을 잘 못 자고, 잘 먹지 못하며, 침을 흘리거나 손가락을 더 자주 빨고, 단단한 물체를 물어뜯을 수 있다. 이때 교사는 수건에 싼 얼음으로 진정시킨다. 처음 유치가 날 경우 영아는 잇몸이 약하므로 젖은 헝겊으로 닦아 주는 것이 바람직하다. 수면 중에 모유나 우유를 먹일 경우 당분이 치아에 침착되어 젖병충치가 될 수 있다. 그러므로 수면시간 직전에 먹이지 않는 게 좋으며, 영아가 심하게 보채고 울 경우에는 젖병에 물을 넣어 먹이도록 한다.

인공 젖꼭지

영아는 먹기 위한 빨기 이외에도 단순히 빠는 행동으로 만족감을 얻는 시기가 있다. 이때 인공 젖꼭지는 빠는 욕구를 충족시켜 정서적 안정을 줄 수 있다. 인공 젖꼭지의 사용은 손가락을 빨 때 생길 수 있는 염증을 예방해 주기도 하며, 습관을 끊어야 할 때 좀 더 수월하다. 단, 만 2세 이후까지 습관적으로 사용 시 치열에 악영향을 미칠 수 있다. 인공 젖꼭지는 돌이 지나면 사용을 중단할 것을 권고한다. 돌이 지난 후에도 계속 사용할 경우 손가락 빨기 습관과 같이 앞니가 돌출되고 이 사이가 벌어지는 부정교합이 생길 가능성이 증가하기 때문이다. 인공 젖꼭지를 고를 때는 안전을 위해 입 주변을 충분히 넓게 감싸 주는 디자인과 치열 발육을 고려한 납작한 형태의 젖꼭지 모양이 좋다.

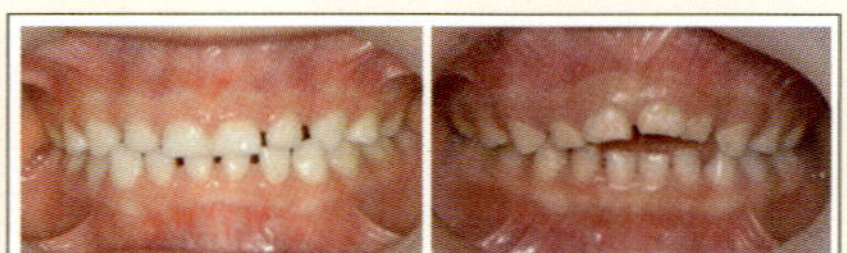
정상 치열 변형된 치열

교사는 영유아의 건강한 치아를 유지하기 위해 출생 후 초기에는 거즈를 검지에 싸서 입안을 닦아 주고, 그다음 단계에서는 실리콘 칫솔을 사용하여 이를 닦아 주며, 생후 24개월 이후 치약을 삼키지 않게 될 시기에 불소치약을 사용하도록 한다. 영유아가 스스로 이를 닦도록 하되 서툴거나 대충 닦을 경우에는 교사가 양치질을 도와주도록 한다. 교사는 이 닦는 순서도를 세면대 정면 영유아의 시야에 잘 보이는 위치에 붙여 두며, 영유아로 하여금 이 닦는 습관을 기르도록 돕는다.

〈표 1-2〉 이 닦기

유아의 이를 정면에서 닦아 주면 유아의 입 안이 잘 보이지 않아 닦지 못하는 부분이 생기므로 유아 뒤쪽에서 위에서 내려다보며 한 손으로는 입술이나 볼을 들어 올려 보이는 상태에서 빠지는 치아가 없이 구석구석 닦아 준다. 치약은 콩알만큼 적은 양을 사용하고 잘 뱉지 못하는 경우 더욱 주의한다.	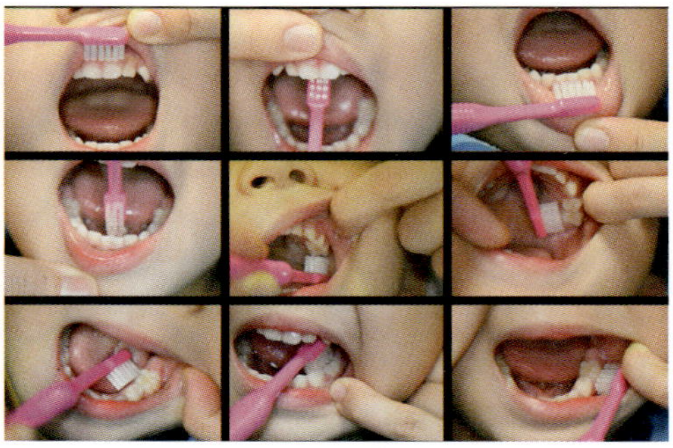

④ 운동

영아기는 신체 운동능력 발달의 민감기이며, 신체 운동능력의 발달을 통해 신체적 즐거움과 자신감을 갖고 긍정적 자아개념을 형성하여 운동·정서·인지 발달의 전인적 기초를 형성하는 시기이다. 영아기의 신체 운동능력은 각 연령 간에도 수준 차이가 있으며, 동일 연령 내에서도 개인차가 크다. 그러므로 가능한 자신의 능력 범위 내에서 다양하게 신체를 움직이도록 하고, 기본적인 운동능력이 충분히 습득되었을 때 다음 활동을 진행할 수 있도록 도와야 한다(보건복지부, 2013).

영아의 운동능력 향상과 기초체력 증진 및 전인발달에 있어서 공을 굴리고 주고받기, 걷기, 달리기, 더 나아가 점프하기, 균형 잡기 등의 기본운동기술을 활용한 신체운동은 매우 중요하다. 신체운동은 애착, 인지능력, 기본운동능력, 정서 및 사회적 능력 그리고 건강에 도움이 되므로, 영아는 기본적인 신체운동을 지속적으로 경험하는 것이 바람직하다.

〈표 1-3〉 영아 시기의 운동

<table>
<tr><td>• 팔을 위로 올리기
영아가 누운 자세에서 어깨가 올라가지 않도록 한 손으로 어깨를 고정하고, 다른 손으로 영아의 손목을 잡고 팔꿈치가 쭉 펴진 상태에서 한 손을 머리 위로 올린다.</td><td>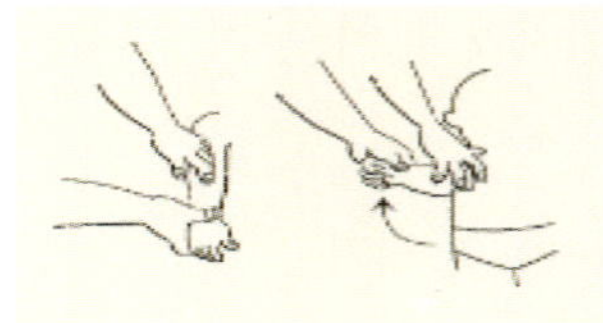</td></tr>
<tr><td>• 팔을 옆으로 벌린 자세에서 안으로 붙이기
영아가 바로 누운 자세에서 어깨가 올라가지 않도록 한 손으로 어깨를 고정하고, 다른 손으로 영아의 손목을 잡고, 반대쪽 팔 쪽으로 몸통을 가로질러 팔을 구부려 준다.</td><td>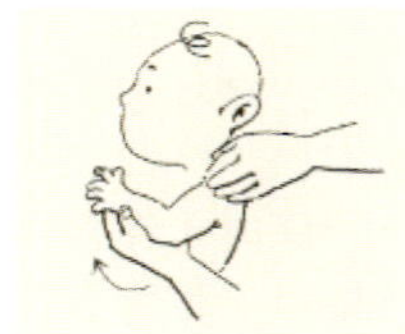</td></tr>
<tr><td>• 팔을 회전시키기
영아가 누운 자세에서 몸통으로부터 팔을 옆으로 90° 정도 벌리고, 팔꿈치를 구부린 후 영아의 손목을 잡고 위로 올렸다가 아래로 내려 준다.</td><td></td></tr>
<tr><td>• 팔을 옆으로 벌리기
영아가 바로 누운 자세에서 어깨가 올라가지 않도록 한 손으로 어깨를 고정하고, 다른 손으로 영아의 손목을 잡고, 몸통으로부터 옆쪽으로 멀리 팔을 벌려 준다.</td><td>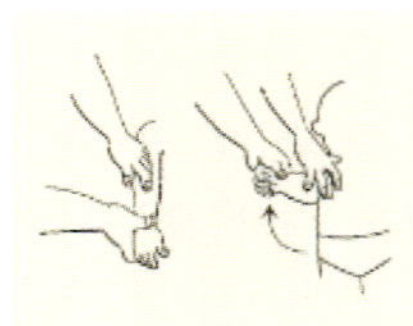</td></tr>
<tr><td>• 다리 구부리기
영아가 바로 누운 자세에서 한 손으로 영아의 엉덩이를 고정해 주며 다른 손으로는 무릎 밑을 잡아 준다. 영아의 다리를 위로 올려 준다.</td><td>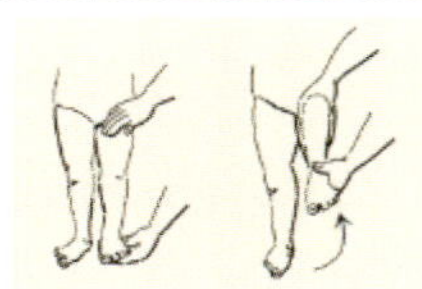</td></tr>
<tr><td>• 다리를 옆으로 벌리기와 오므리기
영아가 누운 자세에서 영아의 골반을 고정하고, 다른 손으로는 발뒤꿈치를 잡는다. 영아의 다리를 옆으로 벌리고 그런 다음 영아의 다리를 반대편 다리에 붙여 준다.</td><td>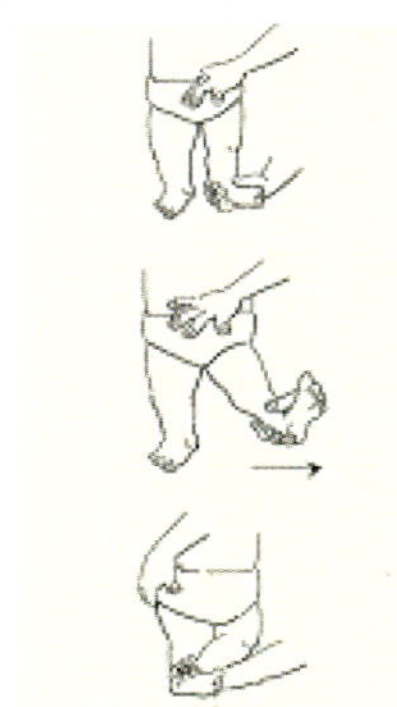</td></tr>
</table>

- **골반과 무릎을 구부리고 회전시키기**
  영아가 누운 자세에서 영아의 고관절과 무릎관절을 90° 정도 구부린다. 한 손으로 무릎 위 부분을 고정하고 다른 손으로는 영아의 발뒤꿈치를 잡아 준다. 무릎이 안으로 돌아가도록 발뒤꿈치를 바깥쪽으로, 그런 다음 안쪽으로 돌려 준다.

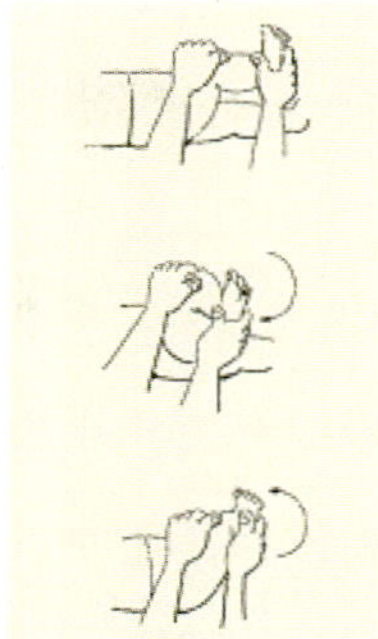

출처: 임신육아종합포털 아이사랑.

유아기는 신체 움직임이 많아 특별히 운동 시간을 정해서 하지 않아도 운동량이 충분하다. 하지만 평형성, 속도성, 정확성이 미흡하여 이를 위한 근기능의 유지와 발달이 무엇보다 중요한 시기이다. 따라서 지속적인 활동을 통한 모든 신체의 기능적 향상(신경, 근육, 호흡, 순환기능 등)을 도모하고 발달 과정에 맞는 운동 관련 능력을 향상하는 것이 바람직하다.

운동은 유아가 집중할 수 있는 시간만큼 여러 번 반복해서 실시하는 것이 좋으며, 구기 종목 등의 단체 운동은 정해진 규칙에 맞추어 진행하도록 한다. 초기에는 주 1~2회 정도 실시하다가 점차적으로 늘려 가는 것이 좋다. 이 시기에는 운동 시간이 너무 긴 경우 유아의 집중력이 떨어지고 운동에 대한 학습 효과 또한 떨어질 수 있으므로 여러 번 나누어 실시하되, 근력 향상을 위한 운동보다는 놀이와 조정 능력을 향상할 수 있는 운동 위주로 진행하는 것이 더 효과적이다.

〈표 1-4〉 유아 시기의 운동

운동 형태	목적	강도/빈도/시간
놀이운동 (던지기, 받기, 차기 등)	신체의 조정 능력 향상	힘들어하는 강도 1회 20~30분
근력운동 (윗몸일으키기, 팔굽혀펴기 등)	근력과 근지구력 향상	8회 이상 반복할 수 있는 강도 주 2회
구기운동 (축구, 농구 등)	신체의 협응력 향상	정해진 규칙에 맞추어 실시

출처: 서울삼성병원.

⑤ 정서적 안정

기쁨이나 슬픔과 같은 기본적인 정서는 출생 시부터 존재하나, 이는 미분화된 상태의 정서이다. 영아가 성장함에 따라 영아의 정서는 점차로 분화되어 다양하고 복잡해진다. 영아는 생후 1년이 되기 전에 분화된 정서가 나타나게 되는데, 이러한 영아의 정서표현의 발달은 학자마다 조금씩 견해 차이를 보인다. 이 중 몇 학자의 견해를 종합해 보면 약 6주경에 기쁨, 약 4~6개월경에 분노, 약 5~7개월경에 슬픔, 약 6~12개월경에 두려움을 나타낸다(김영미, 2018 재인용). 기쁨, 행복, 공포, 놀람, 분노, 슬픔, 혐오 등과 같은 일차정서는 선천적인 것으로 생의 초기에 나타나고, 세계 다양한 문화권의 영아에게서 볼 수 있다. 부러움, 자부심, 수치심(12~24개월), 죄책감(24~36개월) 등과 같은 이차정서는 생후 1년이 지난 후부터 나타난다.

유아기에는 자아개념과 도덕성의 발달로 당황스러움, 부러움, 수치심, 자랑스러움, 죄의식 등의 이차적인 정서가 더욱 강화된다. 유아는 자신과 다른 사람의 정서에 관심을 보이며, 상황에 따른 정서를 이해하게 된다. 또한 동일한 정서적인 사건도 각자가 느끼는 감정은 다를 수 있음을 이해하기 시작한다.

영아는 주양육자와의 정서적 유대감인 애착이 잘 형성될 때 안정감을 느낀다. 이렇듯 안정애착이 형성된 영유아는 공감 능력이 증진되어 대인관계를 잘할 수 있게 된다. 뿐만 아니라 정서 상태가 평온하게 유지되면 두뇌발달이 촉진되고, 스트레스가 감소되며, 면역능력과 수면이 향상되어 더욱 건강한 삶을 영위하게 된다.

또한 교사와의 안정애착이 영유아의 정서발달에 영향을 준다. 어머니와 불안정애착을 형성하였을지라도 교사와 안정애착을 형성한 경우라면 정서적인 편암함 속에서 긍정적인 정서행동이 이루어지며, 다른 사람에게 감정이입을 잘하여(기은옥, 2013 재인용) 바람직한 정서 교류를 할 수 있다.

⑥ 교육 환경

질적 수준이 낮은 교육 환경에서 영유아 시기를 보낸 경험은 성장한 후에도 심리적 · 정신적 문제를 발생시킬 수 있는 확률이 높다(이지윤, 2021). 이러한 교육환경은 영유아의 건강을 해치게 된다. 영유아는 성인에 비해 면역력이 약해서 질병 등에 취약하므로 청결과 안전이 중요하다. 영유아 교육기관의 환경이 쾌적하고 안전하여 질병과 사고의 위험이 없는 상태로 조성되는 것은 영유아의 신체적 건강은 물론 전인적 발달을 지원하기 위한 기본 조건이다. 이렇듯 청결한 환경은 영유아의 질병 감염을 막아 주어 질병에 대한 저항력이 약한 영유아가 건강하게 지낼 수 있게 한다.

영아의 기저귀는 반드시 기저귀 갈이대와 같은 지정된 공간에서 갈아 주고, 기저귀를 가는 공간은 사용할 때마다 소독하며, 별도의 깔개를 사용할 경우에는 기저귀를 갈 때마다 깔개를 교체한다. 사용한 기저귀나 물휴지 등은 뚜껑이 있는 쓰레기통에 버리고, 자주 비워서 악취가 나지 않도록 관리한다.

영아는 하루의 대부분을 기저귀를 착용한 채 생활하게 된다. 또한 이러한 시기를 꽤 오랜 기간 보내게 된다. 기저귀를 착용한 채 배변을 할 경우 기저귀 속 온도는 상승하게 되는데, 이를 빠른 시간 내에 처리하지 않고 방치하게 되면 용변으로 인해 감염이나 피부 발진이 발생할 수 있다. 배변이 없는 상태에서 장시간 기저귀를 착용한 경우에도 기저귀 속 온도가 상승됨으로 인해 피부발진, 습진 등이 일어날 수 있다(윤지민, 2011).

바깥놀이 중 물놀이 영역은 세균의 번식을 막기 위해 매일 소독하고 깨끗이 청소해야 하며, 놀잇감 역시 매일 소독한 후 건조해서 사용한다. 모래놀이 영역은 모래를 자주 소독하고 교체해야 하며, 야생동물이 배설하지 않도록 울타리를 설치하고 돌멩이나 이물질을 제거한다.

영유아기는 자연에서 자신의 몸을 자유롭게 움직이는 시간이 있어야 한다. 이 시기는 일생 중 가장 자연에 가까운 시기이므로 자연에서 자라는 것이 바람직하다. 하지만 현실에서의 영유아는 매우 어린 시기부터 자연이 아닌 전자 매체와 많은 시간을 보내고 있다. 컴퓨터가 영유아를 키우고 있다는 말이 현직교사 사이에서 쉬이 용인될 정도로 영유아는 컴퓨터 환경에서 자라고 있다. 물론 디지털 콘텐

츠에는 건강과 관련하여 운동과 같은 유익한 콘텐츠도 있다. 하지만 컴퓨터 환경은 시각과 청각을 주로 활용하기에, 영유아의 고른 오감 발달을 위한 매체로는 미흡하여 다소 염려되는 측면이 있다. 더욱이 대면으로 대인관계를 배워 나가며 공감능력을 기르고, 자아존중감이 증진되는 경험에서 오는 행복감으로 삶을 영위해야 할 시기임을 볼 때 적절한 전자매체 사용은 교사가 풀어야 할 과제이다.

토론 및 토의

건강의 결정 요소 중 출생 이후 환경 요인(택 1)의 건강에의 작용과 교사의 역할에 대하여 논의하시오.

2부

아동의 발달단계별 건강증진

2장

영유아의 건강증진

영유아 교육기관에서 영유아가 하루 일과를 지내는 동안 교사는 영유아로 하여금 위생과 청결, 간식 및 식사, 수면 및 휴식, 배변 등이 원활하도록 돕는다. 이는 곧 영유아의 건강을 증진시켜 영유아가 일상생활을 건강하게 영위하도록 한다. 이에 본장에서는 발달단계별 연령에 따른 영유아의 건강증진을 위한 교사의 지도를 그 내용으로 다루고자 한다.

1. 0~만 1세 영아

■ 0세 영아

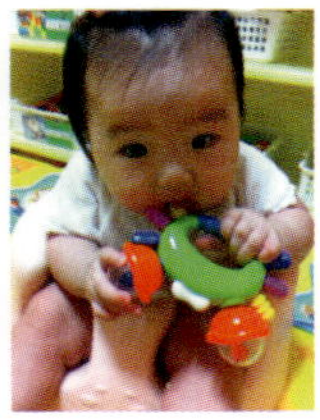

■ **만 1세 영아**

1) 위생 및 청결

교사는 영아로 하여금 위생과 청결에 대한 기본적인 감각을 기를 수 있도록, 몸이 깨끗할 때의 기분 좋음을 알고 도움을 받아 손을 씻고, 이를 닦는 경험을 할 수 있도록 해 준다.

- 교사는 영아의 기저귀를 갈거나 씻겨 줄 때 눈 맞춤을 하며 대화를 하거나 노래를 불러 주어 즐거움을 공유하도록 한다. 영아가 씻은 후 쾌적함을 느낄 수 있도록 물기를 잘 닦아 주고 영아용 로션을 부드럽게 발라 주며 이러한 일상생활 활동이 놀이로 확장될 수 있도록 한다.

  예: – "(미소를 지으며) 씻고 나니 어때요? 시원하고 기분이 좋아서 웃고 있구나."

  – "(로션을 영아 손과 몸에 발라 주며 노래 부르듯이) ○○ 손에 미끌미끌 엉덩이에도 미끌미끌"

- 영아의 위생과 청결을 위하여 영아의 손을 자주 깨끗하게 씻어 주어야 한다. 손 씻기 전 소매를 올려 주거나 손을 씻고 물기를 닦기, 소매 내리기, 젖은 옷 갈아입히기 등 손 씻기 전과 후의 과정에도 세심한 도움을 주도록 한다. 또한 손을 씻는 이유를 가르치기보다는 손 씻는 과정이나 물에 대한 탐색에 대한 언어적 표현을 해 주는 것이 적절하다.

예: – "(영아와 함께 손에 비누칠을 하고) ○○야, 우리 손을 한번 비벼 볼까? 하얀 거품이 나네!"

– "(손을 흐르는 물에 헹구면서) 이제는 물로 헹구어 보자. 거품이 손을 따라 주르륵 흐르고 있어요."

• 수유, 식사 후 깨끗한 손수건이나 실리콘 칫솔 등 영아의 월령에 맞는 것을 이용하여 영아의 잇몸과 이를 부드럽게 닦아 준다. 이유식을 하는 영아들은 입안에 남아 있는 음식물을 물로 깨끗이 헹구어 내도록 하는데 아직 뱉지 못하는 영아를 위하여 삼켜도 무해한 영아용 치약을 사용하고 정수된 물을 제공하도록 한다. 입속과 이 닦기는 주로 수유나 이유 및 식사 후 진행되므로 세수하기를 함께 하여 영아가 청결하게 지낼 수 있도록 한다.

예: – "(영아와 눈 맞춤을 하며 미소 짓고) ○○가 '아' 하고 입을 벌렸구나. 싹싹싹 닦아 줄게요."

– "얼굴도 깨끗이 닦아 보자. 선생님이 도와줄게요."

• 영아의 청결을 위한 기저귀 갈이 영역, 화장실, 세면대 등의 공간을 항상 깨끗하게 유지하고 정기적으로 소독한다.

• 기저귀, 칫솔, 양치컵 등의 개별 용품은 청결한 곳에 위생적으로 관리되어야 한다.

• 손 씻기, 이 닦기, 목욕하기, 기저귀 갈기, 배변훈련, 옷 갈아입기 등은 일상생활에서 지속적으로 반복되므로 교사의 온정적인 상호작용이 가장 중요하다. 영아의 개별적인 욕구와 특성을 민감하게 관찰하여 고려하고 미소와 부드러운 접촉 등의 긍정적인 비언어적 상호작용을 병행하도록 한다.

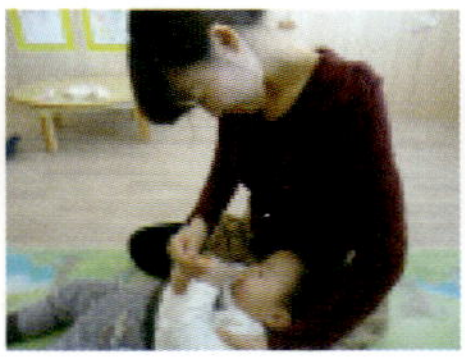
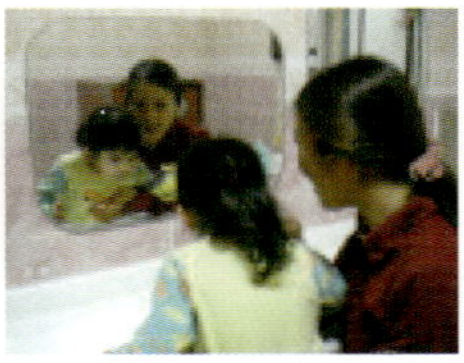

2) 간식 및 식사

교사는 영아로 하여금 우유나 모유를 먹는 것을 시작하여 다양한 음식에 적응해 가는 과정을 원만하게 경험하도록 도우며, 도구를 사용하여 먹는 것을 경험할 수 있도록 해 준다.

- 교사는 영아가 수유와 이유를 통해서 배고픔의 욕구를 채우는 동시에 정서적으로 편안함과 안정감을 느끼도록 해야 한다. 수유는 반드시 위생적이고 개별적으로 실시하며 영아를 팔에 안고 우유병은 교사가 잡아 준다. 수유 중에는 영아와 눈을 맞추고 이야기를 해 주며 영아가 친밀감을 느낄 수 있도록 애정 어린 상호작용을 하도록 한다.
- 이유식을 시작하는 시기는 영아마다 개인적인 차이가 있으나 보통 생후 4~6개월이 지나면서 시작하며, 다양한 종류의 식재료에 대한 시도를 경험하도록 돕는 것이 중요하다. 교사는 영아의 먹기 시도에 대해 미소로 격려해 주거나 언어적으로 상호작용을 해 주고 음식을 만져 보고 싶어 하는 경우 손으로 탐색할 수 있는 기회를 제공한다.

  예: – "(영아가 편안하도록 안고) 우리 ○○이가 배고프구나. 우유 먹어 볼까?"
  – "오늘은 맛있는 야채죽이네. ○○이 입에 쏘옥 넣어 보자."
- 15개월 후반부터는 젖병을 떼야 하는 시기로 10개월 전후로 빨대 컵이나 컵으로 먹기를 경험하며 점차 컵으로 먹을 수 있도록 지도한다. 1세 영아는 수저와 식기를 사용하여 음식을 먹는 경험을 할 수 있으므로, 이와 관련된 기본적인 식사예절에 대한 지도를 시작할 수 있다. 식사 중 손으로 집어먹으려고 하는 경우 무조건 제지하기보다는 교사가 숟가락과 포크의 올바른 사용법을 보여 주고 영아가 따라해 볼 수 있도록 격려한다.

  예: – "(영아가 숟가락을 사용하는 것을 살펴보며) ○○가 숟가락으로 국을 젓고 있었구나."
  – "(포크에 찍은 음식을 건네며) 선생님이 포크에 감자를 찍었어요. 먹어

보자."

- 영아가 먹는 일을 즐거운 경험으로 인식할 수 있도록 하기 위해서는 새로운 음식에 대해 탐색할 수 있는 충분한 시간을 허용하고 교사의 온정적이고 긍정적인 상호작용이 지속되도록 해야 한다.

  예: – "(영아를 마주 보고 웃으며) ㅇㅇ가 콩나물을 먹고 있네."

  – "(씹는 흉내를 내며) 냠냠냠냠. 정말 맛있게 먹고 있구나."

- 여러 친구와 함께 먹는 것이나 자리에 앉아 먹는 것은 영아에게 낯선 경험일 수 있으므로 탁자 위에 영아의 흥미를 끌 수 있는 그림을 붙여 두어 영아가 관심을 가지고 스스로 앉을 수 있도록 유도한다. 또한 먹는 것에 집중할 수 있도록 주변에 영아의 호기심을 끌 만한 놀잇감을 보이지 않도록 정리하여 식사에 집중할 수 있도록 한다. 사용하는 도구(턱받이, 젖병, 숟가락 등)는 영아 개개인의 것을 개별적으로 소독하여 관리하여야 한다.
- 만 1세 영아는 놀이시간에 부드러운 천 소재의 숟가락이나 포크, 그릇 등의 놀잇감을 탐색하여 놀이를 통해 식사에 사용되는 도구 사용에 익숙해질 수 있도록 한다.
- 영아가 혼자서 젖병을 잡고 먹을 수 있더라도 젖병을 놓치거나, 우유를 다 먹은 후 젖병 안의 공기를 마실 수 있으므로 교사는 영아의 곁에서 우유를 잘 먹는지 관찰하여야 한다. 우유를 다 먹은 뒤에는 반드시 영아를 세워 안고 등을 위에서 아래로 쓰다듬어 트림을 시켜서 배앓이를 방지하도록 한다.
- 새로운 재료의 이유식을 먹은 후에는 알레르기 반응이 나타날 수 있으므로 입 주변, 몸 상태를 관찰한다. 영아의 변 상태를 통해서 이유가 잘 진행되고 있는지 그렇지 않은지 파악할 수 있으므로 이유식을 먹기 시작하면 변을 자세히 살피도록 한다.
- 영아를 위한 이유 및 식사는 정해진 시간 안에 준비된 음식을 모두 먹거나 골고루 꼭 먹어야 하는 것으로 편중되지 않도록 유의해야 한다. 영아가 접하는 음식들은 태어나 처음 보는 음식들이기 때문에 이것을 탐색하고 먹어 보는

시도를 충분히 격려하는 것이 필요하기 때문이다.

- 영아가 음식을 먹을 때는 씹는 것이 중요하므로 국에 항상 밥을 말아서 주거나한 입에 너무 많은 양을 주는 것은 피해야 한다.

3) 수면 및 휴식

교사는 영아로 하여금 수면, 휴식, 놀이 등 영유아교육기관에서의 일상생활을 건강하고 편안하게 할 수 있도록 해 준다.

- 교사는 개별 영아가 잠드는 시간과 습관, 자고 나서 깰 때의 행동을 잘 관찰하여 배려해 주어야 한다. 식사 후 소화에 무리가 되지 않도록 낮잠 준비과정(양치, 세면, 로션 바르기, 겉옷 벗기 또는 젖은 옷 갈아입기, 베개 챙기기 등)을 여유 있게 천천히 진행하며 날씨와 기온에 알맞은 이불을 덮고 잘 수 있도록 한다. 자고 일어난 후에는 영아에게 개별적으로 다가가 따뜻한 접촉과 눈맞춤을 제공하여 심리적 안정감을 가질 수 있도록 돕는다.

  예: – "(영아의 손을 부드럽게 잡아 주며 작은 소리로) 자장자장 우리 ○○. 잘도 잔다. 우리 ○○"

  – "(영아의 다리를 주물러 주며) ○○야. 잘 잤어요? 이제 기지개를 켜 볼까?"

- 영아가 편안하고 안락하게 쉴 수 있는 휴식공간을 마련한다. 조용한 영역에 쿠션과 깔개를 마련하고 영아의 눈높이에 맞추어 가족, 친구, 좋아하는 동물이나 놀잇감의 사진 등을 붙여 친숙함을 느낄 수 있도록 한다. 영아가 일찍

등원하여 피곤하거나 아픈 경우 놀이 중에도 편안하게 쉴 수 있도록 한다.

예: – "(휴식공간으로 영아와 함께 이동하며) ○○야. 선생님이랑 여기에서 책 보며 쉴까요?"

- 영아가 일과를 안정적으로 지내기 위해서는 불필요한 정리, 전이 및 이동을 최소화하고 일상 활동은 개별로 이루어지도록 한다. 예를 들면, 기저귀 갈이를 놀이 시간 끝나고 영아를 모두 앉힌 뒤 순서대로 1명씩 하는 것이 아니라 놀이 중에 영아의 개별 상태를 확인하여 기저귀를 갈아 주는 것이 개별적인 일상 활동이다.
- 0~만 1세 영아가 생활하는 보육실은 놀이영역과 함께 일상생활영역을 구성하여 수유, 낮잠, 기저귀 갈기 등의 일상생활이 하루 일과 속에서 편안하고 자연스럽게 이루어지도록 한다.
- 영아돌연사와 같은 사고를 방지하기 위해 교사는 낮잠시간에 자리를 비워서는 안 되며 영아가 잠자는 모습을 유의하여 관찰하고 필요시 기록한다.
- 영아는 낯선 환경에서 일과의 전이 시간에 불안감이 가장 높기 때문에 일과의 전이나 공간의 이동을 거부할 수 있다. 교사는 이를 이해하고 영아의 거부하는 행동에 대해 또래와 상대적인 비교를 하거나 무조건적으로 이동하지 않고, 영아의 불안감과 거부감에 공감해 준다. 잠시 다음 일과를 지연하며 기다려 준 뒤 이동해야 할 장소에 대한 기대감을 가질 수 있도록 전환을 돕는다.

예: – "(부드러운 목소리로) ○○가 지금은 바깥에 가고 싶지 않구나. 그럼 지금은 가지 않고 기다려 줄게요."

– "(영아를 안고 바깥을 살펴보며) ○○가 좋아하는 붕붕이가 밖에 있네. 이제는 붕붕이 타러 나가 보자."

4) 배변

교사는 영아로 하여금 배변을 통해 영유아교육기관에서의 일상생활을 건강하고 편안하게 할 수 있도록 해 준다.

- 영아의 배변훈련을 위한 놀잇감과 환경구성을 보육실, 화장실 양쪽에 마련하여 배변과 관련된 환경구성을 풍부하게 제공한다. 어린이집에서 실행하는 배변과 관련된 놀이 활동 자료에 대한 소개를 사진 또는 문서 등으로 각 가정에 전달하여 영아의 배변과 관련된 활동이 가정과 연계될 수 있도록 한다.
- 0세 영아는 대소변의 욕구를 인식하고 표현하는 능력이 발달되지 않은 상태이므로 교사는 영아의 기저귀가 젖었는지 수시로 확인한다. 영아의 울음소리나 불편한 표시를 세심히 관찰하여 배뇨 간격을 파악해야 한다. 배변훈련은 괄약근을 조절하는 생리적인 능력이 발달할 시기에 맞추어 영아가 혼자서 설 수 있을 때, 자신의 요구를 표현하는 한두 마디 말을 할 수 있을 때 시작하는 것이 좋으며 가정과의 연계를 통해 배변훈련의 시작 시기를 결정한다. 1세 영아는 배변을 하는 중이거나 하고 난 후 의사표현을 할 수 있으므로 영아의 비언어적인 표현을 민감하게 관찰하여 영아가 배변에 대한 의사표현을 할 수 있도록 돕는다.

  예: – "(영아의 표정이나 자세를 살펴보며) ○○이 응가하고 싶어요? 아기 변기에 앉아 볼까요?"

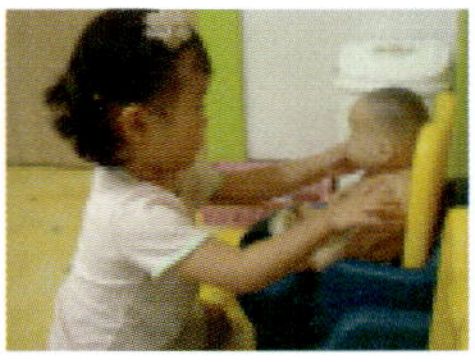

2. 만 2세 영아

1) 위생 및 청결

교사는 영아로 하여금 건강한 생활을 위한 기초로서 스스로 손과 몸 씻기와 이 닦기를 시도할 수 있도록 해 준다.

- 교사는 영아가 스스로 손을 씻도록 하며, 필요시 도움을 주고 손을 씻는 바른 방법을 지속적으로 반복해서 지도해야 한다. 이때 교사는 시범을 보이며 행동하는 방법에 대해 설명을 해 주어야 한다.

  예: "(영아가 닦는 것을 살펴보며) ○○가 거품을 잘 헹구고 있구나. 손가락 사이도 닦고 있네. 그럼 물을 잠가 볼까요?"

- 만 2세 영아는 스스로 해 보는 것을 좋아하기 때문에 영아가 이 닦기를 혼자 할 수 있는 경험을 제공한다. 이 닦기에 대한 관심을 높이고, 청결한 습관을 기르도록 교사의 시범과 적절한 도움을 주도록 한다. 스스로 양치질이 가능한 영아는 교사가 양치질하는 모습을 보고 시작하고, 마무리는 교사가 하여

구석구석 치아 사이에 낀 음식물을 제거해 주도록 한다.

예: – "(영아를 보고 미소 지으며) 치카치카 치카치카. ㅇㅇ가 앞니를 혼자서 닦고 있네. 선생님도 같이해 볼게요."

- 손 씻는 방법을 알 수 있도록 손 씻는 방법과 순서를 사진이나 카드로 제작하여, 세면대 거울 앞에 붙여 둠으로써 영아가 올바른 손 씻기를 습관화 할 수 있도록 지도한다.
- 세면대는 영아가 서서 활동하기에 불편함이 없는 높이인지 확인하여야 한다. 너무 높을 경우에는 발을 딛고 서서 활동할 수 있도록 영아용 발 디딤대를 준비해 주어야 한다. 손을 닦거나 이를 닦은 후에는 세면대 위와 바닥의 남은 물기를 말끔히 닦아 청결하게 하고 미끄러지지 않도록 한다.
- 칫솔은 소독기를 사용하여 위생적으로 관리하도록 한다. 소독기를 사용할 수 없는 경우에는 교사가 깨끗이 씻어 통풍이 잘되는 곳에 세워서 말려야 하며, 칫솔모가 누워 있거나 솔이 닳았을 때는 즉시 교환해 주도록 한다.
- 손, 몸, 이를 닦는 활동은 닦기 전에 소매를 올리거나 옷을 벗는 행동, 활동 후 다시 소매를 내려 주거나 젖은 옷을 갈아입어야 하는 일련의 과정들이 필요하다.

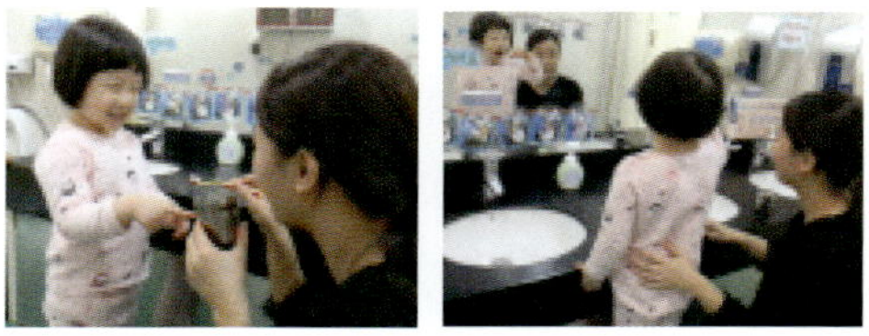

2) 간식 및 식사

만 2세 영아는 음식에 관심을 가지고 즐겁게 먹는다.

- 만 2세 영아는 미각이 발달하여 좋아하거나 싫어하는 기호가 뚜렷해지므로

개별적인 특성을 고려하되 편식습관이 생기지 않도록 다양한 음식의 맛과 향, 질감을 접할 수 있는 기회를 제공하도록 한다. 영아가 음식을 그만 먹겠다는 표현을 할 경우 영아의 의견을 존중해 주며 강압적으로 먹이려 하거나 상이나 벌, 선물로 연계하여 지도해서는 안 된다. 대신 영아 개인에 맞추어 먹을 수 있는 양만큼 덜어 주거나 새로운 음식이 많은 경우 이 중에 하나를 영아가 선택하도록 지도하면 영아가 가지는 거부감을 줄일 수 있다.

예: – "(영아를 보고 미소 지으며) 채소를 모두 먹기가 힘들구나. 그러면 김치와 오이 중에 어떤 것을 먹어 볼까? 손으로 가리켜 볼까요?"

- 만 2세 영아가 식사도구를 사용하는 기술이 서툴더라도 교사가 직접 떠먹이기보다 영아 스스로 먹을 수 있도록 수용적인 태도로 기다려 주며 지도하여야 한다. 영아가 혼자 먹을 수 있는 적절한 크기와 무게, 길이의 식사 도구를 준비해 주며 영아가 도움을 요청할 경우 적절하게 개입하여 필요한 도움을 주도록 한다.

예: – "(영아를 살펴보며) ㅇㅇ가 숟가락으로 국을 잘 담아서 먹네요. 포크로는 어떤 반찬을 찍어 볼까요?"

- 영아가 간식이나 식사 시 정해진 자리에 바르게 앉아서 먹는 태도가 습관화될 수 있도록 반복적이고 지속적으로 지도해야 한다. 영아가 편안하게 식사를 할 수 있도록 분위기를 조성한다. 음식에 대한 영아 개인의 경험, 선호, 맛에 대해 간단한 대화를 나누거나 영아의 먹는 모습을 보고 미소 지어 주도록 한다.

예: – "(책상에 붙어 있는 그림을 가리키며) ㅇㅇ야, 이 자리에는 코끼리가 있고, 옆 자리에는 사자가 있어요. 어떤 자리에 앉아서 간식을 먹을까요?"

- 부모나 양육자와 일상적 대화를 통해 가정에서의 식사지도, 영아의 기호, 식사량, 체질 및 특이사항 등을 파악하여 특별한 요구가 있는 영아에게는 이를 고려하여 지도한다. 또한 어린이집에서 진행하고 있는 2세 영아를 위한 식사지도 방법을 전달하여 가정에서도 연계하여 일관성 있게 진행될 수 있도록 한다.

- 잘 먹지 않으려는 영아는 식사 전에 활발히 움직이고 신체활동에 적극적으로 참여하는 기회를 제공하면 영아가 스스로 음식을 잘 먹을 수 있다. 따라서 잘 먹으려 하지 않는 영아의 경우 신체활동의 참여 정도와 어떤 놀이를 하는지 관찰할 필요가 있다.
- 음식을 잘 씹어 먹도록 지도한다. 시간 내에 먹도록 하기 위해 서둘러 먹이거나 물을 마시며 삼키지 않도록 유의한다.

3) 일과

만 2세 영아는 하루 일과를 즐겁게 경험한다.

- 잠을 자는 시간과 잠자기 전의 과정(세수하고 옷 갈아입기, 자장가나 이야기 들려주기 등)이 규칙적으로 이루어질 때 영아는 일과를 예측하고 편안해지며 안정된 수면 습관이 형성될 수 있다.
- 만 2세 영아는 0~만 1세 시기보다 놀이시간이 더 길어지고 휴식이나 낮잠시간도 정해진 시간에 할 수 있게 된다. 정해진 낮잠 시간에 충분히 쉬고 잘 수 있도록 하며 신체 움직임이 많은 놀이 후에는 휴식을 취하도록 조절해 준다.
- 정리 및 전이 시간을 미리 알려 주되 집단보다는 영아 개별로 알려 주는 것이 효과적이며 다음 일과를 보다 안정적으로 시작할 수 있다. 다음 일과에 대한 기대감을 갖게 한다면 영아의 전이 시간에 대한 거부감을 줄이는 데 도움이 된다.

  예: – “(그림책을 가리키며) 선생님이랑 또 보고 싶구나. 그러면 이 책 보고

나면 치우는 시간을 하자."

– "조금 있다 치우고 나면 바깥놀이 갈 거예요. 큰 자동차가 기다리고 있겠지."

- 영아가 놀이 중에도 편안하게 쉴 수 있도록 아늑하고 조용한 영역이나 공간(적당한 햇빛과 소음 차단, 적절한 온도, 좋아하는 인형이나 장난감 제공, 이야기 들려주기 등)을 마련한다.

4) 배변

교사는 만 2세 시기의 영아로 하여금 건강한 배변 습관을 갖도록 지도한다.

- 건강한 배변 습관을 갖는다는 것은 영아가 건강한 생활 습관을 형성하는 데 필요한 규칙적인 배변 습관을 가지고 즐겁게 생활하는 태도를 형성하도록 하는 내용이다.
- 영아는 자신의 배변 욕구를 적절하게 표현하지 못하거나 해결하지 못하여 실수를 하는 경우가 있다. 이때 교사가 억압적인 분위기를 만들거나, 영아를 긴장하게 만들면 배변에 대해 부정적인 태도를 가지게 되므로 유의하며 영아가 변의를 느끼는 신호가 있을 때 교사가 민감하게 인식하고 반응한다.
- 만 2세 영아의 배변훈련은 영아마다의 신체조절능력을 파악하여 이루어지도록 한다. 익숙한 영아용 변기에서 화장실로 이동해 가는 과정을 단계적으로 하며 영아가 거부할 경우 무리하여 진행하지 않도록 한다.

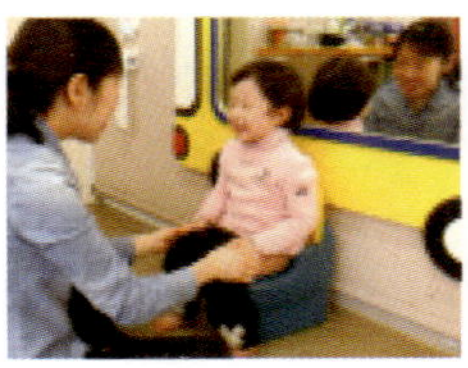

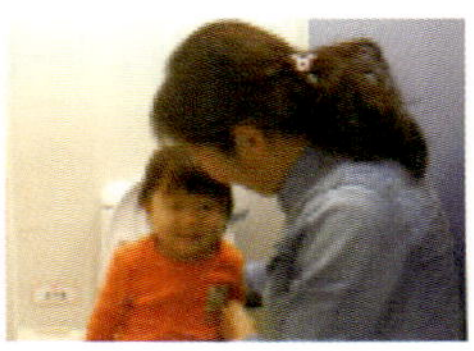

3. 만 3~5세 유아

1) 위생 및 청결

교사는 만 3~5세 시기의 유아 스스로 자신의 몸과 주변을 깨끗이 할 수 있도록 지도한다.

- 유아가 스스로 손 씻기나 양치를 하는 것도 중요하지만 바르게 실천할 수 있도록 교사가 관찰 · 지도하도록 한다.
- 유아의 칫솔은 정기적으로 점검하여 교체가 필요한 유아는 가정통신문을 통해 개별적으로 학부모에게 알려 주어 교체하도록 한다.
- 매일 유아들의 칫솔 마모 상태를 점검하고, 칫솔질이 바르지 않는 유아의 경우에는 관심을 가지고 지도한다.
- 유아의 위생을 위해 수건보다는 핸드타월을 비치하고, 칫솔을 깨끗이 씻어 살균소독기에 보관한다.
- 유아가 스스로 놀잇감을 제자리에 정리할 수 있도록 유아발달 및 각 영역의 특징을 고려하여 정리 표시를 해 둔다.
- 청소도구 등을 교실 내에 비치해 두어 유아가 생활 속에서 자연스럽게 치우는 것이 습관화될 수 있도록 한다.

(1) 손 씻기

만 3세		- 손을 씻을 때마다 유아에게 손을 바르게 씻는 방법을 알려 주고, 교사가 도와주며 손을 씻게 한다.
만 4세	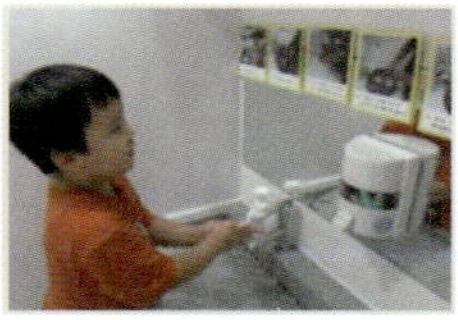	- 바르게 손 씻는 방법에 관한 그림자료를 게시해 주어 유아가 게시물을 보며 스스로 손을 씻도록 격려한다.
만 5세		- 유아 스스로 바른 방법으로 손을 씻도록 격려하며, 필요할 경우 어린 연령의 동생들에게 손 씻는 방법을 소개하는 활동으로 확장한다.

(2) 놀잇감 정리하기

만 3세		- 유아 자신이 놀이한 놀잇감을 교사와 함께 제자리에 정리한다.
만 4세		- 자신이 사용한 놀잇감과 주변의 놀잇감도 함께 정리한다.
만 5세		- 당번을 정하여 친구들에게 정리시간을 알려 주고, 교실 여러 곳의 놀잇감을 서로 도와 정리해 보는 활동으로 확장한다.

2) 간식 및 식사

교사는 유아로 하여금 몸에 좋은 음식에 관심을 가지고 바른 태도로 즐겁게 먹을 수 있도록 해 준다.

- 음식을 남기지 않고 다 먹는 것만 너무 강조할 경우 자칫 음식에 대해 거부감을 가질 수 있으므로 유아의 특성을 고려하여 양을 조절해 줌으로써 식사시간을 즐겁게 느낄 수 있도록 한다.
- 가정과 같은 식사 분위기 조성을 위해 테이블보를 준비하고, 음악을 틀어 주어 유아가 편안한 분위기에서 식사할 수 있도록 한다.
- 교사가 유아와 함께 식사를 하면서 바른 식사방법 및 태도의 모델링을 보여준다.
- 간식이나 점심시간에 음식의 이름, 모양, 색, 맛, 혹은 경험 등에 대해 이야기를 나누어, 유아들이 실생활에서 음식에 대해 관심을 가질 수 있게 한다.
- 어린 연령의 경우에는 식사 도구에 관심을 갖도록 다양하게 준비해 주고, 젓가락 사용을 시도해 보도록 격려한다. 만 5세 유아에게는 젓가락을 바르게 사용할 수 있도록 지도하는 것이 좋다.
- 유아의 체질이나 신체 발달정도 및 이전 경험 등에 따라 피해야 하는 음식이 있기 때문에 교사는 유아의 개별 신상을 잘 파악하도록 한다.
- 교사는 영양사와 협의하여 유아의 발달이나 음식에 대한 반응을 고려하여 식단을 조절하도록 한다.

(1) 음식 골고루 먹기

만 3세		– 유아들에게 다양한 재료와 방법으로 조리된 음식을 제공하고 골고루 먹어 보도록 격려한다.
만 4세		– 음식을 왜 골고루 먹어야 하는지 알아보고, 골고루 먹도록 격려한다.
만 5세		– 여러 가지 식품군에 대해 알아보고, 유아가 스스로 자신이 먹을 수 있는 만큼의 음식을 골고루 섭취하게 한다.

(2) 몸에 좋은 음식 먹기

만 3세		– 유아들에게 몸에 좋은 음식을 알려 주고 먹어 보게 한다.
만 4세		– 다양한 음식 중에서 우리 몸에 좋은 음식에 대해 알아보고, 선택하여 먹어 본다.
만 5세		– 음식이 우리 몸에 미치는 영향에 대해 알아보고, 직접 식단을 계획하여 요리하여 먹어 본다.

(3) 식사예절 지키기

만 3세		– 교사가 식사예절(예: 도구 바르게 사용하기, 돌아다니지 않기, 조용한 소리로 이야기하기, 음식을 입에 넣고 말하지 않기 등)을 알려 주고, 유아가 지킬 수 있도록 격려한다.
만 4세		– 음식을 준비한 사람들에 대해 감사한 마음을 가지고, 예의 바르게 식사를 하도록 격려한다.
만 5세		– 음식물 쓰레기로 인한 환경 문제에 대해 알아보고, 그에 대한 대처방법을 모색해 보며 실천하는 활동으로 확장한다.

3) 일과

교사는 유아로 하여금 하루 일과에서 적당한 휴식을 취할 수 있도록 해 준다.

- 유아의 건강한 일상생활을 위해 교사는 계획된 교육·보육과정과 더불어 일상생활에서 지속적으로 지도하는 것에 중점을 둔다.
- 유아가 건강한 생활을 할 수 있도록 하루 일과를 균형 있게 운영(예: 게임이나 바깥놀이와 같은 동적인 활동 후에는 동화 듣기, 음악 감상 등 정적인 활동을 안배)하고, 규칙적인 휴식시간을 제공한다.
- 유아가 휴식을 취할 때에는 안정감을 느끼고 편안하게 쉴 수 있도록 아늑한 환경(예: 햇빛과 소음 차단, 적절한 온도, 장난감이나 인형 제공, 조용한 음악 들려주기, 동화책 읽어 주기 등)을 마련해 준다.

- 유아가 즐겁게 생활할 수 있도록 교사는 유아를 이해하고 수용하는 태도를 가져야 하며, 유아의 잘못된 행동도 인내심을 가지고 긍정적인 방법으로 지도함으로써 긍정적인 정서와 정신 건강을 유지할 수 있게 한다.
- 유아가 하루 일과를 예측하여 즐겁게 놀이에 참여할 수 있도록 일과를 운영한다.
- 어린 연령의 경우 놀이에 몰입하여 스스로 배변 시간을 놓칠 수 있으므로 교사는 유아의 표정이나 행동을 살피며, 하루 일과 동안(활동의 전이시간이나 실내에서 실외로 이동하기 전 등)에 화장실 가기를 규칙적으로 안내해야 한다.
- 유아가 배변 실수를 하는 경우에 수치심을 느낄 수 있으므로 독립된 공간에서 처리해 주고 정서적으로 위축되지 않도록 배려해 주어야 한다.

(1) 휴식하기

만 3세		실외 놀이나 동적인 활동을 하고 난 후에는 반드시 휴식을 취하게 한다.
만 4세	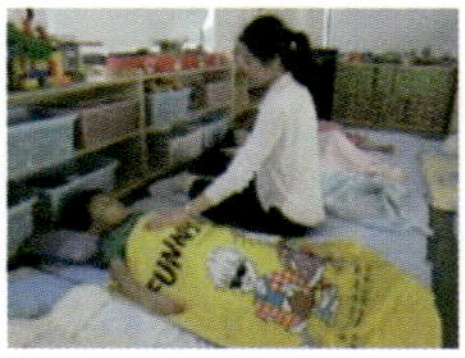	휴식의 필요성과 중요성을 알아보고 질병 및 정신적 긴장을 풀기 위해 적절한 휴식을 취하게 한다.
만 5세		피로하다고 느낄 때 어른에게 알리거나 스스로 적절한 장소를 찾아 휴식을 취하도록 한다.

(2) 일과에 즐겁게 참여하기

만 3세		자유선택 활동을 중심으로 자신이 좋아하는 활동을 하면서 하루 일과에서 즐거운 경험을 많이 갖게 한다.
만 4세		하루 일과를 회상하며 가장 즐겁게 참여했던 활동이나 그 결과물들을 소개하며 공유해 본다.
만 5세		하루 일과 중 즐거웠던 일과 속상했던 일들을 알아보고 즐겁게 지내기 위한 방법을 함께 의논하여 규칙을 정해 보는 활동으로 확장한다.

(3) 화장실 가기

만 3세	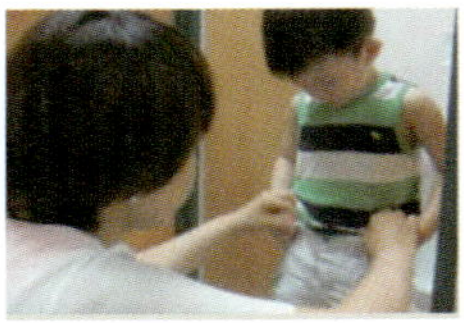	변의를 느꼈을 때 스스로 화장실에 가서 배변하도록 하고 뒤처리는 교사가 도와준다.
만 4세	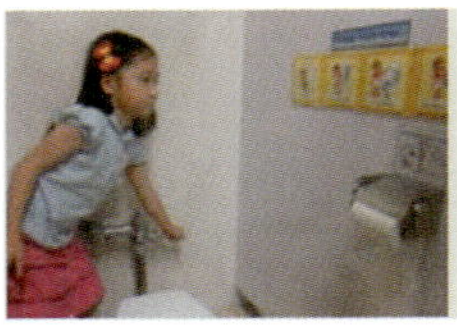	구체적인 화장실 사용 절차와 방법(예: 배변 후 물 내리기, 휴지 사용법, 뒤처리 방법, 손 씻기 등)에 대한 게시 자료를 보고 스스로 실천하여 습관화하도록 격려한다.
만 5세		규칙적인 배변 습관의 중요성에 대해 알아보고, 일상생활에서 일정한 시간에 규칙적인 배변을 하며 배변 후 스스로 바르게 처리하도록 격려한다.

4) 질병 예방

교사는 유아로 하여금 질병을 예방하는 방법을 알고 실천할 수 있도록 해 준다.

- 유아의 질병관리를 위해 실내의 습도 및 온도를 적절하게 유지한다.
- 전문 업체에 의뢰하여 정기적으로 공기 질 검사를 실시하고, 복도 및 교실의 창문을 수시로 열어 환기시킨다.
- 질병에 걸린 유아가 등원할 경우 회복이 느릴 뿐 아니라 다른 유아들에게 전염될 수 있으므로 해당 유아는 가정에서 휴식을 취하도록 권장한다.
- 유아가 질병을 예방할 수 있는 생활 태도를 갖도록 일상생활에서 지속적으로 지도한다.
- 유아 중 기관에서 활동하기에 부적절한 옷(예: 드레스, 정장, 구두 등)을 입고 오는 경우, 때와 장소에 알맞은 옷차림에 대해 알아보고 상황과 장소에 맞는 옷을 선별하여 입을 수 있도록 지도한다.
- 질병 예방하기는 가정과의 연계가 중요하므로 정기적인 부모교육을 통해 그 중요성과 내용 및 방법을 안내하고 함께 지도하도록 한다.

(1) 질병 예방하기

만 3세		날씨에 맞게 옷을 입고 벗기, 찬 음식 많이 먹지 않기, 손가락 빨지 않기, 기침 예절 지키기, 손 깨끗이 씻기, 일찍 자고 일찍 일어나기 등을 알려 주어 질병에 걸리지 않게 주의하도록 한다.
만 4세		일상생활 중 질병이 발생했을 때 유아들과 질병의 예방 방법에 대해 알아보고 실천하도록 한다.
만 5세		지역사회 의사 선생님이나 학부모 자원인사의 도움을 얻어 여러 가지 질병의 발생 원인과 예방 방법을 직접 알아보고 실천하는 활동으로 확장한다.

(2) 날씨에 맞게 옷 입기

만 3세	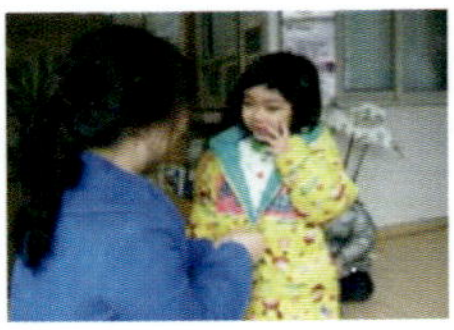	날씨와 계절에 맞게 주어진 옷을 입고 생활하며 덥거나 추울 때 자신의 의사를 표현하게 한다.
만 4세		날씨와 계절에 알맞은 옷을 입어야 하는 이유에 대해 알아보고, 여러 가지 옷 중에서 현재의 날씨와 계절에 적절한 옷을 직접 골라 입어 보게 한다.
만 5세		날씨와 계절뿐 아니라 다양한 상황에 맞는 옷차림을 알아보고 적절히 입어보게 한다.

토론 및 토의

영유아가 자신이 좋아하는 그 옷만을 입겠다고 고집하는 경우, 이를 '허용 한다/허용하지 않는다'에 따른 그 이유와 대처방안에 대하여 논의하시오.

3장

영유아의 영양 및 섭생

영유아기의 영양섭취나 식습관 형성이 일생의 건강을 좌우하는 기초가 될 수 있으므로 연령과 발달에 맞게 균형 있는 영양공급이 매우 중요하다. 따라서 영양관리는 영유아의 성장과 발달에 필요한 영양소와 열량을 적절하게 섭취할 수 있도록 수유, 이유, 급식 및 간식을 단계별로 관리하고, 매일 반복되는 일상생활에서 바람직한 식습관을 형성할 수 있도록 지도하여야 한다.

1. 영아의 영양 및 섭생

영아에게 제공되는 수유, 이유식, 급식 및 간식 등은 영아기에 필요한 영양소를 균형 있게 공급할 수 있는 계획적인 식단으로 작성되어야 한다. 한편으로 수유, 이유식, 일반식에 사용되는 식재료 관리, 조리과정, 배식관리가 청결한 상태에서 이루어져야 한다. 영아에게 수유를 할 때는 편안하게 안아서 모유(조제유)를 먹이고, 이유식을 하는 영아는 고형식에 점차 적응하도록 기호에 맞추어 제공하며, 일반식을 하는 영아는 식사에 즐겁게 참여하여 스스로 음식을 골고루 먹을 수 있도록 지도해야 한다. 제공하는 음식은 영아의 기호를 충족하고, 지역에서 생산하는 식재료 구입하여 새로운 음식에 대한 적응력도 키워 가야 한다.

영유아 교육기관에서는 다음 사항을 유의하여 영양관리를 철저히 해야 한다.

- 영아의 수유, 이유식, 급식, 간식은 영아에게 필요한 영양이 균형 있게 계획되고 영아의 개별적 욕구와 식습관을 고려하여 제공하여야 한다.
- 영아에게 제공되는 식단은 전문 영양사에 의해 작성되어 영양적 균형을 이루고 영아의 발달단계에 적절하고 다양한 형태로 조리되어 제공하여야 한다(보육정보센터, 보건소, 식약청 등 제공 식단).
- 영아에게 제공되는 식단 내용을 부모가 알 수 있도록 가정통신문, 홈페이지, 게시판 등에 공개하여야 한다.
- 교사는 특별한 개별적 요구가 있는 영아의 경우 필요한 정보를 미리 확인하여 모유 수유, 이유식, 간식, 급식 시에 배려하고 지도한다.
- 제철과일, 견과류, 오이, 감자, 고구마 등의 자연식품을 영아에게 자주 제공하도록 준비한다.
- 바람직한 식생활 습관을 형성하도록 지속적이고 반복적으로 지도한다. 교사도 영아와 함께 음식을 먹으면서 그들의 식습관 등을 관찰하고 조용히 대화를 나누면서 기분 좋게 음식을 먹을 수 있도록 안정되고 즐거운 분위기를 조성한다.
- 영유아 교육기관에서는 영아를 위한 급식 및 간식이 단순히 영양적인 필요만을 충족시키는 것이 아니라 음식을 조리하고 배식하여 바람직하게 먹는 과정이 위생 적으로 관리되어야 한다.

1) 수유

(1) 모유 수유

모유는 영아의 정상적인 성장과 발달에 필요한 모든 영양소와 면역성분 등을 함유하고 있어 가장 이상적이고 완전한 식품으로 가능한 가정에서 착유하여 영유아

교육기관에 보내 수유하는 방법은 매우 바람직하다.

① 모유 보관

모유의 보관은 손이나 유축기로 짜낸 신선한 모유는 상온(25℃)에서 6~8시간 정도 보관이 가능하나 실내온도나 계절적 변화를 고려하여 냉장보관하는 것이 바람직하다. 냉장보관은 4℃에서 3~5일 동안 가능하며, 그 이상 보관하려면 냉동보관하도록 한다. 냉동보관 영하 15℃에서 2주간 가능하며 감염되지 않도록 위생적으로 보관한다.

② 모유 수유 방법

냉장보관한 모유 수유 방법은 24시간 이내에 중탕 후 수유하는 것이 바람직하다. 냉동된 모유는 냉장고에서 12시간 해동 후 중탕하여 수유하고, 한번 해동한 모유는 다시 냉동하지 않으며, 금방 짜낸 젖과 혼합하여 수유하지 않는다. 냉동보관 모유는 전자레인지를 사용하지 않는다.

(2) 조제유 수유

조제유는 유지방이 있어 개봉한 후 산소와 접촉하게 되면 갈변 및 지방산 산패가 진행되기 때문에 가능한 한 빨리 사용해야 한다. 반드시 유통기한을 확인하고, 개봉한 후에 색 또는 냄새가 변질되지 않았는지 확인한다. 조제유는 습기가 차지 않고 통풍이 잘되는 선선한 곳에 보관한다.

① 수유 준비

- 우유병 3~4개, 분유 계량 숟가락, 긴 숟가락, 소독기 주전자, 보온 주전자, 분유통 등을 준비한다.
- 각 우유병에는 영아의 이름을 표시하여 개인적으로 사용한다.
- 분유를 준비하는 사람은 손에 상처가 없어야 하며 준비 전에 손을 잘 씻는다.

- 사용하는 모든 기구 또한 깨끗하게 세척하며 매일 한 번씩 열탕소독을 실시하고 개인 젖병이나 젖꼭지가 섞이거나 바뀌지 않도록 유의한다.

〈표 3-1〉 월령별 수유 횟수 및 1회 수유량

월령	수유 횟수(1일)	수유량(1회)	비고
1주~1개월 전	3시간 간격	120~140ml	
1~3개월	5~6회	140~180ml	
4~5개월	이유식 시작 후 4~5회	180~210ml	이때부터 취침 전 수유하지 않아도 됨
6~8개월	3~4회	210~240ml	
9~12개월	2~3회	210~240ml	

출처: 식약청(2012). 어린이 급식관리 지침서.

② 트림 시키기

- 모유를 먹일 때와 같은 자세로 편안하게 안아서 안정된 분위기에서 먹인다.
- 분유를 조제할 때 반드시 상품에 표시된 용량대로 물에 탄다.
- 수유 시간은 보통 15분 정도가 적당하다.
- 조제하여 수유한 후 남은 우유는 바로 버려야 한다.
- 수유가 끝나면 영아를 안고 트림을 시켜 주는 방법은 다음과 같이 세 가지가 있다.

① 영아를 곧추 안고 등을 가볍게 쓸어 준다.

② 영아를 수유자 무릎에 바로 앉히고 가볍게 쓸어 준다.

③ 영아를 무릎에 엎드리게 하고 등을 쓸어 준다.

③ 수유 시 유의할 점

- 수유 시 젖병을 물리고 잠을 재우지 않는다.
- 젖병 없이 자는 것을 낯설어하는 아기라면 보리차나 생수 등을 젖병에 넣어 주어서 익숙해지도록 유도한다.
- 젖병을 빤 채로 자는 것을 습관화하지 않는다(심할 경우 젖니가 완전히 올라오기도 전에 치아가 썩어서 자랄 수 있음).
- 수유 후에는 보리차를 마시게 하거나, 거즈에 물을 묻혀 잇몸과 혓바닥을 닦아 준다.
- 손가락을 너무 깊숙이 넣으면 아기가 구토를 일으킬 수도 있으니 주의한다.

2) 이유식

이유식을 시작하는 시기에는 개인적인 차이가 있으나 보통 영아가 생후 4~6개월이 지나면서 시작하는 것이 좋다. 3개월 이전 영아는 전분을 소화시키지 못하며 입자가 큰 단백질을 그대로 흡수하기 때문에 알레르기를 일으킬 수도 있다. 또한 너무 늦어지면 영아가 늦도록 엄마 젖이나 우유병에 매달리게 되고 성장발육이 늦어지며 생후 6개월 정도가 되면 체내에 저장해 두었던 철분을 다 사용하게 되므로 빈혈이나 신경증 등이 나타날 수 있다. 조제유를 먹이는 영아의 경우 하루 동안 섭취하는 우유가 1,000cc를 넘고 이전에 비하여 쉽게 배고픔을 가질 때를 이유식을 공급해야 하는 시기로 잡는다.

〈표 3-2〉 월령별 이유식 단계

단계	월령	진행 내용
이유 준비기	3~4 개월	• 수유시간을 4시간 간격으로 조절하고, 횟수는 5~6회로 한다. • 처음에는 사과즙, 당근즙, 맑은 죽(감자, 곡류 등) 한두 스푼에서 점차 양을 늘려 간다. • 먹인 후에는 배변 등을 관찰하고, 설사, 구토, 피부반응 등이 있는지 살펴본다.
이유 초기	5~6 개월	• 이유식을 주는 횟수는 1~2회 정도로 이유식을 먼저 먹이고 우유를 준다. • 입자가 고운 죽, 곱게 간 과일, 으깬 감자, 흰살 생선, 달걀노른자 등 액체 상태의 음식이나 입자가 고운 죽 등을 먹인다.
이유 중기	7~8 개월	• 수유와 이유식의 양이 거의 같아지는 시기이므로 이유식은 2~3회로 늘리고 이유식을 먼저 먹이고 우유를 준다. • 모든 종류의 곡류, 채소류, 감자류, 과일류, 달걀, 콩, 육류, 생선류 등이 가능하다.
이유 후기	9~11 개월	• 이유식의 횟수는 3~4회 정도이고, 먹는 시간은 성인의 식사시간과 비슷하게 한다. • 모든 종류의 곡류, 채소류, 감자류, 과일류, 달걀, 콩, 육류, 생선류 등이 가능하다.
이유 완료기	12개월	• 이 시기에 줄 수 있는 식품은 성인과 거의 비슷하나 소화되기 쉽고 자극적이지 않은 맛과 향을 주는 조리법으로 제공해 준다.

〈표 3-3〉 이유식의 기본 진행 방법

진행방법 \ 시기			초기	중기	후기
월령			4~6개월	7~8개월	9~12개월
횟수	이유식+모유(분유)		1회	2회	3회
	모유나 분유		4회	3회	2회
조리 형태			걸쭉한 상태	혀로 으깰 수 있는 상태	잇몸으로 으깰 수 있는 상태
식품 1회	I	곡류	으깬죽 5~10g (1~2스푼)	으깬죽-죽 30~70g (이유식 그릇 $\frac{1}{3}$~$\frac{2}{3}$)	죽-진밥 80~100g (이유식 그릇 $\frac{2}{3}$~1)
	II	달걀	노른자 1/4개	노른자-통째 1/2~$1\frac{1}{2}$개	통째 2/3~1개
		고기	5~10g(2~4스푼)	10~20g(4~8스푼)	20~30g(8~12스푼)
	III	야채	5~10g(1~3스푼)	10~30g(3~10스푼)	30~40g(10~13스푼)

3) 급식 및 간식

급식은 영아가 많은 시간을 영유아 교육기관에서 생활하므로 영아의 성장에 필요한 영양을 고려하여 균형 있는 급·간식 식단을 작성하고 계획에 따라 양질의 식사를 제공하는 것이 매우 중요하다. 계획적인 급·간식은 영아의 균형 잡힌 영양 공급은 물론 다양한 식단으로 식욕을 돋우며, 편식을 방지하고 즐거운 식생활을 할 수 있도록 돕는다.

간식은 활동량이 많은 영아에게 성장에 필요한 열량의 보충과 균형적인 영양소 공급을 위하여 적절하게 제공되어야 한다. 특히 간식은 식사와 달리 제철 과일이나 다양한 식재료를 이용하여 맛볼 수 있게 하고, 비타민, 무기질 등이 풍부한 과일이나 채소를 제공하여 영양을 보충하는 데 매우 효과적이다.

영유아 교육기관에서 영아를 위한 식단을 구성할 때 고려해야 할 사항은 다음과 같다.

(1) 급식을 위한 식단 구성 시 고려할 사항

- 급식은 영아의 발달에 필요한 영양소를 균형 있게 섭취할 수 있도록 영양사가 작성한 식단에 의해 제공되어야 한다.
  ※ 100인 미만 어린이집은 보육정보센터, 보건소, 어린이급식관리지원센터 등의 영양사 지도를 받거나 식약청 등에서 제공하는 식단을 활용할 수 있다.
- 급식은 간식에서 제공하는 음식의 종류와 조리방법이 중복되지 않도록 계획한다.
- 식단표에는 점심, 간식 2회(오전, 오후)가 계획되어야 한다.
- 급식은 탄수화물(쌀, 감자, 식빵, 국수 등), 단백질(육류, 어류, 계란, 콩류 등), 유제품(우유, 치즈, 요구르트 등), 비타민 및 무기질(과일, 채소류 등)이 균형 있게 제공되도록 계획한다.
- 영아의 식사 특성을 고려하여 음식의 형태, 크기, 맛, 조리방법 등을 적절하게

하여 편식을 방지한다.

- 음식은 당일 조리하여 배식하고 남은 음식은 다시 배식하지 않도록 계획한다.
- 계획된 급식을 제공한 결과를 기록해야 한다. 식단이 변경되어 제공된 경우에 는 식단표에 수정하여 기록한다.

(2) 간식을 위한 식단 구성 시 고려할 사항

- 간식은 급식과 함께 영아의 발달에 필요한 열량과 영양소를 보충할 수 있도록 고려하여 영양사가 작성한 식단에 의해 제공되어야 한다.
- 간식은 영아의 요구와 신체적 특성을 고려하여 오전과 오후로 나누어 2회를 제공한다.
- 계획된 식단표에 따라 신선한 과일이나 채소 등의 간식을 제공한다.
  - 신선한 과일(예: 사과, 배, 귤, 감, 밤 등)
  - 채소(예: 감자, 고구마, 옥수수, 오이, 토마토, 딸기, 참외, 수박 등)
  - 유제품(예: 우유, 치즈, 요구르트 등)
- 간식은 비타민과 무기질이 풍부한 과일이나 채소가 바람직하며, 영양소 파괴를 최소화하여 영아의 기호에 맞게 제공한다.
- 식품 첨가물(예: 유화제, 발색제, 보존제 등)이 함유된 인스턴트식품, 탄산음료, 냉동식품, 과자류는 가급적 간식으로 제공되는 것을 피한다.

4) 식생활 습관지도

영유아 교육기관에서는 영아의 발달단계와 영양적 필요를 고려하여 급식을 제공하는 것뿐만 아니라 영아가 식습관을 형성할 수 있도록 지도해 주는 것이 매우 중요하다. 영아를 위한 식생활 지도는 연령에 따른 식습관 발달특성을 이해하고, 영아 스스로 할 수 있는 자조기술을 익힐 수 있도록 반복해서 지도해야 한다.

〈표 3-4〉 영아의 식습관 발달에 따른 행동 특성

연령	영아의 행동 특성
6개월	6개월경에는 하루 3~4회의 우유를 먹는데, 한 차례에 8~10분 정도 소요되며 차차 속도가 빨라지게 된다. 이 외에도 반유동식이나 단단한 음식을 조금씩 먹게 된다. 숟가락이 보이면 입 모양을 바꾸고 입술로 숟가락을 덮는다. 또 어른의 손을 쥐기도 하여 음식을 자주 엎지르게 된다.
9개월	9개월경에는 하루 세 차례의 이유식과 낮잠 뒤에 두 차례의 우유를 주는 것이 일반적이다. 우유를 빠는 힘이 세지고 쭉쭉 들이키기 때문에 먹는 속도도 빨라져서 3~4분밖에 걸리지 않는다. 고형식도 잘 씹어 먹고 숟가락을 내밀면 입을 벌리고 아랫입술을 끌어당겨 음식을 받아들인다. 그릇에 입을 대고 물 같은 것을 마시게 하면 계속해서 한두 모금 마시지만 그릇을 떼면 입 밖으로 흘려 버리는데 흘린 음식을 손가락으로 집어먹기도 한다.
11개월	식사가 순조롭게 진행되지 못할 때가 생기는데, 그것은 식사를 하는 동안 가만히 앉아 있지 못하고 이리저리 몸을 움직여 놀잇감을 갖고 놀기 때문이다. 우유 먹는 횟수는 영아에 따라 다르지만 하루에 한 차례가 적당하다. 컵에 손을 대고 안에 담겨 있는 것을 마시기 위해 머리를 젖히기 시작한다. 하지만 제대로 마시지 못해 흘리는 일이 잦아지는데 이때 야단을 쳐서는 안 된다. 영아는 실패의 체험을 통해 기술이 진보하기 때문이다. 좋아하는 음식과 싫어하는 음식을 가리는 것이 더욱 분명해지는 것도 이 무렵이다.
1년 ~ 1년 6개월	우유병을 이용하는 횟수가 줄어들고 컵을 입에 대고 마신다. 하지만 우유병으로 마시고 싶어 하는 영아도 있으므로 어린이집에서는 낮잠 자기 전후에 개별적으로 사용을 허용하기도 한다. 그릇에 담겨 있는 음식을 보면 숟가락을 사용하려 하는데 음식물 속에 숟가락을 넣지만 떠올리는 동작은 어렵다. 그래서 손으로 집어 입 속에 넣곤 한다. 물이나 국 등은 서툴지만 혼자서 양손에 쥐고 마실 수 있게 된다. 이때의 두드러진 특징은 서툰 상태에서도 도움을 받으려 하지 않고 처음부터 끝까지 혼자서 먹으려 한다는 것이다.
1년 6개월 ~ 1년 9개월	먹는 방법이 능숙해지는데 턱과 혀를 사용해서 음식을 잘게 씹을 수 있다. 또 얼굴을 움직여 입 속의 음식을 먹기 쉽게 조절하여 삼킬 수 없는 것은 입에서 뱉을 수도 있다. 즉, 혼자서 식사하는 기능의 발달을 확인할 수 있다. 숟가락을 한 손에 쥐고 다른 손으로 음식을 숟가락 위에 올려놓거나, 팔꿈치를 사용하여 입으로 가져가는 등 숟가락 사용법이 점차 능숙해진다. 양손으로 컵을 사용하지만 접시는 자주 놓친다. 먹으면서 흘리는 것도 이 무렵의 특징이다. 그것이 싫어서 어른들이 먹여 주면 자주성의 발달은 더욱 늦어지게 되므로 혼자서 먹을 수 있을 때 칭찬을 해 주는 일이 중요하다. 이 시기는 식사시간이 길어지기도 하는데, 그것은 식사 중의 변화에 민감하여 이동이 잦기 때문이다. 그러므로 어린이집에서도 키 높은 식탁의자에 앉히는 방법을 고려해 본다.
1년 9개월 ~ 2년	식욕이 왕성해지면서 먹고 마시는 것을 적극적으로 탐하기 시작하며 음식에 대해 좋고 싫음을 분명히 밝히게 된다. 또 맛이나 혀의 감촉뿐 아니라 눈에 보이는 음식의 형태에 대해서 좋고 싫음도 나타나게 된다. 식탁 앞에서의 조건이 까다로워지는 것도 이때인데 항상 사용하는 숟가락이나 컵 등을 요구하는 일이 생긴다. 식사 중 음식이나 도구를 사용하여 놀고 장난하는 일도 많이 생기지만 그대로 혼자 먹도록 유도하는 것이 다음 단계로 촉진하는 결과가 된다.

출처: 여성부(2002).

〈표 3-5〉 영아의 식생활 지도내용

구분	내용
음식을 먹기 전	• 반드시 손을 씻는다. • 식탁과 의자를 바르게 놓고 깨끗이 한다. • 식탁 준비를 돕는다. • 감사하는 마음을 표현한다.
음식을 먹을 때	• 바른 자세로 먹는다(돌아다니지 않는다). • 그릇과 수저, 포크를 바르게 사용한다. • 꼭꼭 씹어 먹는다. • 흘리지 않고 먹는다. • 밥과 반찬을 골고루 먹는다. • 입가에 묻은 음식은 화장지로 깨끗이 닦는다. • 입속에 음식을 너무 많이 넣지 않는다. • 입속에 음식을 넣고 말하지 않는다. • 적당한 시간 안에 즐겁게 먹는다.
음식을 먹은 후	• 입가에 묻은 음식은 화장지로 닦는다. • 감사하는 마음을 표현한다. • 먹은 그릇을 정리한다. • 자신이 사용한 식기는 정해진 장소에 갖다 놓는다. • 식사 후에는 이를 닦는다.

식습관 지도 시 유의할 점은 다음과 같다.

- 1세~18개월 사이에 스스로 먹을 수 있도록 지도해 준다.
- 교사는 영아의 서툰 기술에 수용적이어야 하고 인내심을 가지고 지도해야 한다.
- 식습관 지도는 편안하게 음식을 먹는 분위기에서 이루어져야 한다.
- 식사시간은 즐거운 분위기가 되도록 조성한다.
- 간식시간은 15분 정도, 식사시간은 30분 정도를 기준으로 운영한다.
- 주어진 시간 내에 먹지 못하는 경우에는 영아의 특성, 식성, 정서적 · 신체적 상태 등을 고려하여 융통성 있게 지도한다.
- 교사는 바람직한 식생활 모델이 되도록 한다.
- 가정과의 연계를 가지고 지속적이고 일관성 있게 지도한다.

- 영아가 스스로 먹을 수 있도록 준비해 주고 필요한 부분만 도와준다.
- 먹는 것과 식사 예절은 지나치게 연관시키지 않는다.
- 음식을 그만 먹겠다고 할 때 인정해 준다.
- 음식은 상이나 벌, 선물로 연계하여 지도하지 않는다.

2. 유아의 영양 및 섭생

1) 유아의 영양관리 기준

식단은 유아의 영양요구량을 충족시킬 수 있도록 구성되어야 하므로 식단을 작성할 때 유아의 하루 영양필요량을 우선적으로 고려해야 한다. 한국인의 영양섭취기준에 근거한 만 3~5세 유아의 일일 영양섭취기준은 다음과 같다.

〈표 3-6〉 영양소 섭취기준

연령 (세)	체중 (kg)	신장 (cm)	에너지 (kcal)	식이섬유 (g)	단백질 (g)		수분 (ml)	칼슘 (mg)	철 (mg)
			EAR	AI	EAR	RI	AI	RI	RI
1~2	12.2	86.1	1,000	10	12	15	1,100	500	6
3~5	17.2	107	1,400	15	15	20	1,400	600	7

EAR: 평균 필요량, AI: 충분 섭취량, RI: 권장 섭취량, UL: 상한 섭취량.
출처: 한국영양학회(2010).

만 3~5세 유아의 1일 섭취해야 할 에너지는 1,400kcal이며, 그중 탄수화물은 55~65%, 단백질은 7~20%, 지질은 15~30%로 각각의 에너지 구성비가 탄수화물, 지방, 단백질로 구성되는 것이 바람직하다.

〈표 3-7〉 유아기 필수영양소

영양소		역할	함유 식품	섭취 부족 시 중상
탄수화물		에너지 공급, 중추신경계의 원활한 작용	곡류, 감자류, 당류	허약, 피로 탈수현상
지방		에너지원, 체온조절, 장기 보호	기름류, 버터, 치즈, 견과류, 크림	피부건조, 각질화, 탈모, 상처회복 지연, 성장 저하, 생식기능장애
단백질		에너지원, 성장촉진, 효소/호르몬/항체 형성	육류, 콩류, 두부, 달걀, 생선	체중감소, 발육부진, 저항력 감소
무기질	칼슘	뼈, 치아 구성, 신경전달, 근육 이완	우유, 유제품, 두유, 브로콜리, 뼈째 먹는 생선, 시금치	근육의 수축, 경련, 구루병, 골연화증/골다공증, 성장지연, 지혈 지연
	철분	혈액 내 산소 운반	달걀노른자, 육류, 간, 녹색 채소	빈혈, 어지러움, 피로감, 학습능력 저하
	인	뼈/치아의 구성성분, 단백질 합성	우유, 유제품, 육류	근육과 혈액 세포 파괴
	아연	효소의 활성 도움, 콜라겐 합성, DNA/RNA 합성	육류, 굴, 간, 달걀	성장지연, 식욕감퇴, 우울증, 탈모, 설사
비타민	비타민 A	시각회로, 상피조직 유지, 골격 성장, 생식	간, 당근, 풋고추, 우유, 버터, 달걀	야맹증, 안구건조증, 저항력 약화
	비타민 B2	동맥경화나 고혈압 예방, 식욕증진, 저항력 강화	우유, 유제품, 간, 효모, 내장, 녹황색 채소, 공, 두부, 생선, 된장	빈혈, 성장부진, 구내염, 설염, 피부건조
	비타민 C	콜라겐 합성, 아미노산 대사, 철분 흡수 증가, 감기 증상 약화	감귤, 감자, 채소류	괴혈병, 저항력 약화, 회복력 저하
	비타민 D	칼슘과 인의 흡수 증대, 골격 형성	참다랑어, 내장, 난황	구루병, 골연화증, 골다공증, 신경과민, 설사
물		혈액을 통해 영양소를 온몸에 운반, 노폐물 배설, 체온조절		체중의 60%를 차지하는데 2/3 이상을 잃으면 사망에 이름

〈표 3-8〉 영양소의 분류

구분	내용
3대 영양소	• 탄수화물, 지방, 단백질 〈12년 임용고시 문제〉 영양소는 탄수화물, (지방), 단백질, 무기질, (비타민), 물 등 6가지로 분류되며, 이 중 탄수화물, (지방), 단백질은 3대 영양소라고 불린다.
5대 영양소	• 탄수화물, 지방, 단백질, 무기질, 비타민
6대 영양소	• 5대 영양소+물

2) 식단계획

유아교육기관에서 제공하는 급식과 간식의 총섭취 열량은 약 500kcal(약 10% 수준인 50kcal 조정 가능) 정도로 구성하는 것이 좋다. 한번에 많은 양의 음식과 필요한 영양소를 공급할 수 없기 때문에 급식과 간식을 나누어 제공한다. 성장기에는 신체 발육에 필요한 칼슘과 양질의 단백질을 식사를 통하여 충분히 공급받을 수 있도록 식단을 구성한다.

유아는 저장능력이 약하고 소화 흡수 기능이 미숙하여 소화장애를 일으키기 쉬우므로 싱겁고 담백한 음식으로 구성한다. 또한 유아에게 다양한 식품을 경험할 수 있게 계획하며, 유아가 선호하는 식품을 고려하여 색감, 질감, 형태, 맛, 조리방법을 다양하게 구성한다. 그리고 냉동, 가공식품보다는 천연식품과 제철식품을 이용하여 우수한 영양소를 제공한다. 이에 따른 영양 공급량 구성에 있어서 급·간식 식단별 고려사항은 〈표 3-9〉와 같다.

〈표 3-9〉 급 · 간식 식단별 고려사항

오전간식	• 약 100~120kcal • 점심식사에 영향을 주지 않는 양으로 일일 총 열량의 약 5~10% 수준으로 제공 • 아침을 먹지 않은 유아를 고려하여 오전간식 제공량을 늘려 주면 점심식사 섭취량이 줄어들 수 있으므로 유의(점심식사에 영향이 없도록 가벼운 간식으로 준비) • 일반적으로 오전 10시가 바람직함 (주의) 오전간식은 식사를 대신하는 것이 아니므로, 학부모에게 유아가 아침을 거르고 등원하지 않도록 충분히 안내하는 것이 필요
점심	• 약 400~500kcal • 점심식사는 하루 필요 열량에서 간식을 제외한 1/3 수준으로 제공 • 열량을 계산할 때에는 주재료 외 부재료 및 양념의 열량도 함께 계산
오후간식	• 약 100~150kcal • 오후간식은 저녁식사와 시간 차이가 비교적 긴 편이므로 오전간식보다 비중을 더 두도록 함 • 저녁식사에 지장을 주지 않도록 항상 적정량을 제공 • 일일 총 열량의 약 10% 수준으로 제공 • 일반적으로 점심식사 후 오후 2시가 바람직함 – 다양한 영양소와 수분의 공급이 가능하도록 구성 (주의) 오후간식은 저녁식사와 시간 차이가 비교적 긴 편이므로 오전간식보다 비중을 더 두어서 구성할 수 있음

유아교육기관 급식에서 식단을 영양적으로 잘 구성하는 메뉴 작성도 중요하지만, 구성한 식단을 얼마만큼의 양으로 먹어야 하는가도 매우 중요한 문제이다. 식사량은 유아의 성장 발달에 직접적으로 영향을 미치게 되므로 유아의 실제 섭취량이 기준보다 적거나 많다면, 조리법을 바꾸거나 간식량을 조절해야 할 필요가 있다. 단순한 편식인 경우에는 교육을 통해 골고루 먹을 수 있도록 지도해야 한다.

만 3~5세 유아기의 균형 잡힌 식사의 에너지 구성은 탄수화물 55~65%, 단백질 7~20%, 지방 15~30%이다.

다음 자료는 하남시 어린이급식관리지원센터에서 '한국영양학회의 만 3~5세 권장 섭취량'을 기준으로 제작한 급식 적정량 교육 자료이다.

<참고> 만 3-5세 유아 영양소 섭취 기준 및 적정량

※ 1일 영양소 섭취 기준

연령	열량(kcal)	단백질(g)
3~5세	1,400	20

※ 유아 점심 열량 산출
- 점심식단은 1일 총 열량에서 간식을 제외한 1/3 수준으로 구성
  (1400−100×2)/3=약 400kcal

※ 유아 점심 기준 적정량

구분	적정량(g)
밥류	125~135
국/찌개류	150~160
주찬	35~40
부찬	20~25
김치	15~20

(1) 계절별 식단

계절별 식단의 예를 들면 다음과 같다.

봄철 식단 5

음 식	합 계	나물비빔밥	버섯된장국	계란후라이	배추김치	바나나
분량		166g	143g	60g	21g	60g
열량	463.6kcal	273.1kcal	44kcal	96.7kcal	3.6kcal	46.6kcal
단백질	17.4g	6.0g	4.1g	6.3g	0.4g	0.6g

여름철 식단 5

음 식	합 계	물냉면	채소주먹밥	애호박전	배추김치	참외
분량		227g	65g	40g	20g	60g
열량	441.4kcal	245.1kcal	94.8kcal	92.4kcal	3.6kcal	15.6kcal
단백질	17.9g	11.3g	2.4g	3.4g	0.4g	0.6g

가을철 식단 5	겨울철 식단 5

음 식	합 계	카레라이스	유부된장국	버섯탕수	배추김치용	단감
분량		263g	144g	42g	22g	60g
열량	461.6kcal	265.7kcal	27.1kcal	143.3kcal	3.6kcal	22.0kcal
단백질	11.8g	7.0g	1.4g	2.7g	0.4g	0.3g

음 식	합 계	떡국	김주먹밥	고기산적	배추김치	귤
분량		176g	66g	38g	22g	60g
열량	462.9kcal	219.6kcal	112.8cal	107.9kcal	3.6kcal	19.0kcal
단백질	17.2g	6.9g	3.7g	6.8g	0.4g	0.4g

(2) 간식

만 3~5세 유아의 적정 간식 섭취 기준은 100~150kcal 정도이다. 오전간식은 점심식사에 영향이 없을 정도로 간단하게 제공하고, 점심식사와 저녁식사와 시간 차이가 비교적 긴 편이므로 오후간식은 오전간식보다 비중을 두어 제공한다.

① 우유와 함께 제공할 때

우유는 1회 제공 시 반 컵(100ml)이 적당하며, 열량은 60kcal이다. 우유 간식은 영양적인 면에서 고구마, 감자와 같은 서류(薯類) 또는 삶은 계란과 잘 어울린다. 또한 과일은 비타민이 풍부하지만 1회 제공 칼로리가 낮기 때문에 우유와 함께 섭취하면 균형을 이룰 수 있다. 우유와 제공하는 간식의 양은 다음 자료를 보고 참고한다.

음식 (분량)	열량/ 단백질
우유 (100ml)	60kcal /3.2g
고구마 (70g)	87.5kcal /0.8g
총 열량/단백질	148.5kcal /4.0g

음식(분량)	열량/단백질
우유 (100ml)	60kcal /3.2g
롤빵 (35g 두께 1.5cm, 지름 6cm 3쪽)	97.7kcal /3.1g
총 열량/단백질	157.7kcal /6.3g

음식 (분량)	열량/ 단백질
우유 (100ml)	60kcal /3.2g
계란 (중간 크기 1개) (50g)	75.5kcal /6.1g
총 열량/단백질	135.5kcal /9.3g

음식 (분량)	열량/ 단백질
우유 (100ml)	60kcal /3.2g
당근 오이스틱 (50g)	10.8cal /0.5g
총 열량/단백질	70.8kcal /3.7g

※ 위 자료에 제시된 과일의 양은 한국인 영양섭취기준에 제시된 만 3~5세 유아의 권장 섭취량에 근거한 양이다. 만 5세의 경우, 체격의 발달이나 활동 정도를 고려하여 과일의 양을 추가하여 제공할 수 있다. 단, 간식의 양이 너무 많으면 다음 식사에 영향을 미칠 수 있다는 것을 고려해야 한다.

② 주스와 함께 제공할 때

시중에 판매되는 과일주스는 비타민이 풍부하나 당이 많이 함유되어 있다는 점을 고려한다. 함께 제공하는 간식으로 단백질이 풍부한 계란이나 치즈가 적당하며, 단맛이 강한 과자나 파이류는 적당하지 않다.

음식(분량)	열량/단백질
오렌지주스 (100ml)	42.0kcal/0.6g
토스트 1장 (40g)	117.2kcal/3.6g
총 열량/단백질	159.2kcal/4.2g

음식(분량)	열량/단백질
오렌지주스 (100ml)	42.0kcal/0.6g
삶은달갈 1개 (50g)	72.5kcal/6.1g
총 열량/단백질	114.5kcal/6.7g

음식(분량)	열량/단백질
오렌지주스 (100ml)	42.0kcal/0.6g
스크램블에그 (52g)	79.6kcal/5.9g
총 열량/단백질	151.5kcal/6.5g

음식(분량)	열량/단백질
오렌지주스 (100ml)	42.0kcal/0.6g
치즈 1장 (20g)	47.2kcal/3.5g
총 열량/단백질	89.2kcal/4.1g

③ 보리차와 함께 제공할 때

비교적 열량이 높은 간식은 우유와 함께 제공하게 되면 간식으로 섭취하는 열량이 너무 높아지게 되므로 음료로 열량이 없는 보리차를 함께 제공하는 것이 바람직하다. 보리차와 제공하는 간식의 양은 다음 자료를 보고 참고한다.

음식(분량)	열량/단백질
보리차(100ml)	1kcal/0g
김밥(65g)	168.4kcal/4.2g
총 열량/단백질	165.5kcal/4.2g

음식(분량)	열량/단백질
보리차(100ml)	1kcal/0g
주먹밥(65g)	151.8kcal/3.8g
총 열량/단백질	152.8kcal/3.8g

음식(분량)	열량/단백질
보리차(100ml)	1kcal/0g
스파게티(130g)	130kcal/4.4g
총 열량/단백질	131kcal/4.4g

음식(분량)	열량/단백질
보리차(100ml)	1kcal/0g
떡볶이(65g)	115.9kcal/2.2g
총 열량/단백질	116.9kcal/2.2g

④ 수프나 죽을 제공할 때

간식으로 수프나 죽을 제공할 때는 다음의 양을 참고하여 배식한다. 채소죽, 버섯죽과 같은 류의 죽은 수프의 분량과 비슷하게 제공한다.

음식(분량)	열량/단백질
씨리얼 (20g)	78.8kcal/0.9g
우유 (100ml)	60kcal/3.2g
총 열량/단백질	138.8kca/4.1g

음식(분량)	열량/단백질
호박죽(130g)	148.9kcal/4.5g

음식 (분량)	열량/단백질
양송이스프(135g)	121.1kcal/3.8g

음식(분량)	열량/단백질
우동(150g)	154.8kcal/5g

3) 어린이 식생활안전관리 특별법

(1) 유아교육기관

「어린이 식생활안전관리 특별법」은 어린이들이 올바른 식생활 습관을 갖도록 하기 위하여 안전하고 영양을 고루 갖춘 식품을 제공하는 데 필요한 사항을 규정함으로써 어린이 건강증진에 기여함을 목적으로 하는 법으로, 어린이 급식관리지원센터의 설치 및 운영에 관해 명시되어 있으며, 유아교육기관에서 급간식을 선택하고 제공함에 있어 다음의 법 내용을 참고할 수 있다.

■ **제2조(정의)**

이 법에서 사용하는 용어의 정의는 다음과 같다.

1. "어린이"란 제3호에 따른 학교의 학생 또는 「아동복지법」에 따른 아동에 해당되는 자를 말한다.
2. "어린이 기호식품"이란 「식품위생법」 또는 「축산물 위생관리법」에 따른 식품 중 주로 어린이들이 선호하거나 자주 먹는 음식물로서 대통령령으로 정하는 식품을 말한다.
3. "학교"란 「초 · 중등교육법」 제2조에 따른 초등학교, 중학교, 고등학교 및 특수학교를 말한다.
4. "어린이 식생활 안전지수"란 어린이를 위하여 식품안전 및 영양관리에 관한 정책을 수행하고 어린이 기호식품 및 단체급식 등을 제조 · 판매 또는 공급하는 환경을 개선하는 정도를 평가하여 도출한 수치(이하 "식생활 안전지수"라 한다)를 말한다.
5. "고열량 · 저영양 식품"이란 식품의약품안전청장이 정한 기준보다 열량이 높고 영양가(營養價)가 낮은 식품으로서 비만이나 영양불균형을 초래할 우려가 있는 어린이 기호식품을 말한다.

   ※ 「어린이 식생활안전관리 특별법 시행령」 제2조(어린이 기호식품) 「어린이 식생활안전관리 특별법」 제2조 제2호에 따른 어린이 기호식품은 별표 1과 같다.
6. "고카페인 함유 식품"이란 「식품 등의 표시 · 광고에 관한 법률」 제4조의 표시기준에 따라 고카페인 함유로 표시된 식품을 말한다.

[별표 1] 어린이 기호식품의 범위(어린이 식생활안전관리 특별법 시행령 제2조 관련)

1. 가공식품
   「식품위생법」 제7조 제1항 및 「축산물위생관리법」 제4조 제2항에 따라 기준 및 규격이 고시된 다음 각 목의 식품
   가. 과자류 중 과자(한과류는 제외한다) 및 캔디류

나. 빵류
다. 초콜릿류
라. 유가공품 중 가공유류, 발효유류(발효버터유 및 발효유분말은 제외한다)
마. 어육가공품 중 어육소시지
바. 면류(용기면만 해당한다)
사. 음료류 중 과·채주스, 과·채음료, 탄산음료, 유산균음료, 혼합음료
(주로 성인이 마시는 음료임을 제품에 표시하거나 광고하는 혼합음료는 제외한다)
아. 즉석섭취식품 중 김밥, 햄버거 및 샌드위치

2. 조리식품
「식품위생법 시행령」 제21조 제8호에 따른 식품접객업의 영업소에서 조리하여 판매하는 다음 각 목의 식품
가. 제과·제빵류
나. 아이스크림류
다. 햄버거, 피자
라. 어린이 식품안전보호구역에서 조리하여 판매하는 라면, 떡볶이, 꼬치류, 어묵, 튀김류, 만두류, 핫도그

■ **제5조(어린이 식품안전보호구역 지정)**

① 특별자치시장·특별자치도지사·시장·군수·구청장(자치구의 구청장을 말한다. 이하 같다)은 안전하고 위생적인 식품판매 환경의 조성으로 어린이를 보호하기 위하여 학교와 해당학교의 경계선으로부터 직선거리 200미터의 범위 안의 구역을 어린이 식품안전보호구역(이하 "어린이 식품안전보호구역"이라 한다)으로 지정·관리할 수 있다.

② 어린이 식품안전보호구역 지정에 관한 세부사항은 대통령령으로 정한다.

■ **제8조(고열량·저영양 식품의 판매 금지 등)**

① 식품의약품안전처장은 고열량·저영양 식품의 영양성분 기준을 정하여 고시할 수 있다.

② 식품의약품안전처장은 다음 각 호의 어느 하나에 해당하는 장소에서는 고열량·저영양 식품의 판매를 대통령령으로 정하는 바에 따라 제한하거나 금지

할 수 있다.

1. 학교
2. 우수판매업소

■ **제11조(영양성분 표시)**

① 「식품위생법」 제36조 제1항 제3호에 따른 식품접객영업자 중 주로 어린이 기호식품을 조리 · 판매하는 업소로서 대통령령으로 정하는 영업자는 조리 · 판매하는 식품의 영양성분을 식품의약품안전처장이 정하는 표시기준 및 방법 등에 따라 표시하여야 한다.

② 식품의약품안전청장은 제1항에 따른 영양성분 표시를 위한 표시기준 및 방법 등을 정하여 고시하여야 한다.

■ **제12조(영양성분의 함량 색상 · 모양 표시)**

① 식품의약품안전처장은 어린이 기호식품 중 총리령으로 정하는 식품에 들어있는 총지방, 포화지방, 당(糖), 나트륨 등 영양성분의 함량에 따라 높음, 보통, 낮음 등의 등급을 정하여 그 등급에 따라 어린이들이 알아보기 쉽게 녹색, 황색, 적색 등의 색상과 원형 등의 모양으로 표시(이하 "색상 · 모양 표시"라 한다)하도록 식품 제조 · 가공 · 수입업자에게 권고할 수 있다.

② 제1항에 따라 식품의약품안전처장이 색상 · 모양 표시를 하게 하는 경우 원형 등의 모양에 어린이 기호식품이 함유하고 있는 각각의 해당 영양성분이 하루권장 섭취량에서 차지하는 비율을 명기하도록 하여야 한다.

③ 식품의약품안전청장은 색상 · 모양 표시를 위하여 표시방법 등을 정하여 고시하여야 한다.

■ 「어린이 식생활안전관리 특별법 시행규칙」 제9조의2(영양성분의 함량 색상 · 모양 표시 대상 식품)

① 제12조 제1항에서 "총리령으로 정하는 식품"이란 영(令) 별표 1 제1호에 따른 가공식품을 말한다. 다만, 영 별표 1 제1호 라목의 경우 원유 함량이 82.5% 이상인 식품은 제외한다.

② 제1항에 따른 식품에 대한 표시 대상 영양성분은 다음 각 호의 구분과 같다.

1. 영양성분 중 총지방, 포화지방, 당 및 나트륨의 표시
   가. 과자류 중 과자(한과류는 제외한다)
   나. 빵류
   다. 초콜릿류
   라. 유가공품 중 가공유류, 발효유류(발효버터유, 발효유분말 및 발효유를 제외한다)
   마. 어육가공품 중 어육소시지
   바. 면류(용기면만 해당한다) 중 유탕면류 및 국수
   사. 음료류 중 과 · 채주스
   아. 즉석섭취식품 중 김밥, 햄버거, 샌드위치
   자. 빙과류 중 아이스크림류
2. 영양성분 중 당의 표시
   가. 과자류 중 캔디류, 빙과류
   나. 발효유류 중 발효유
   다. 음료류 중 과 · 채음료, 탄산음료, 유산균음료, 혼합음료
   라. 빙과류 중 빙과

[별표 2] 어린이 기호식품의 영양성분 함량 색상 · 모양 표시 기준(어린이 기호식품 등의 영양성분과 고카페인 함유 식품 표시기준 및 방법에 관한 규정 제4조 관련)

1. 표시대상 식품의 구분
   가. 간식용
      1) 과자류 중 과자(한과류는 제외한다), 캔디류, 빙과류
      2) 빵류
      3) 초콜릿류
      4) 유가공품(원유함유가 82.5% 이상인 유가공품은 제외한다) 중 가공유류, 발효유류(발효버터유 및 발효유분말은 제외한다), 아이스크림류
      5) 어육가공품 중 어육소시지
      6) 음료류 중 과 · 채주스, 과 · 채음료, 탄산음료, 유산균음료, 혼합음료
   나. 식사대용
      1) 면류(용기면만 해당한다) 중 유탕면류 및 국수
      2) 즉석섭취식품 중 김밥, 햄버거, 샌드위치

2. 표시대상 영양성분
   가. 표시대상 영양성분은 지방, 포화지방, 당류, 나트륨으로 한다.

3. 영양성분 함량에 따른 등급별 색상 표시기준
   가. 영양성분 함량별 색상 기준은 다음과 같고, 이 기준은 1회 제공량에 함유된 값을 기준으로 한다.

(1회섭취참고량당 기준)

			당류	지방	포화지방	나트륨
간식용	낮음	녹색	3g 미만	3g 미만	1.5g 미만	120mg 미만
	보통	황색	3g 이상, 17g 이하	3g 이상, 9g 이하	1.5g 이상, 4g 이하	120mg 이상, 300mg 이하
	높음	적색	17g 초과	9g 초과	4g 초과	300mg 초과
식사대용	낮음	녹색	3g 미만	3g 미만	1.5g 미만	120mg 미만
	보통	황색	3g 이상, 17g 이하	3g 이상, 12g 이하	1.5g 이상, 4g 이하	120mg 이상, 600mg 이하
	높음	적색	17g 초과	12g 초과	4g 초과	600mg 초과

   나. 색상 규격은 다음과 같다.

색상표 / 색상	CMYK				Pantone
	Cyan	Magenta	Yellow	Black	
녹색	50	0	100	0	390C
황색	0	25	100	0	141C
적색	0	100	60	0	230C

4. 영양성분의 함량에 따른 모양 표시는 다음의 도안 중 한 개를 선택하여 표시하여야 한다.

도안 1	 단, 영양성분의 함량 색상과 모양을 제외한 손바닥 도안 및 문구는 생략이 가능하다.	
도안 2	 	
도안 3	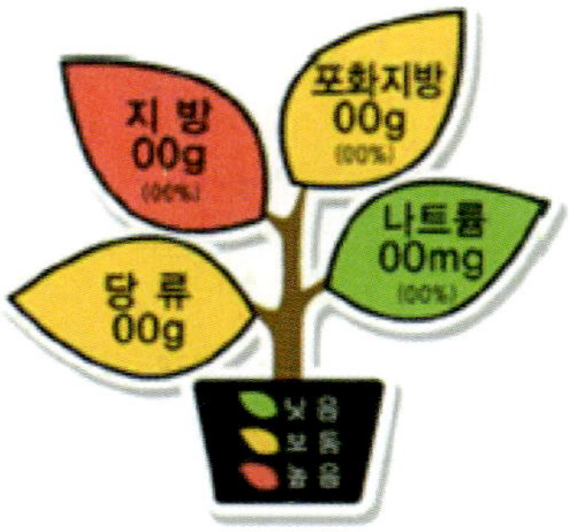 	

5. 표시위치

영양성분의 함량 색상 · 모양 표시는 주 표시면에 표시하여야 한다. 단, 주 표시면의 면적이 $50cm^2$ 이하인 경우에는 기타 표시면에 표시할 수 있다.

〈표시제 적용 상품의 예〉

<어린이 교육용 포스터 및 리플렛>

토론 및 토의

재민이는 평소에 아침을 잘 먹지 않는다. 오늘도 반찬이 마음에 들지 않는다며 아침을 먹지 않고 유아교육기관에 왔다. 유아교육기관에서도 오전간식을 먹지 않았다. 12시에 급식을 실시한다. 재민이는 점심에 보리밥 반 공기와 자기가 좋아하는 어묵감자조림만 먹었고, 오후간식은 모두 먹었다. 다음 상황을 읽고 문제점을 찾아 항목별로 한 가지씩 논의하시오.

- 재민이의 식습관: 음식을 골고루 먹지 않고 편식
- 열량 부족: 재민이가 섭취해야 할 급 · 간식에서의 총 섭취 열량 부족

- 점심 식단: 보리밥, 조개된장국, 김구이, 어묵감자조림, 깍두기
  총 열량(278.6Cal), 단백질(8.40g)
- 오후 간식: 치즈크래커카나페 2개, 오렌지주스 1컵
  총 열량(155Cal), 단백질(5.40g)

4장

영유아의 위생관리

영유아 교육기관에서는 영유아의 건강한 성장을 돕기 위하여 보육실, 조리실, 화장실 등 물리적 환경과 영유아 교육기관 구성원의 위생을 철저히 관리해야 한다. 이 장에서는 시설물 위생, 영유아 위생에 대한 내용을 살펴보고자 한다.

1. 시설물 위생

1) 실내 · 외 청소 및 소독

- 모든 실내 공간(보육실, 현관, 복도, 유희실, 교사실, 자료실, 식당, 계단 등)은 매일 청소 및 정리정돈을 실시하고, 정기적으로 소독과 대청소를 실시한다.
- 모든 실내 설비 및 비품(바닥, 천장, 창문과 창틀, 교구장, 책상, 의자, 바구니, 사물함 뒤편 구석진 곳 등)도 청결하게 유지한다.
- 천장, 창틀, 벽면에 거미줄과 먼지가 없어야 한다.
- 영유아가 사용하는 공동매트도 정기적으로 세탁하고 일광 소독을 한다.
- 화장실과 세면장의 바닥, 변기, 휴지통 등이 청결하며, 수건은 청결하게 사용

할 수 있도록 관리한다.

- 실내 · 외 놀잇감을 청결하게 유지한다.
- 실외 공간(옥외놀이터, 옥상놀이터, 화단, 영유아 교육기관 출입구 등)을 청결하게 유지한다.
- 실외 고정식 놀이기구는 녹이 슬지 않고 청결하게 유지한다.
- 청소도구(걸레, 빗자루 등)와 보관함, 휴지통 등을 정기적으로 소독한다.
- 바퀴벌레 등 해충이 발생하지 않도록 한다.

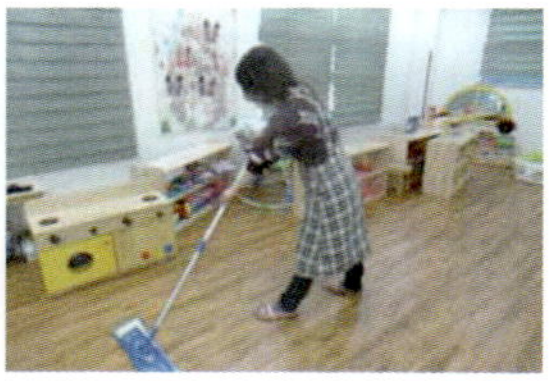

청소

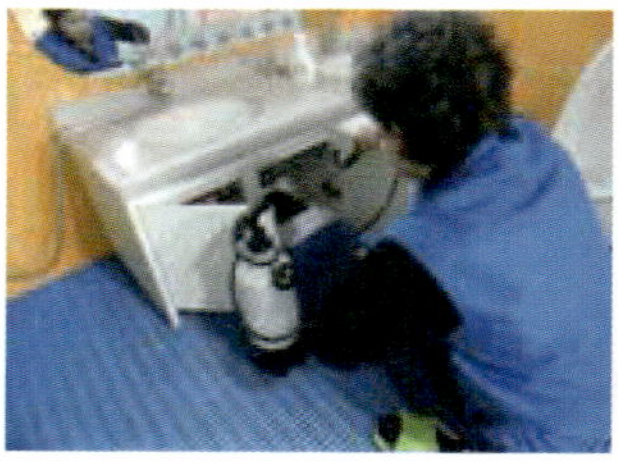
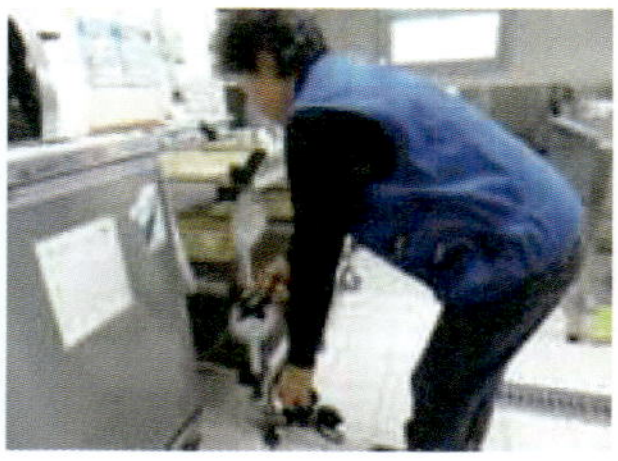

소독

2) 침구

(1) 개별침구(이불, 요, 베개) 사용

- 개별침구는 청결하게 유지한다.
- 모든 영유아는 개별 침구(이불, 요, 베개)를 사용하고, 놀이매트 등은 침구로

사용하지 않는다.

- 침구의 경우 부모님에게 실로 이름을 새기도록 하여 침구의 주인을 구분할 수 있도록 한다.
- 영아(만 1세 미만)의 경우 바닥이 단단한 요를 사용한다.

(2) 개별침구 및 보관장 관리

- 정기적으로 영유아 교육기관 또는 가정에서 주 1회 이상 세탁한다.
- 여분의 침구를 구비하고, 사용한 침구는 매회 세탁한다.
- 침구 보관장은 먼지, 오물이 없어야 한다.
- 침구와 다른 물건들을 함께 보관하지 않는다.

개별 침구(이불, 베개) 관리 및 사용

3) 놀잇감

(1) 정기적인 세척 및 소독

- 영유아가 활동하는 공간(보육실, 유희실, 놀이터 등)에 있는 놀잇감(플라스틱, 블록, 인형, 헝겊, 소꿉놀이 도구 등)을 정기적으로 세척 및 소독한다.
- 특히 입에 넣고 빨기 쉬운 영아용 놀잇감은 놀이가 끝나면 별도의 바구니에 분리하고 세척하여 청결한 상태를 유지한다.

(2) 재질에 따른 세척방법

- 놀잇감 재질에 따라 적절한 방법으로 세척한다.

〈표 4-1〉 놀잇감 재질에 따른 세척방법

구분	세척방법
원목 및 나무 놀잇감	• 물수건으로 가볍게 닦아서 건조
헝겊 놀잇감	• 수시로 먼지 털고, 자주 세탁
플라스틱 놀잇감	• 따뜻한 비눗물에 담가 세척한 후 말림
고무 놀잇감	• 영유아용 세제 등을 이용하여 스펀지로 닦고 말림
블록 놀잇감	• 블록 표면의 먼지나 얼룩은 물수건으로 닦고 틈새는 면봉, 칫솔로 닦음

(3) 영아(0~만 2세) 놀잇감 세척방법

- 영아(0~만 2세)반에서 입에 넣고 빠는 놀잇감은 놀이가 끝나면 별도의 바구니에 분리하여 매일 세척한다.

놀잇감 세척

4) 조리공간 및 조리용구

(1) 공간의 청결

- 조리실 공간(바닥, 벽, 천장 등)은 매일 청소 및 소독한다.

  ※ 매일 청소: 급식기기 및 배식기구, 주방의 벽 및 바닥, 배수구, 식품보관소 등

  ※ 주 1회 청소: 배기후드, 조명 및 환기설비, 각종 기구 소독, 선반과 냉장고 내부/위

창문, 출입문 방충망 설치

- 후드, 환풍기를 정기적으로 세척한다.
- 조리실의 출입문과 창문에는 방충망을 설치하여 벌레, 곤충들이 들어오지 않도록 한다.
- 쓰레기 및 잔반은 즉시 처리한다.
- 영유아 교육기관 내 조리실은 항상 청결을 유지하되 정기적으로 식기, 도마, 칼, 행주 그 밖에 주방 용구를 세척 · 살균 및 소독하고 '어린이집 통합안전점검표(① 급식분야)'를 참고하여 매일 위생 점검을 실시하는 등 위생관리를 철저히 하여야 한다.

후드, 환풍기 위생관리

〈표 4-2〉 위생적인 조리실을 위한 고려사항

구분	고려사항
바닥, 벽, 천장	• 바닥재는 흡수성과 미끄러짐이 없어야 한다. • 바닥에는 이은 자국, 틈, 깨진 곳이 없어야 한다. • 바닥과 벽 사이의 각진 코너나 틈은 굴곡지게 하고 틈새를 막아 청소하기 쉽게 한다.
출입구	• 위생 및 해충의 진입을 방지하기 위한 방충 · 방서 시설 또는 에어커튼 등이 설치되어야 한다. • 조리장 전용 신발로 갈아 신기 위한 신발장이 있어야 한다.
배수구	• 배수량이 충분하고 배수관이 천장 위로 지나가지 않아야 한다. • 바닥 청소용 물과 장비에서 나오는 오수가 주방 바닥으로 쏟아지지 않도록 한다. • 배수로의 거름망은 크게 설계하고 자주 이물질을 제거한다.
조명	• 조리 장소, 식기세척 장소, 화장실, 식기저장고는 최소한 200룩스이어야 한다. • 작업대에 그림자가 생기지 않도록 한다. • 전구를 보호할 수 있는 커버를 씌운다.

구분	고려사항
환기	• 조리장 내에서 발생하는 가스, 매연, 증기, 습기, 먼지 등을 바깥으로 배출할 수 있는 충분한 시설을 갖추어야 한다. • 팬을 이용하여 환기시키며, 공기의 흐름은 청결작업구역에서 일반작업구역 방향으로 흘러가도록 한다. • 기름을 많이 사용하는 구역에는 후드 필터를 설치한다.
방충, 방서 시설	• 조리장에는 쥐, 곤충 등이 들어오지 못하도록 방충 및 방서시설을 갖추어야 한다. • 방충망은 2개월에 1회 이상 물로 먼지를 제거하고 쥐나 곤충의 흔적이 발견될 때에는 관리책임자에게 즉시 보고하여 필요한 조치를 취하도록 한다.

출처: 식품의약품안전처. 집단급식소 조리사 특별위생교육.

■ **쓰레기 관리**

- 쓰레기는 반드시 주방용 쓰레기통, 잔반 수거통, 일반쓰레기통으로 분리하여 사용한다.
- 쓰레기통 및 잔반수거통은 반드시 뚜껑을 사용하여 발로 자동 개폐되는 구조(페달식)로 하여야 한다.
- 곤충이 침입할 수 없는 내수성 자재로 하여야 하며 더러운 냄새가 나거나 액체가 새지 않도록 파손된 부분이 없는지 관리한다.
- 쓰레기가 놓였던 장소는 수거한 후에 세척 및 소독을 실시한다.
- 쓰레리통 및 잔반은 저장된 장소에 보관하여, 2/3 이상 채워지지 않도록 수시로 비운다.

(2) 주방용구의 청결

- 냉장고, 조리대, 싱크대, 식기수납장, 식기류 등 내부를 정리정돈한다.
- 손이 자주 닿는 냉장고 손잡이, 가스레인지, 전자레인지, 전기밥통, 후드, 환풍기 등에 찌든 때가 없도록 세척한다.
- 개수대 및 바닥 하수구에 음식 찌꺼기가 끼지 않도록 한다.

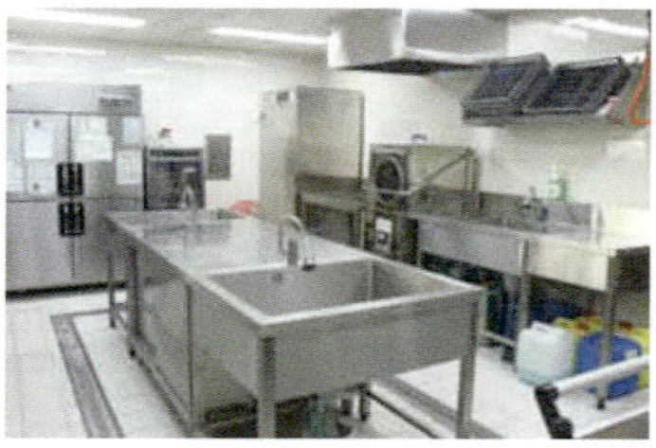

냉장고, 조리대, 싱크대

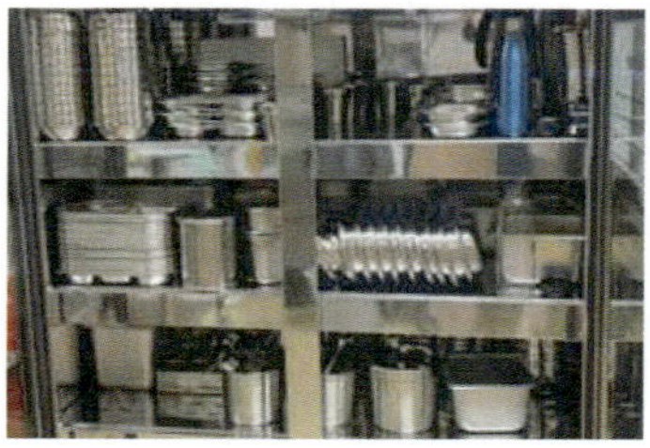

식기수납장 및 조리용구

(3) 조리도구 및 비품의 청결

- 도마, 칼은 용도(어류, 완제품, 채소, 육류)에 따라 구분하여 사용한다.
- 고무장갑은 조리용, 세정용, 청소용, 완제품 취급용(위생장갑)으로 구분하여 사용한다.
- 행주는 용도(조리용, 기구용, 청소용)에 따라 구분하여 사용한다.
- 스펀지, 양면 수세미는 용도(식기세척용, 조리기구 세척용, 오염된 물받이 등 기타 세척용)에 따라 구분하여 사용한다.
- 식기류(접시, 식판, 수저 등)는 청결하게 보관하고 관리한다.
- 모든 조리도구는 사용한 후 세척 및 살균하여 건조하게 보관한다.

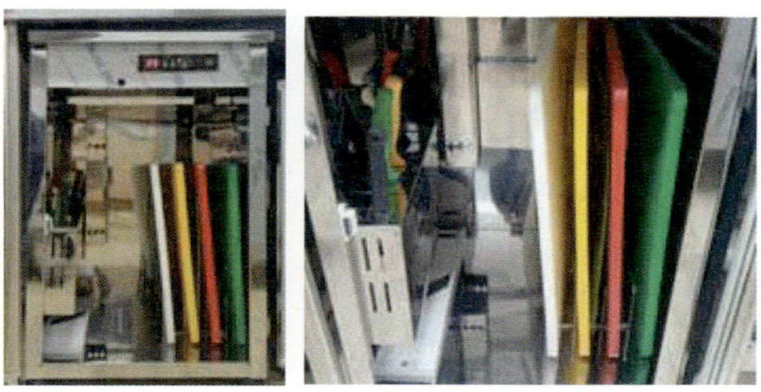

도마, 칼, 고무장갑 보관

〈표 4-3〉 조리도구 및 비품의 청결

구분	용도에 따라 구분
도마, 칼	• 어류용, 완제품용, 채소용, 육류용으로 구분하여 사용 • 나무 칼, 도마는 사용 금지  어류용 완제품용 채소용 육류용 나무 칼, 도마 사용금지
고무장갑	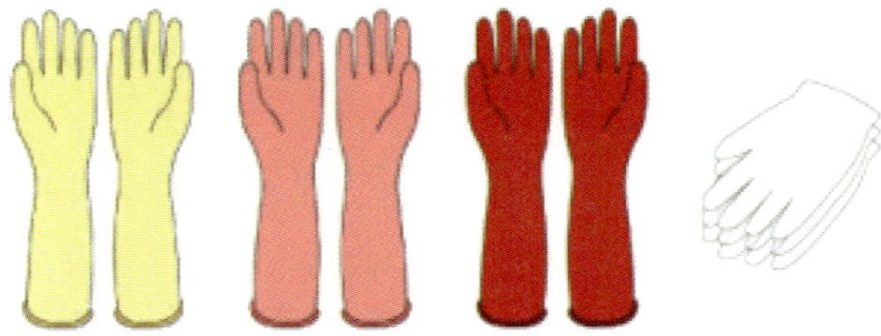 조리용(노랑) 세정용(분홍) 청소용(빨강) 완제품 취급용(위생장갑)
행주	조리용, 기구용, 청소용으로 구분하여 사용
스펀지, 양면 수세미	식기세척용, 조리기구 세척용, 기타 세척용(오염된 물받이 등)으로 구분하여 사용

출처: 식품의약품안전처. 집단급식소 조리사 특별위생교육.

5) 화장실

(1) 환기 및 건조

- 악취, 하수구 냄새, 나프탈렌, 소독액 등의 냄새가 날 경우 환기를 시켜 냄새가 나지 않도록 한다.
- 바닥에 물기가 없고 건조한 상태로 유지하며, 바닥에 물기가 있을 경우 수시로 닦아 준다.

바닥은 건조하고 물기 없는 상태로 유지

(2) 변기(이동식 변기)

- 변기 사용 후 바로 오물을 내린다.
- 이동식 변기를 사용하는 경우에는 사용 후 오물(대 · 소변 등)을 바로 처리한다.

위생적으로 관리

(3) 비품 관리

- 세면대, 비누통, 휴지통 등에 물 때, 곰팡이, 이끼 등이 생기지 않도록 수시로 세척 및 소독한다.
- 마른 수건, 휴지, 비누 등을 청결하게 유지한다.
- 수건이 젖었을 경우 마른 수건으로 교체하고 젖은 수건은 반나절 이상 두지 않는다.
- 다 쓴 휴지와 비누가 있을 경우 새 것으로 교체한다.
- 칫솔과 양치컵은 영유아별로 구비하며 사용 후 겹쳐지지 않도록 하여 건조시킨다.
- 이가 나지 않은 영아에게 사용하는 가제 손수건은 삶아서 사용한다.

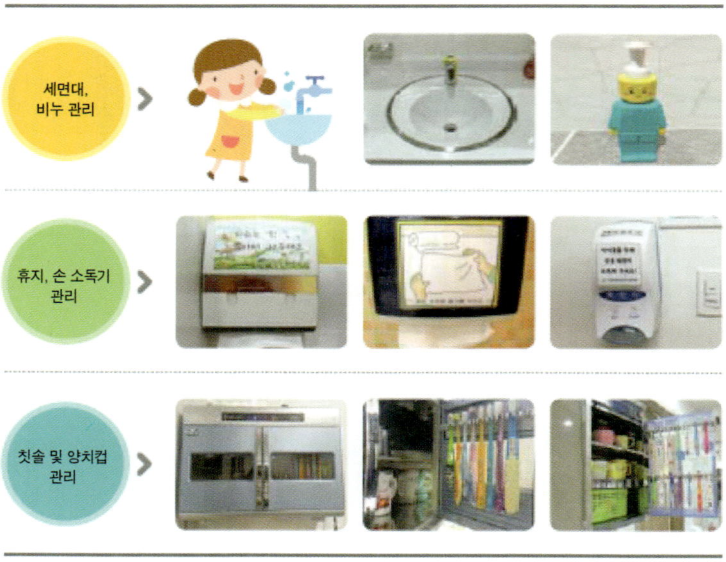

6) 기타 시설물 및 물품

(1) 기저귀 가는 공간 청결

기저귀 물품 관리

- 기저귀 가는 공간에 기저귀, 옷가지, 물휴지 등 비품을 갖추도록 한다.
- 영아가 이동식 기저귀 갈이대를 밟고 다니지 않도록 위생적으로 보관한다.
  - 기저귀 갈이대를 닦지 않고 소독액만 뿌려 사용하지 않는다.
- 기저귀를 갈 때마다 기저귀 갈이대를 닦고 소독한다.
  - 기저귀 갈이대 위에 종이 타월 등 별도의 깔개를 사용하는 경우에도 기저귀를 갈 때마다 깔개를 교체한다.

- 사용한 기저귀나 물휴지 등은 특시 뚜껑이 있는 쓰레기통에 버리고 쓰레기통을 자주 비워서 보육실 내에 악취가 나지 않도록 한다.
- 기저귀 가는 영아반 보육실 휴지통은 반드시 덮여 있어야 한다.

기저귀 갈이 공간 관리

2. 급식 위생

급식 및 간식은 영유아 교육기관에서 직접 조리하여 공급하는 것을 원칙으로 하고 있다. 따라서 영유아가 집단으로 생활하는 영유아 교육기관의 급식 및 간식 위생관리는 매우 철저하게 이루어져야 한다. 조리실은 매일 식사와 간식이 준비되는 곳으로 조리공간과 설비, 식기, 비품 등 은 매일 청소와 소독을 하며, 자주 환기를 하는 등 쾌적하고 청결한 상태를 유지해야 한다. 식재료, 조리 및 배식과정이 항상 위생적으로 관리되어 집단 급식에서 발생할 수 있는 식중독 등의 문제를 예방하고 여러 가지 질병을 예방할 수 있어야 한다. 영유아 교육기관에서는 조리실 공간 및 설비, 비품 등의 청결과 위생을 다음과 같이 유지하여야 한다.

- 조리실을 청결하고 위생적으로 관리하여야 한다. 조리실(바닥, 벽, 천장 등)은

매일 청소하고 소독을 하며 자주 환기를 시킨다.

- 냉장고, 조리대, 식기건조대, 조리도구, 식기 등을 청결하게 관리한다.
- 냉장고의 내부는 항상 정리정돈하며, 음식물 등이 묻어 있지 않도록 하고 소독하여 자주 건조한다.
- 전자레인지, 전기밥솥 등도 매일 청결하게 하고, 가스레인지, 후드, 환풍기 등에 찌든 때가 없도록 매일 청결하게 한다.
- 칼, 도마, 행주, 식자재 바구니 등은 바닥으로부터 60㎝ 이상의 높이에 보관한다.
- 도마, 행주, 고무장갑, 수세미 등은 소독하여 사용하고 사용 후에는 소독하여 보관한다.
- 영유아용 물컵은 먼지와 습기가 없는 건조한 곳에 청결하게 보관하고 관리한다.
- 영아용 개별 컵을 준비하거나, 청결한 컵을 여러 개 비치하고 사용 전과 사용 후로 구분하여 관리한다.
- 수유에 사용하는 젖병과 젖꼭지는 항상 소독하여 청결한 상태에서 사용한다.

영유아 교육기관에서는 식자재, 조리 과정에서 청결과 위생을 다음과 같이 유지하여야 한다.

- 모든 식자재는 신선한 것을 구입하여 사용한다. 식자재 검수 시 수량, 신선도, 품질, 원산지, 유통기한 등을 확인한다.
- 각 식재료별 보관방법을 확인한 후 적합하게 냉장, 냉동, 실온 보관하며, 선입선출을 지킨다.
- 우유 등과 같이 쉽게 변질할 수 있는 식품은 장시간 상온에서 노출되지 않도록 한다.
- 음식 조리는 영유아의 발달특성을 고려하여 음식의 형태나 크기, 맛, 조리방

법 등을 결정한다.

- 조리하여 먹고 남은 음식이나 유통기한이 지난 식자재는 반드시 폐기한다.
- 유통기한이 없는 식품(예: 떡 등)은 당일 소비한다.
- 보존식은 채취일자와 폐기일자를 기록하여 72시간 동안 냉동보관(-18℃) 한다.
- 취사부는 위생복과 위생모를 착용하고 항상 청결을 유지한다.
- 음용수의 경우 끓여서 식힌 물이나 생수를 안전하게 마실 수 있도록 준비한다. 특히 정수기의 경우 꼭지와 필터는 정기적인 위생관리가 이루어지도록 한다.
- 모유나 우유는 반드시 냉장고에 보관하고 분유는 습기가 없는 곳에 보관하여야 한다. 먹다 남은 우유는 즉시 버린다.

영유아 교육기관에서는 배식 과정에 다음과 같이 청결과 위생관리를 하여야 한다.

- 조리된 음식은 적정한 온도로 보관(찬 음식은 10℃ 이하, 더운 음식은 57℃ 이상)하고 세척, 소독된 용기에 담아 덮개를 덮어 2차 오염을 방지한다.
- 위생적인 배식을 위해 식탁을 항상 청결하게 관리한다. 교사와 영유아는 손을 깨끗이 씻는다.
- 교사는 머리를 단정하게 하고 배식용 앞치마를 착용한다.
- 뜨거운 찌개나 국물은 적정한 온도로 식혀서 운반하고 영유아가 만지지 않도록 주의하여 배식한다.
- 각각의 음식마다 집게를 사용하거나 일회용 장갑을 사용하여 위생적으로 배식한다.

3. 영유아 위생

영유아는 일상생활을 통하여 일평생 갖게 될 기본생활습관을 형성하게 된다. 이 시기의 영유아는 가소성이 풍부하여 일상생활에서 바람직한 행동을 발달시키는 능력을 습득할 수 있게 된다. 좋은 습관 형성은 영유아의 행동을 용이하게 해 주는 것과 동시에 지적이면서 긍정적인 정서를 만들어 주기도 한다. 따라서 일상생활은 영유아의 개별적 욕구와 발달특성에 맞게 경험하여야 하며, 기본생활습관 형성을 돕는 활동을 하루 일과를 통해 자연스럽게 제시해 주는 것이 바람직하다. 영유아가 영유아 교육기관에서 바람직한 기본생활습관을 형성할 수 있도록 지도하는 원리는 다음과 같다.

첫째, 교사는 시범을 보여 주고 행동하는 방법을 설명해 주어야 한다. 습관은 행동을 효율적으로 하는 방법이며, 습관을 구성하는 기술적 요소는 사고, 관찰, 숙고하는 것이다. 따라서 영유아가 교사의 일상적인 행동을 보고 생각하고 행동을 따라 하게 한다.

둘째, 일관성을 가지고 지속적으로 지도한다. 기본생활습관을 형성하는 것을 자칫 고정된 행동, 틀에 박힌 행동 양식을 갖도록 하는 것으로 오해하는 경우가 종종 있다. 일상생활에서 영유아가 스스로 주어진 상황을 의식하면서 행동이 계속적이고 반복적으로 변화되어 가도록 일관성 있게 지도한다.

셋째, 영유아의 흥미가 충분히 고려되어 동기유발되어야 한다. 기본생활 형성을 위한 지도는 영유아의 흥미가 충분히 고려되어 스스로 하고자 하는 동기가 있어야 한다. 교사는 영유아의 적극적인 행동에 칭찬과 격려를 하면서 동기부여를 한다.

넷째, 영유아의 개별적인 욕구와 행동 특성을 민감하게 관찰하고 개인차를 충분히 고려해 주어야 한다. 영유아는 개별적인 능력이나 발달정도가 각각 다르므로 영유아가 나타내는 관심 정도나 수행 기술 수준에 따라 개별적으로 지도한다.

영아의 건강한 생활습관 형성을 위하여 손 씻기, 이 닦기, 목욕하기, 낮잠, 기저귀 갈이, 배변훈련, 옷 입기 등은 일상생활에서 지속적으로 반복하여 지도하여야 한다. 기본생활습관 지도는 일상생활에서 영아의 개별적인 욕구와 행동 특성을 수시로 관찰하고 개인차를 충분히 고려하여 적절하게 지도하여야 한다.

1) 손 씻기

사람의 몸은 세균의 숫자를 줄여 주기만 해도 감염성 질환의 약 70%는 예방할 수 있다고 한다. 대부분의 감염성 질환은 공기를 통해 코나 입으로 병균이 직접 침입하기보다는 바이러스가 묻은 손을 눈이나 코, 입에 갖다 댐으로써 감염되는 경우가 더 많으므로 영아와 교사는 자주 손을 청결하게 씻어야 한다.

〈표 4-4〉 손을 씻는 시기

<table>
<tr><th>영아</th><th>교사</th></tr>
<tr><td>• 화장실 이용 후
• 간식, 점심 전
• 미술활동, 탐구활동을 한 후
• 실외놀이 후
• 요리하기 전 후
• 코를 풀거나 상처 부위를 만진 후
• 애완동물을 만지거나 먹이를 준 후</td><td rowspan="3">• 음식을 다루거나 먹고 마시기 전/후
• 영아에게 음식을 먹이기 전/후
• 수유 전/후
• 영아의 기저귀를 갈기 전/후
• 투약(특히 안약 등) 전/후
• 요리활동 전/후
• 출근 후
• 변기사용 및 영아의 변기사용을 도와준 후
• 피, 토사물, 코 흘린 것 등 신체의 분비물을 만진 후
• 쓰레기통 사용 후
• 실외활동 후
• 애완동물을 만진 후
• 익히지 않은 육류와 가금류(닭고기, 달걀 등)를 만진 후
• 손에 낀 일회용 장갑이나 고무장갑을 벗은 후
• 손이 더러워진 경우</td></tr>
<tr><th>조리사 등</th></tr>
<tr><td>• 작업 시작 전
• 전화를 받거나 화장실을 이용한 후
• 식품검수, 육류, 어류, 난각 등 미생물 오염이 우려되는 식품과 접촉 후
• 쓰레기나 청소도구를 취급한 후
• 귀, 입, 코, 머리 등 신체 일부를 만졌을 때
• 음식찌꺼기를 처리했을 때</td></tr>
</table>

〈표 4-5〉 0~만 2세의 손 씻기 지도

0세	만 1세	만 2세
• 교사가 항상 손을 청결하게 한다. • 교사가 직접 씻겨 준다.	• 교사가 항상 손을 청결하게 한다. • 교사가 영아의 손을 씻겨 주면서 올바로 씻는 방법을 지속적으로 지도한다.	• 교사가 항상 손을 청결하게 한다. • 교사가 올바로 씻는 방법을 행동으로 보여 주며 안내한다. • 혼자서 스스로 씻을 수 있도록 지속적으로 반복하여 지도한다.

2) 이 닦기

영아는 치아가 완전히 나지 않았기 때문에 자칫 구강 위생을 소홀히 할 수 있다. 영아의 구강 위생을 청결히 하지 않으면 각종 호흡기 질환과 소화기 질환에 노출 될 수 있으므로 수유 후와 음식을 먹인 후에는 반드시 구강 위생을 청결하게 해 주어야 한다.

〈표 4-6〉 0~만 2세의 이 닦기 지도

0세	만 1세	만 2세
• 이가 나기 전의 영아는 수유 또는 이유 후에 가제 손수건을 끓였다가 식힌 물에 살짝 적셔 손가락에 말아서 잇몸, 볼 안쪽, 입천장, 혓바닥을 부드럽게 닦아 우유 찌꺼기를 제거해 준다(영아용 구강 티슈 사용).	• 영아용 칫솔과 월령에 맞는 치약으로 치아의 앞·뒤 면을 5회 정도 닦아 준다. • 아직 이가 나오지 않은 부분은 가제 손수건을 끓였다가 식힌 물에 살짝 적셔 잇몸 등을 닦아 준다(영아용 구강 티슈 사용).	• 영아용 칫솔과 연령에 맞는 치약을 사용하여 식사 후에는 반드시 이를 닦도록 지도한다. 가정과도 연계하여 이를 닦도록 지도한다(1일 3회). • 영아에게 이 닦는 방법을 시범적으로 보여 주고 이 닦기의 중요성을 설명하며 스스로 이 닦기를 할 수 있도록 지도한다.

칫솔관리 방법

- 칫솔은 소독기 등을 사용하여 청결하게 관리한다. 소독기를 사용하지 않는 경우 깨끗이 씻어서 통풍이 잘되는 곳에서 건조시킨다.
- 칫솔은 보통 3개월마다 교환해야 하며 칫솔모가 누워서 원래보다 넓어지거나 솔이 닳았을 때는 즉시 교환해 주어야 한다.

3) 목욕하기

영아를 목욕시키는 것은 몸을 깨끗하게 해 주는 것뿐만 아니라 영아에게 애정을 전해 주고 신체를 관찰하는 중요한 기회가 되므로 매우 중요하다. 목욕은 피부를 청결히 할 뿐만 아니라 혈액순환과 신진대사를 촉진하고 발육을 증진시키는 효과가 있다. 비누와 물로 매일 몸을 씻어 주면 세균 감염을 예방하는 데 도움이 된다. 또한 목욕을 통해 영아의 마음을 안정시키는 효과도 있다.

목욕 방법

- 목욕할 때 씻는 순서는 다양하다. 하지만 체온이 급격히 떨어지는 영아의 체온 유지를 위해 최후까지 배에 타월을 덮어 주는 것이 중요하며, 헹굼물과 갈아입힐 옷을 미리 준비하는 것이 좋다. 씻기는 순서의 예로는 얼굴 → 팔 → 다리 → 엉덩이 → 등 → 배의 순서로 진행하는 것이 있으며, 발가락 → 다리 → 손 → 팔 → 등 → 배 → 목 순서로 진행하는 등이 있다.
- 목욕 후 3분 이내 물기가 마르기 전에 보습제를 적당량 발라 준다.

목욕 시 고려할 점

- 목욕을 오래 시키면 영아가 지칠 수 있으므로 적당한 목욕 시간은 샤워 5분 이내, 입욕은 10분 이내이다.

- 식전이나 식사 직후에는 목욕을 삼가는 것이 좋고 식사 후 1시간 정도 지났을 때가 가장 적절하다.
- 목욕을 시키면서 이야기를 해 주거나 노래를 불러 주는 등의 방법으로 목욕하는 시간이 즐거운 시간이 되게 한다.
- 교사는 영아를 목욕시키기 전에 손을 깨끗이 씻고, 영아의 신체를 손상시킬 수 있는 긴 손톱은 짧게 하며, 반지나 시계, 귀걸이, 목걸이 등을 풀어 둔다.
- 실내온도는 23~27℃ 정도가 적당하며, 목욕물의 온도는 38~39℃가 적당하다.
- 물이 너무 뜨거우면 화상을 입을 수 있으므로 온도계를 사용하든지 팔꿈치나 팔목을 목욕물에 넣었을 때 기분이 좋을 정도로 따뜻하면 적당하다.
- 목욕하는 동안 물이 차가워질 수 있으므로 뜨거운 물을 보충하여 물의 온도를 수시로 조절한다.

4) 기저귀 갈이

기저귀 가는 시간은 영아와 교사가 개별적으로 긴밀하게 상호작용할 수 있는 좋은 기회가 된다. 교사는 기저귀를 가는 동안 부드럽게 이야기해 주고, 청결하게 처리해 줌으로써 영아가 기분이 좋아지는 시간으로 인식할 수 있도록 해야 한다. 또한 기저귀를 갈 때는 절차에 따라 실행하여야 한다.

■ 기저귀 갈이의 원칙

- 기저귀를 갈 때에는 기저귀 갈이만 이루어져야 한다.
- 영아를 즉시 씻길 수 있도록 물이 가까이 있어야 한다.
- 기저귀 갈이대의 표면은 깨끗하고 방수가 되어야 하며 흠이나 틈이 없어야 한다.
- 기저귀 갈이 시에는 잠시라도 영아를 혼자 두지 말아야 한다.

■ 기저귀 가는 순서

① 필요한 물품이 모두 있는지 체크한다. 먼저, 두루마리 화장지나 종이 타월을 바닥에 깐다.

② 영아를 바닥에 깐 종이 타월 위에 두고 손으로 영아를 붙잡는다.

③ 더러운 기저귀/옷을 벗긴다. 기저귀를 플라스틱 봉지에 넣고, 옷은 집에 가져가도록 다른 플라스틱 봉지에 넣는다.

④ 영아의 사타구니를 미리 적신 종이 타월로 깨끗이 닦는다. 종이 타월은 플라스틱 봉지나 플라스틱이 둘러진 통에 넣는다. 바닥에 깐 종이 타월도 똑같이 처리한다.

⑤ 손을 젖은 종이 타월로 닦는다. 닦은 종이 타월도 플라스틱 봉지나 플라스틱이 둘러진 통에 넣는다.

⑥ 기저귀를 채우고 옷을 입힌다.

⑦ 영아의 손을 물비누와 흐르는 물로 씻기고 일회용 종이 타월로 닦아 돌려보낸다. 물휴지(물티슈)는 적절하지 않다.

⑧ 기저귀 간 곳과 손 댄 물품을 깨끗이 닦고 소독한다. 교사도 물비누와 흐르는 물로 손을 씻고 일회용 종이 타월이나 건조기에서 말린다.

■ 기저귀 갈 때 고려할 점

- 설사하거나 영아의 옷에 대변, 소변, 피, 구토물이 있어 기저귀를 갈다가 손에 묻으면 즉각 멈추고 먼저 물에 적신 휴지로 손을 닦아 오염을 막는다.
- 상업용 물휴지를 사용하여도 되지만, 오염을 방지하기 위하여 영아마다 각각 물휴지통을 달리하고 이름을 명기하여야 한다.
- 손을 씻는 싱크대는 물을 먹거나, 우유병을 씻거나, 음식을 만들거나, 수업 활동에 사용하여서는 안 된다.
- 가급적 일회용 장갑을 사용하고, 장갑을 사용할 경우 기저귀를 간 후 바로 벗어 버려야 하며, 그 장갑을 끼고 다른 영아 기저귀를 채우거나 다른 활동을

하 여서는 안 된다. 절대 장갑을 재사용하여서는 안 된다.

- 기저귀 가는 곳은 싱크대가 옆에 있어야 하며, 물을 흘려 사용할 수 있어야 하고, 물비누, 일회용 종이 타월이 비치되어 있어야 한다.
- 기저귀 탁자는 재질이 강하고, 표면이 미끈하고, 방수 처리가 되어야 한다. 표면이 금이 가거나 벗겨져서는 안 된다.
- 플라스틱 백으로 감싼 두 개의 휴지통이 있어야 하며, 영아의 이름을 명기한다. 한 개는 더러운 기저귀를 담고, 한 개는 더러운 옷을 담아서 집으로 보내야 한다. 더러운 기저귀나 옷을 음식이나 병, 칫솔, 깨끗한 옷과 같이 담아서는 안 된다.
- 영아가 대변을 보았을 때 특히 여아는 앞에서 뒤로 닦아야 한다. 반대로 닦으면 요도에 변이 들어갈 수 있기 때문이다.

※ 출처: 보건복지부(2011).

■ 기저귀 발진 예방

- 소변은 산성이라서 영아의 약한 피부를 자극하여 피부 문제를 발생시키거나 더 악화시키므로 기저귀를 갈아야 할 시기를 잘 맞추어 갈아 준다.
- 기저귀를 갈 때 영아의 피부에 남아 있는 소변과 대변의 성분을 말끔히 제거하고 적당히 건조시킨 다음에는 적절한 보습제를 발라 주어야 한다.
- 영아의 둔부와 외음부의 피부가 항상 청결하고 건조하며 적당한 유분이 있도록 유지해야 한다.
- 기저귀 발진이 생겼을 경우에는 발진부위를 깨끗이 씻겨 건조시키고 처방된 연고제를 발라 준다.
- 기저귀 발진 원인균은 효모균으로 습하고 유기물이 많고 따뜻한 조건에서 잘 번식하므로 자주 통기시킨다. 이때 파우더는 사용하지 않는다.

5) 옷 입기

영아는 신진대사 활동이 왕성하여 땀이 많이 나고, 외부의 기온이나 신체적·생리적 변화에 민감하므로 영아에게 적합한 옷을 입히는 것은 매우 중요하다. 영아에게 적합한 옷은 신생아 시기에는 입히고 벗기기가 쉽고 땀을 잘 흡수하며 보온성이 좋은 것이다. 또한 신체적 성장에 따라 영아의 요구와 흥미에 맞아 영아가 좋아하는 옷이어야 한다. 부모에게 영아가 등원 시에 불편해하거나 거추장스러운 옷(멜빵바지 등)을 입고 오지 않도록 안내한다.

〈표 4-7〉 옷 입기 발달단계에 따른 행동 특성

월령	옷 입기 발달단계에 따른 행동 특성
9개월	모자 쓰는 것을 싫어하고 자기 손으로 벗겨 낸다. 그런 행동을 몇 번씩 되풀이하기도 한다.
11개월	옷을 입힐 때 시키지 않아도 소매에 팔을 끼우려 하기 때문에 이전보다 훨씬 손쉽게 입힐 수 있다. 그런 동작에서 상대에게 협력하려는 마음이 싹트기 시작한다는 것을 알 수 있다. 팬티를 입힐 때에도 자기가 알아서 발을 집어넣고 스스로 팬티를 벗으려고 하는 경우가 있다. 자주성이 시작되는 것을 감지할 수 있다. 옷에 달려 있는 단추에 호기심을 품고 그것을 이리저리 비틀어 보며 갖고 논다. 모자를 쓰면 외출할 예정이라는 사실을 알게 되고, 자기 스스로도 모자 벗는 것을 재미있어 하기도 한다. 신발이나 신발 끈을 갖고 노는 데에 흥미를 나타내기 때문에 외출할 때 문제가 생기기도 하는데 영아의 흥미를 만족시킬 수 있도록 시간적 여유를 갖는 것이 좋다.
1년 ~ 1년 6개월	옷을 갈아입힐 때 좀처럼 말을 듣지 않는다. '앞을 똑바로 봐야지.'라고 해도 놀잇감을 만지작거리거나 다른 데 관심을 갖느라 옷을 갈아입히는 데 시간이 더 걸린다. 그래서 실랑이가 벌어지기도 하는데, 이것이 바로 이 시기의 특징이다. 옷이나 모자, 팬티, 신발 등에 흥미를 갖고 그것들을 잡아당겨 질질 끌거나 손에 쥔 채 걸어 다니기도 한다.
1년 6개월 ~ 2년	벙어리장갑이나 신발, 모자 등을 혼자서 벗을 수 있고, 그것이 가능해지면 옷 갈아입기를 즐기게 된다. 차츰 옷, 특히 간단한 티셔츠 등을 혼자서 벗을 수 있다. 가정에서는 옷을 벗고서 알몸으로 뛰어다니기를 좋아하기 때문에 그것을 제지하는 데 어려울 때가 있으며 쫓아가면 더 멀리 도망가며 즐거워한다.

출처: 여성부(2002).

유아의 경우에도 기본생활은 유아의 건강, 안전, 바른 생활에 대한 전반적 지식, 기술, 태도 등을 배우고 익히며 올바른 습관을 기르는 내용을 포함한다. 유아기는 기본생활을 기를 수 있는 중요한 시기로 한번 습관을 형성하는 데는 오랜 시간이 걸리고 반복적인 경험이 필요하다. 또한 한번 형성된 습관은 바꾸기가 어렵기 때문에 처음부터 일관성 있게 점진적으로 길러지도록 해야 한다. 교사는 하루 일과 중에 일관성 있게 지도하며 유아 스스로 자존감을 높이고 실천해 갈 수 있도록 지도한다.

토론 및 토의

영유아가 이 닦기를 대충하는 경우, 이를 '허용 한다/허용하지 않는다'에 따른 그 이유와 대처방안에 대하여 논의하시오.

3부

아동 건강문제 및 대응

5장

신체 · 정신 건강문제 및 대응

영유아의 건강한 삶은 신체 · 정신 건강의 토대 위에서 이루어진다. 하지만 영유아는 건강관리에 취약하다. 교사는 영유아가 일상에서 겪는 신체 · 정신 건강 문제에 대한 고찰을 통해 영유아의 건강한 삶을 살아가도록 잘 대응해 나가야 한다. 이러한 과정을 통해 영유아는 건강한 삶을 영위해 갈 수 있는 올바른 습관을 형성하게 된다.

1. 신체 건강문제 및 대응

최근 영유아의 체격은 커진 반면, 체력저하는 눈에 띄게 심화되었으며, 이와 병행하여 소아비만도 점증 추세에 있다. 이는 스마트폰, 인터넷 등 스크린 타임의 증가, 놀이할 수 있는 안전한 활동 공간의 부족 등에서 원인을 찾을 수 있다. 또한 식품 섭취에 대한 선호, 신체활동에 대한 즐거움 등 영유아의 행동 유발에 동기가 되는 내재화의 기회가 부족한 것도 그 원인에 속한다고 할 수 있다.

따라서 영유아기에 바람직한 식습관 형성, 운동의 생활화 등의 중요성을 교육하고, 이를 통해 건강한 신체를 유지하기 위한 습관을 조기에 형성시키는 것은 매우 중요하다. 이는 궁극적으로 평생 건강과 연관된다.

영유아기는 언어, 인지, 정서, 사회성 발달뿐 아니라 신체발달에 있어서도 중요한 시기로 민첩성, 순발력, 유연성, 지구력, 평형성, 근력 등의 운동능력이 발달하며 몸을 자유롭게 이용하는 데서 오는 심리적 만족감과 행복감은 자아 형성에도 긍정적인 영향을 준다(Gallahue, 2001). 따라서 바깥놀이, 나무타기, 밀고 당기기 등과 같은 비조직적 활동으로 구성하여 영유아의 신체활동에 대한 흥미를 유발하고 지속성을 부여할 수 있다(WHO, 2010).

민첩성
(왕복 달리기)

순발력
(제자리 멀리 뛰기)

유연성
(앉아서 윗몸 굽히기)

지구력
(V자 앉기)

평형성
(한 발로 중심 잡기)

출처: 교육인적자원부(2006).

1) 손가락을 빠는 경우

손가락 빨기는 영아에게 편안한 느낌을 주고, 긴장이 감소되는 효과가 있다. 영아는 두려움을 느끼거나, 무료하거나, 배가 고프거나, 잠이 올 때 손가락을 빤다.

이 같이 영아가 손가락을 빠는 것은 매우 자연스러운 행위이다. 손가락 빨기는 18~20개월경에 최대치에 달하며, 이를 억지로 막게 되면 문제가 일어날 수 있다. 이에 대한 대응으로 교사는 다음과 같이 지도할 수 있다.

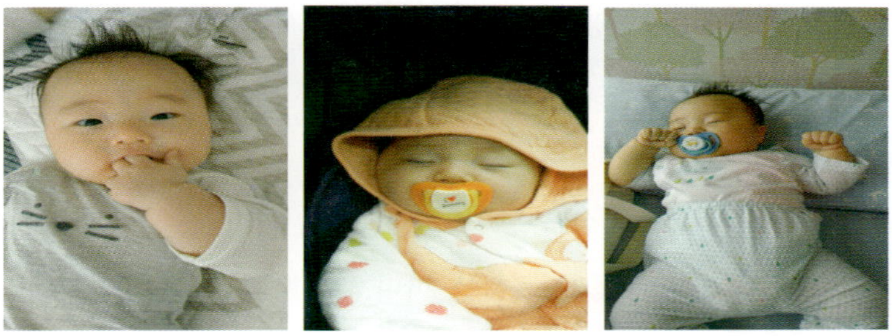

- 손을 깨끗이 하여 손가락을 빨게 한다.
- 수유 시간을 길게 하여 충분히 만족하게 한다.
- 손가락으로 할 수 있는 놀이와 활동을 진행한다.
- 인공 젖꼭지를 사용할 경우에는 안전성을 고려하여 제공한다.
- 포근하게 안아 주고, 안락감을 받도록 토닥여 준다.
- 만 4세 혹은 영구치가 날 때까지 손가락 빨기를 할 경우에는 치아부정교합이 생길 수 있다.

2) 걸을 수 있는데 걷지 않고 항상 안아 달라고 하는 경우

걸을 수 있는데 걷지 않고 항상 교사에게 안아 달라고 하는 영아가 있다. 바깥 놀이, 산책, 화장실 가기, 영역을 이동하여 놀이할 때 등에서 안아 달라고 한다. 다른 영아보다 자신이 교사의 관심을 받고 싶은 경우, 영유아 교육기관에서 생활하는 것이 편하지 않거나 매사에 혼자서 하는 것을 어려워하는 경우, 누군가에게 기대고 싶어 하는 경우, 움직이거나 활동하는 것이 싫을 경우에 나타날 수 있다.

이러한 상황이 지속될 경우 영아의 성장과 발달뿐 아니라 건강한 생활에도 지장을 줄 수 있다. 교사 역시 다른 영아를 민감하게 돌보기 어렵게 되고, 이러한 점이 스트레스로 작용하게 된다. 이에 대한 대응으로 교사는 영아가 스스로 걸을 수 있도록 다음과 같이 지원하여 영아로 하여금 자유롭게 주변 환경을 탐색하는 것을 즐길 수 있도록 격려한다.

- 등·하원 시 개별적인 관심을 보이며 반갑게 인사하기, 눈 맞추기, 손가락 뽀뽀하기 등과 함께 긍정적인 표현을 한다.
  "사랑하는 지원이! 오늘 빨간색 나비가 그려진 옷을 입고 왔구나! 멋진데."
- 혼자 걷는 것에 대해 영아가 느끼는 불안한 마음을 읽어 주고 교사와 함께, 서서히 혼자서 해 볼 수 있도록 안내한다.
  "지원이 선생님이 안아 줬으면 좋겠어요? 그런데 선생님은 지원이 손잡고 같이 걸어 보고 싶은데. 선생님 손잡고 걸어 볼까요?"
- 영아가 혼자서 잘 걸을 때, 붕붕카를 타는 등 스스로 신체 활동에 참여하는 경우 격려와 칭찬을 한다.
  "와! 지원이가 혼자서 잘 걷네. 혼자서 잘하는 지원이, 참 멋지다!"
  "지원이가 유니바를 넘고 있구나. 힘들 텐데. 혼자서도 참 잘한다!"

3) 항상 기대어 앉거나 누워서 놀이와 활동에 참여하는 경우

일과 시간 중 거의 대부분을 교사나 벽, 쿠션 등에 기대어 앉아서 시간을 보내는 영유아가 있다. 책을 보거나 놀이를 할 때는 물론 간식시간과 같이 음식을 먹을 때에도 바르게 허리를 펴고 앉기보다는 무언가에 기대어 앉거나 누워서 주로 시간을 보낸다. 일반적으로 생후 6개월 이후부터 스스로 앉기가 가능한데, 근육의 힘이 부족하거나, 생활습관, 피로감 등이 원인일 수 있다. 누워서 생활하거나 바르지 않은 자세로 기대어 앉는 것이 장기간 습관이 될 경우 척추측만증에 걸리게 될 확률이 높다.

〈표 5-1〉 정상척추와 척추측만증이 있는 영유아의 모습

정상의 경우 좌우 대칭	척추측만증의 경우 좌우 비대칭
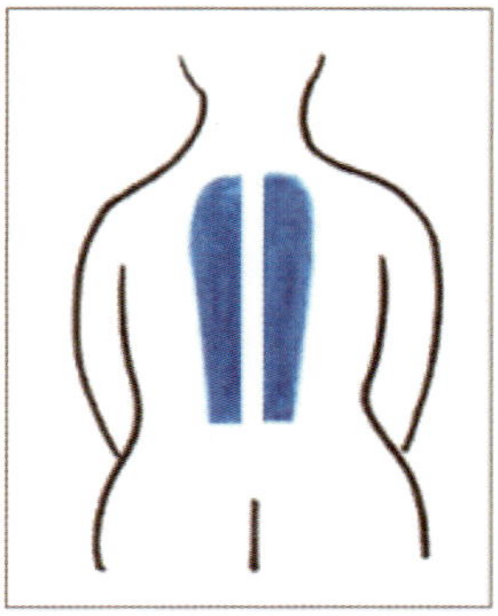	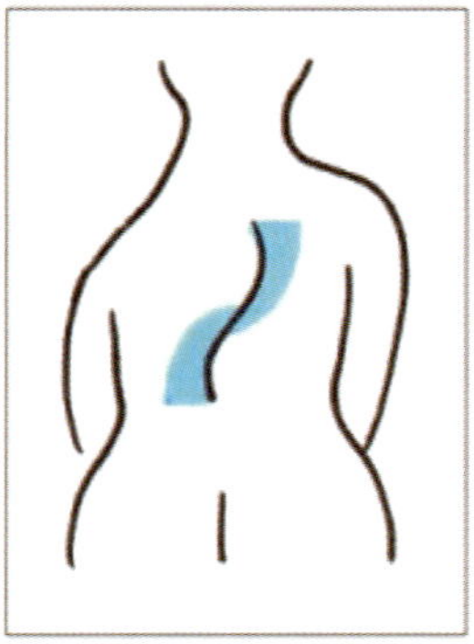

출처: 보건복지부, 육아정책연구소(2013).

이에 대한 대응으로 교사는 다음과 같이 지도할 수 있다(보건복지부, 육아정책연구소, 2013).

- 영유아가 관심을 갖는 주제나 놀이, 놀잇감 등을 주의 깊게 관찰하여 이들과 관련된 신체활동을 실시하여 영유아가 적극적으로 신체활동에 참여함으로써 허리 근육의 힘을 기를 수 있도록 한다.
  - 자동차에 관심이 많은 영유아의 경우: 실내, 실외에서 붕붕카 타기, 자전거 타기 등을 실시하기
  - 영웅 만화 캐릭터를 좋아하는 영유아의 경우: 영웅 캐릭터처럼 뛰어 보기, 걸어 보기 등의 활동을 실시하기
- 걷기, 달리기, 자전거 타기, 붕붕카 타기, 훌라후프, 줄넘기 등의 허리 근육 발달을 도와줄 수 있는 신체활동을 진행한다.

"지민아! 자전거 타 볼까? 저기 있는 나무 앞까지 가 보자."

"지민이 캥거루처럼 뛰어 볼 수 있겠니? 하나 둘 셋!"

- 허리근육 강화에 도움이 되는 물건을 집어 올려 높이 쌓아 보기, 쌓여있는 물건을 내려놓기 등과 같은 활동을 진행한다.
- 영유아가 바르게 앉아 생활하는 경우 격려와 칭찬을 한다.

  "지민이가 바르게 앉아서 밥을 먹는구나. 우아~ 정말 멋지다!"

  "지민아, 지민이가 쌓기 영역에 누워 있으니까 친구들이 지나가는 데 불편하겠구나. 친구들이 지민이한테 걸려서 넘어질 수도 있고, 지민이가 친구들한테 밟힐 수도 있으니까 앉아서 놀이하자."
- 영유아가 즐겁게 하루를 보낼 수 있도록 낮잠 시간의 양, 하루 일과 중 영유아의 활동량 조절 등을 통해 영유아의 피로감을 조절하도록 한다.

4) 눈을 찡그리거나 비비고, 사물을 가까이 보려는 경우

시력은 태어나는 순간에 완성되는 것이 아니라 아기가 자라면서 천천히 완성된다. 그러하기에 정기적인 시력검사를 하는 것이 중요하다. 안과검진은 출생 후 3개월, 만 1세, 만 3세에 받는 것이 좋으며, 말로 의사표현이 가능한 경우에는 숫자나 그림을 이용하여 시력 검사를 할 수 있다.

영유아가 눈을 찡그리거나 비비고, 사물을 가까이 보려는 경우의 원인은 여러 가지가 있으며, 가장 흔한 원인은 시력에 문제가 있는 경우이다. 특히 책이나 사물을 가까이 보려는 영유아의 행동은 시력에 문제가 있을 확률이 매우 크며, 근시나 난시, 약시, 사시 등으로 인한 것이다. 눈을 자주 비비고 충혈되어 있는 경우의 원인은 주로 속눈썹이 찔러서 눈을 가렵게 만들거나 이로 인한 각막자극으로 인한 것이며, 심리적인 불안감이나 피곤함과 졸림 등의 표출 방안일 수 있다. 이에 대한 대응으로 교사는 주의 깊은 관찰과 함께 다음과 같이 지도할 수 있다.

- 눈을 찡그리거나 사물을 가까이 보려는 행동, 눈을 비비는 등의 행동이 장소나 시간에 관계없이 반복될 경우 부모와 면담을 통해 병원에서 안과 진료나 검사를 받아 보도록 제안하는 것이 필요하다. 근시나 난시, 약시, 사시 등 다양한 유형의 문제가 있을 수 있으므로 안과 검사가 필수적이다.
- 다른 영유아들이 볼 수 있는 그림을 같은 거리에서 식별하지 못하면 시력 저하를 생각해 볼 수 있다. 시력에 문제가 있다면 의사의 처방이 내려지게 되고, 교정 치료를 시작해야 한다. 영유아가 시력을 교정하기 위해 안경을 쓰고 등원하게 되면 초기에는 불편함을 호소하거나 씻기, 낮잠 자기 등 일상생활에서 안경을 못 챙길 우려가 있으므로 안경을 착용하여 시력 교정을 할 경우 교사가 이에 대해 배려를 해야 한다.
- 속눈썹 찔림을 적기에 해결하지 않을 경우 각막에 염증을 유발할 뿐 아니라 시력에 다양한 장애를 일으킬 수 있다.

5) 소리를 잘 듣지 못하는 경우

어린 영아일수록 더욱더 집중적인 관찰이 필요하다. 청각은 뱃속 태아 시기부터 발달되어 온 감각으로, 영아가 쿵 하고 세게 닫힌 문소리와 같은 큰 소리에도 반응하지 않을 경우에는 전문의의 도움을 받아야 한다. 영유아기 청력 이상은 다른 사람과의 원활한 상호작용에 지장을 주며, 언어발달에도 부정적인 영향을 주게 되므로, 조기 발견과 치료가 매우 중요하다. 조기 발견과 치료는 영유아의 정상화에 기여한다.

소리에 반응이 느리고 작은 소리를 잘 듣지 못하는 행동 등은 일단 귀에 문제를 의심해 봐야 한다. 원인으로는 중이염과 같은 병으로 인한 일시적 청력 이상과 근본적인 청력 이상 등이 있다.

〈표 5-2〉 유아의 청각적 문제

번호	내용	체크
1	이름을 불러도 반응하지 않는다.	□
2	듣기 집중력이 떨어진다. 예를 들면, 긴 이야기를 듣는데 다른 아이보다 더 많은 시간이 걸리고(집중을 못해 이야기가 자주 끊어져서), 짧은 이야기에만 집중력을 보인다.	□
3	했던 말을 되풀이해서 말해 달라고 요구한다.	□
4	또래 아이들은 동요나 요일명을 쉽게 배우는 데 비해 힘들어한다.	□
5	비슷한 소리가 나는 단어를 잘 구별하지 못한다.	□
6	들은 이야기 중 중요한 부분을 상세히 기억하지 못한다.	□
7	시끄러운 환경에서 다른 아이들보다 쉽게 흐트러지고 이해하는 데 훨씬 힘들어한다.	□
8	가까이 있거나 얼굴을 보면서 말하면 더 쉽게 이야기한다.	□
9	몸짓이나 시각적 표시를 함께 사용할 때만 이해한다. 예를 들어, 설명하는 물건을 가리켜야만 쉽게 알아듣는다.	□
10	종종 질문에 대답하지 못하고 그냥 쳐다보고 있거나, 어리둥절한 표정을 짓거나 질문과 상관없는 대답을 한다.	□
11	그룹 활동에서 다른 친구와의 언어적 교류에 기대만큼 참여하지 못한다. 그래서 따로 떨어져 지내 항상 외로워 보인다.	□

출처: 대구광역시, 대구광역정신건강복지센터, 대구가톨릭대학병원(2020).

이와 같이 청각 문제에 대한 대응으로서 교사는 먼저 영유아가 소리에 반응이 느리거나 소리를 듣지 못하는 경우가 반복되면 다음과 같이 다양한 상황에서 소리에 대한 영유아의 반응을 세심하게 살펴보아야 한다.

- 영유아로부터 멀리 떨어져서 말을 건네고 반응을 관찰한다.
- 교사가 영유아의 얼굴을 보고 말할 때와 보지 않고 말할 때 영유아의 반응에 차이가 나는지 살펴본다.
- 크고 작은 소리를 들려주고 반응이 어떤지 살펴보고, 두 가지 이상의 소리를 들려주고 구별할 수 있는지 반응을 살펴본다.
- 교사가 영유아의 귀를 살펴볼 때 조금만 건드려도 아프다고 못 만지게 하는지 등의 영유아의 반응을 살펴본다.

이렇듯 영유아가 청력 감소 현상을 보인다면 전문의를 통해 청력검사와 그에 따른 치료가 이루어지도록 한다. 청력감소로 인해서 인지발달, 언어발달 등에 영향을 주기 때문에 청력손실이 심할 때, 양쪽이 만성일 때, 고막에 변화와 어지러움, 화농성 호흡기 감염, 재발이 잘될 때에는 적극적인 치료가 이루어지도록 한다(보건복지부, 육아정책연구소, 2013).

6) 두통을 자주 호소하는 경우

두통은 긴장, 스트레스, 수면부족 등이 원인이거나 감기, 열, 뇌질환 등 신체에 이상이 생겼을 때이거나, 환경 부적응, 또래와의 갈등, 스트레스 등 감정적 문제 등에 의해 발생할 수 있다. 이에 대한 대응으로 교사는 다음과 같이 지도할 수 있다.

〈표 5-3〉 **체온계 사용법**

체온계는 이렇게 사용하세요!	
• 귓속형 적외선 체온계 사용법 – 귀를 잡아당겨 이도(귓구멍)와 체온계의 측정부가 일직선이 되게 한다. – 체온계를 귓속에 넣고 1~2초 후 측정버튼을 누른다. – 알람이 울리면 체온계를 읽는다. **• 액와체온계 사용법** – 영유아의 겨드랑이에 땀이 있다면 닦고 체온계를 넣는다. – 영유아의 팔을 몸통 쪽으로 붙인다. – 알람이 울리면 체온계를 읽는다.	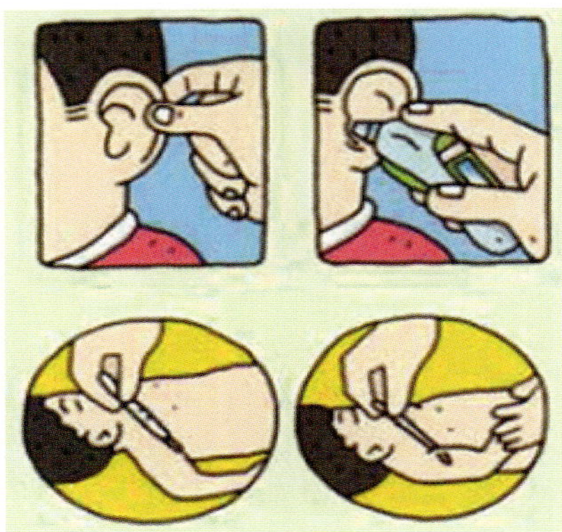
※ 주의: 영유아는 입안에 들어오는 것을 씹거나 삼키려는 경향이 있으므로 구강체온계는 영유아에게 사용하지 않는 것이 바람직함	

출처: 어린이집안전공제회(2019).

- 열을 재 보기, 외상이 있는지 확인하기, 배탈이나 다른 질병 증세가 있는지 알아보기, 수면 부족 등으로 인한 피로가 쌓였는지 등을 확인한다. 신체적인 문제로 인한 두통으로 추측될 경우 전문의로부터 진단받을 수 있도록 부모에게 알린다.
- 영유아의 기분이 어떤지, 또래와의 관계나 부모와의 관계에서 문제가 있는지를 살펴본다.
- 영유아가 수일이나 수 주에 걸쳐 지속적으로 두통을 호소할 경우, 구토가 동반되고 구토증상이 점차 심해지는 경우, 팔다리에 힘이 없거나 몸의 균형을 잡기 힘들 때, 열이 나고 목이 뻣뻣하며, 전신 무기력이 있는 경우에는 부모에게 영유아의 상태를 전하고 병원에서 전문의 진찰을 받아 보도록 권한다.

병원에 가서 치료를 받아야 하는 경우

- 두통이 급성(갑작스럽고 심한 두통)으로 발생한 경우
- 두통이 다른 증상을 동반하는 경우(발열, 경련, 구토 등)
- 최근 한두 달 이내에 두통이 점점 심해지는 경우
- 머리둘레가 점차 증가되는 경우
- 머리를 다치거나, 화학물질 등에 노출되었을 때

출처: 보건복지부, 육아정책연구소(2013).

7) 잦은 소변(빈뇨)을 배설할 경우

빈뇨는 소변을 정상보다 자주 보는 것을 말하는 것으로, 요로감염, 요실금, 야뇨증 등의 질병이 원인이 된다. 일반적으로 소변은 생후 만 1세에 하루 12회, 만 7세경은 하루 7회, 만 12세경에는 4~6회 정도 배뇨한다. 수분 섭취량에 따라 배뇨 횟수가 달라지므로 정확히 몇 번이 정상이라고 말하기는 어려우나 영유아가 평소와 다르게 소변을 자주 보면 교사는 관심을 기울여야 한다. 빈뇨의 원인으로는 지나

친 수분 섭취, 또래로부터 배척당하거나 외로움, 욕구불만, 환경의 변화, 가족 내 문제 등 심리적인 스트레스가 있을 때 발생한다. 이에 대한 대응으로 교사는 다음과 같이 지도할 수 있다.

- 유아일 경우 1시간~1시간 30분 사이에 3회 이상 소변을 보는지 살펴본다.
- 물이나 음료 섭취가 많을 경우 단순히 물을 많이 마시는지, 혹은 열이 나서 목이 타서 마시는지, 몸에 이상이 생긴 것인지 주의 깊게 살펴본다.
- 빈뇨 증상이 지속되거나 요도 관련 질환일 경우 부모에게 병원에서의 진료를 권유한다.
- 빈뇨의 원인이 심리적인 문제라면 유아가 마음이 편해질 수 있도록 관심을 가지고 따뜻하게 대해 준다.

2. 정신 건강문제 및 대응

정신 건강이라는 용어는 아돌프 마이어(Adolf Meyer)와 클리포드 비어스(Clifford Beers)에 의해서 최초로 사용되었으며, 1909년 미국정신위생학회(National Committee For Mental Hygiene)가 결성되면서 널리 사용하게 되었다. 이 보고에 의하면 정신 건강(mental health)이란 정신적 질병에 걸려 있지 않은 상태만이 아니라 만족스러운 인간관계와 그것을 유지해 나갈 수 있는 능력을 의미한다. 이것은 모든 종류의 개인적 · 사회적 적응을 포함하여 어떠한 환경에 대처해 나갈 수 있는 건전하고, 균형 있고, 통일된 성격의 발달을 의미한다(김리원, 2019).

영아기에는 충분한 영양과 질병의 예방을 통한 건강증진의 환경이 필요하다. 또한 영아의 주장에 대한 적절한 수용, 다양한 탐색과 놀이 환경 역시 중요하다. 이러한 환경 요소가 뒷받침되지 않으면 정신 건강문제가 발생할 수 있다.

유아기에는 가치관의 형성과 또래관계가 장려되어야 하는 환경이 요구된다. 이 시기에는 다양한 문화교육 활동과 함께 바람직한 습관의 형성과 예절 교육이 필요하다. 또한 성 차이와 성에 대한 교육이 적절하게 이루어져야 한다. 이러한 환경 요소가 뒷받침되지 않으면 정신 건강문제가 발생할 수 있다.

아동기에는 또래집단에서의 활동이 원활하고, 학교생활에 잘 적응할 수 있는 환경이 제공되어야 한다. 이를 통해 아동은 지적 호기심의 충족과 배움의 즐거움을 경험하고, 성공경험을 통해 자신감과 효능감을 경험하게 된다. 스포츠, 게임, 등 다양한 신체활동을 할 수 있도록 여건이 되어야 한다. 그리 되지 않으면 정신 건강문제가 발생할 수 있다.

1) 식사장애

영유아의 식사장애는 약 10명당 1명꼴로 발생할 정도로 아주 흔하다. 보통은 영유아가 성장하면 사라진다. 이에 대한 대응으로 교사는 다음과 같이 지도할 수 있다(서울대학교병원).

- 편안하게 식사하도록 하고, 먹으라고 강요하지 않는다.
- 조금씩 먹인다.
- 식사 중간에 과자나 음료를 주지 않는다.
- 식욕을 돋울 수 있도록 다양한 방법으로 음식을 만들어 준다.
  예를 들면, 샌드위치를 자를 때는 예쁜 모양으로 자르고 접시에 과일과 채소를 이용하여 예술 작품을 만든다.
- 먹지 않겠다고 한 음식은 계속 권하지 않는다. 1~2주 동안 메뉴에서 그 음식을 뺀다.
- 먹는 동안 영유아의 마음을 끄는 장난감이나 텔레비전 시청 등을 피한다.

• 영유아의 체중이 늘지 않거나 이식증을 갖고 있다면 의사와 상담을 해야 한다.

수유 문제

영아가 젖을 빨려고 하지 않거나 젖을 토한다면 수유에 문제가 있는 경우이다. 수유 후에 젖 넘김이나 분유 넘김이 있을 수 있다. 따라서 수유 자세는 영아를 가슴에 비스듬히 안고, 수유 후에는 영아의 등을 토닥이거나 아래에서 위로 쓸어 준다.

대부분 수유 후에 약간의 우유를 토해 낼 수도 있지만 어떤 경우엔 이런 역류가 지속적으로 발생한다(위-식도 역류 질환). 어떤 영아는 위의 출구가 좁아져 있거나 막혀서 토하기도 한다(유문 협착증).

모유 수유는 자연스럽게 되는 것이 아니고, 엄마와 아기가 수유 방법을 배우는 데도 시간이 필요하다. 우유병을 이용하는 경우에는 우유의 품질이나 고무젖꼭지의 크기 등으로 문제가 발생할 수 있다. 감기 같은 가벼운 질환 때문에 일시적으로 수유에 어려움을 겪을 수도 있다. 이에 대한 대응으로 교사는 다음과 같이 지도할 수 있다.

• 영아가 토하려 한다면 수유 후에 아기를 돌려 안고 아기를 세워 받쳐 준다.
• 체중을 달아 체중이 불어나고 있는지를 확인한다. 규칙적으로 아기의 몸무게와 키를 재서 잘 자라고 있는지 살펴본다.
• 수유 문제가 지속되면 의사에게 의학적 자문을 구하여 위-식도 역류나 위 유문 협착 같은 문제가 없는지 알아본다.

2) 수면장애

대다수의 영아는 생후 12개월 정도 되면 밤새 잠을 잔다. 그러나 약 3명 중에서 1명은 만 5세쯤이나 그 이후에도 밤에 자주 깬다. 수면장애는 만 5세 미만의 유아에게서 더 많이 나타난다. 유아의 수면장애는 대개 일시적이며 단지 낮 동안의 일상적인 일과가 변하거나 결여되면 발생한다. 고열이 나는 질병이나 부부 싸움과 같이 두려움을 야기하는 상황 때문에 수면장애가 생길 수도 있다. 이에 대한 대응으로 교사는 다음과 같이 지도할 수 있다.

• 유아가 일정한 습관을 갖도록 매일 같은 시간에 씻고 잠자리에 들게 하며, 옛날이야기를 들을 수 있으면 더 좋다.
• 수면장애나 악몽의 원인이 무서운 그림책의 내용 혹은 텔레비전 프로그램이나 가정불화와 같이 불안감을 유발시키는 요인과 관련이 있는지에 대하여 유아 및 부모와 상담한다.

〈표 5-4〉 낮잠 지도

출처: 어린이집안전공제회(2021b).

3) 발달지연

발달지연은 연령에 맞게 기대되는 능력에 도달하는 시간이 지연되는 것을 말한다. 출생 후 몇 년 동안 발달의 지표라 불리는 중요한 시기가 있는데 이때에 영유아는 기본적인 신체적 · 지적 · 사회적 기술들을 습득하게 된다. 자기 연령대에 맞게 발달의 지표들이 나타나지 않으면 이를 발달지연이라고 한다. 발달지연은 일반적으로 만 5세경까지 나타날 수 있다. 이에 대한 대응으로 교사는 다음과 같이 지도할 수 있다.

- 발달지연으로 추정되면 청력검사, 시력검사 등을 포함해서 전반적인 발달 정도를 평가한다.
- 유전적으로 이상이 있는지를 확인하기 위해 혈액을 검사한다.
- 한 영역의 발달이 지연된 영유아는 이것을 극복하도록 격려한다.
- 발달지연의 정도가 가벼운 경우에는 일정한 시간이 지나면 정상적으로 발달하지만, 발달지연 정도가 심한 영유아는 전문가에게 특별한 치료를 받도록 권한다.

4) 유뇨증

유뇨증은 소변을 못 가릴 만한 신체적 질환이 없는 상태이고, 발달상 배뇨의 조절이 가능한 시기임에도 불구하고 속옷이나 침구를 계속적으로 적시는 것을 말한다. 유뇨증은 출생 후 현재까지 소변 가리기가 이루어지지 않은 채 계속 증상이 나타나는 1차성 유뇨증과 적어도 1년 이상의 기간 동안에 소변을 잘 가려오던 유아가 다시 소변을 가리지 못 하게 되는 2차성 유뇨증으로 분류할 수 있다.

유뇨증은 심리적 요인과 신체적 요인들이 복합적으로 작용하여 발생한다. 심리적 요인으로는 영아기에 배변훈련을 지나치게 일찍 시작하거나 일방적으로 강요받거나 무관심한 환경 속에서 성장한 경우, 그리고 입원, 이사, 사고, 동생의 출현, 엄마와의 이별, 입학, 전학 등의 스트레스에 따른 퇴행현상으로 나타나기도 한다.

신체적 요인으로는 방광의 용적이 작은 경우, 방광에 소변이 최대로 채워지지도

않았는데 방광이 수축하는 경우 그리고 방광이나 요로의 감염 등 비뇨기과적인 원인에 따라 나타날 수 있다.

이에 대한 대응으로 교사는 다음과 같이 지도할 수 있다.

- 유뇨증의 증상을 지니고 있는 유아의 배뇨 시간 간격 차를 늘려 주고 수분 섭취를 제한한다.
- 유아로 하여금 소변이 마려운 것을 참도록 하면서 배뇨시간 간격을 점차 늘리는 배변훈련을 한다.
- 유아가 잠자리에 들기 2시간 전에는 음료를 마시지 못하게 하고 꼭 화장실에 다녀온 후 잠을 자도록 한다.
- 유아를 혼내며 수치심을 주는 것은 유아에게 스트레스를 줘서 증상을 악화시킬 수 있다.
- 유아가 잠을 자기 전에 소변을 보게 하고, 소변 가리기가 이루어졌을 경우에는 칭찬을 해 준다.
- 유아가 스스로 고칠 수 있도록 도움을 주도록 한다.

5) 유분증

유분증이란 대변을 못 가리고 아무 때나 대변을 보는 것을 말한다. 만 4세 이후에 나타나는 경우에만 비정상적인 것으로 생각되며, 남아에게서 더 흔히 나타난다. 유분증은 정신적인 스트레스나 신체적인 측면이 작용되어 나타난다고 할 수 있다. 유분증이 반복되는 가장 큰 이유는 변비 때문에 단단한 대변 위쪽에 있는 액체상의 분변이 흘러나오기 때문이다. 이에 대한 대응으로 교사는 다음과 같이 지도할 수 있다.

• 유아를 꾸짖거나 책망하면 문제가 더 심각해지기 때문에 호의적인 태도로 접근하는 것이 중요하다.
• 유아에게 변비가 있으면 섬유질이 많은 음식을 먹인다.
• 부모에게 의사와의 상담을 권한다.
• 정서적 불안감 때문에 유분증이 생겼다면 유아와의 대화를 통해 그 원인을 찾아낸다.

변비

일시적으로 변비가 생기는 가장 흔한 원인은 음식물의 변화이다. 특히 섬유질이 부족한 음식물을 섭취하거나 수분 섭취가 부족하면 자주 발생한다. 영아는 변비가 잘 생기지 않지만 이유식을 바꾸거나 모유를 우유로 바꾸면 발생할 수 있다. 때때로 대변 가리기를 배우는 동안에 일시적으로 변비가 발생하기도 하는데 이때 영아가 배변을 회피하는 경우가 많기 때문이다. 이런 시기에는 영아가 부적절한 장소에 대변을 보기(유분증)도 한다. 열이 많이 나고 구토를 하면 탈수 증세가 나타나고 일시적으로 변비에 걸릴 수 있다. 영유아에게 자주 수분을 섭취하도록 하고, 며칠 동안 음료에 약간의 설탕을 타서 먹이는 것도 도움이 된다.

출처: 서울대학교병원.

6) 야경증

야경증은 잘 자던 유아가 잠든 지 수 시간 후부터 갑자기 깨서 눈을 부릅뜨거나 숨을 몰아쉬고 엉뚱한 소리를 하는 등의 증상을 말한다. 야경증의 정확한 원인은 알 수 없으나 유아의 정서적 불안감이나 일정이 불규칙하거나 신체적으로 아주 피곤한 경우 또는 정신적 스트레스가 있는 경우 유발될 수 있다.

야경증은 유아가 잠이 든 지 약 1~2시간 내에 많이 발생한다. 유아는 무서운 소리를 지르거나, 쉽게 정신을 차리지 못하며, 대부분 다시 잠이 들고 다음날 아침에 간밤에 있었던 일에 대해 기억하지 못한다. 야경증은 대체로 만 4~12세 사이에 시작되어 청소년기에는 자연스럽게 해결되기도 한다.

이에 대한 대응으로 교사는 다음과 같이 부모와 상담을 통해 안내할 수 있다.

- 야경증은 나이가 들면 자연히 없어지기 때문에 유아가 야경증을 보일 때 놀랄 필요는 없다. 하지만 유아가 야경증을 보일 때 유아가 다치지 않도록 보호하는 것이 중요하다.
- 야경증이 나타나기 전에 유아를 깨움으로써 야경증을 예방하며, 이 방법은 5일 정도 유아를 관찰하여 야경증이 일어나는 시간을 정확히 알아내는 것이 중요하다. 이후 야경증이 발생하기 10~15분 전에 유아를 깨워 예방한다.
- 유아의 불안 및 스트레스 요인을 파악하여 원인을 제거하고 일정한 취침시간을 지키게 하고, 함께 잠자리를 하면서 유아를 안심시켜 주어야 한다.

7) 틱장애

틱은 자신도 모르게 얼굴이나 목, 어깨, 팔, 다리 등의 신체 일부분이 갑작스럽고 빠르게 움직이거나 소리를 내는 것을 말한다. 틱장애는 유전적인 요인, 뇌의 생화학적 이상, 구조적, 기능적 이상이나 출산과정에서의 뇌 손상이나 면역반응의 이상 등이 틱의 발병과 관련이 있는 것으로 알려져 있다. 그 밖에도 심리적, 환경적 요인이 틱의 발생과 증상 악화에 관련이 있는 것으로 알려져 있다.

틱은 일반적으로 만 5~7세에 시작되어 증상의 완화와 악화를 반복하며, 성인기까지 증상이 이어질 수 있다. 틱은 감정을 자극하는 사건과 연관되어 심해지는데, 스트레스나 기분 나쁜 사건뿐만 아니라 기분 좋고 흥분되는 사건도 증상을 악화시킬 수 있다.

이에 대한 대응으로 교사는 다음과 같이 지도할 수 있다.

- 틱장애는 유아 및 아동이 성장함에 따라 자연스럽게 증상이 없어지는 경우도

있다.

- 틱장애 증상이 다양하고 변화되어 만성적으로 지속된다면 유아 및 아동은 또래와의 관계에서도 어려움을 느끼고 집중력도 떨어지면서 학습에 방해를 받을 수 있다. 교사는 전문의의 치료를 받을 수 있도록 조치를 한다.

8) 주의력결핍과잉행동장애

주의력결핍과잉행동장애(Attention Deficit Hyperactivity Disorder: ADHD)는 주의산만, 과잉행동, 충동성을 위주로 하며, 대개 만 3~7세 사이에 발병하고 적절한 치료를 하지 않을 경우 증상이 지속되어 만성화된다. 증상으로 인해 여러 기능 영역(가정, 유아교육기관, 학교, 사회)에 지장을 초래하는 중요한 질환이다. ADHD는 한 가지 원인으로 발병하는 질환이 아니며 유전적인 영향, 뇌의 기능 저하, 신체적 요인, 환경적 요인 등과 관련이 있다.

주의력결핍과잉행동장애의 특징에는 주의산만, 과잉행동, 부주의 등이 있다.

첫째, 주의산만(inattention)이다. 주의력결핍과잉행동장애를 겪고 있는 유아와 아동은 주의력을 지속하는 데 어려움이 있고, 귀 기울이지 않으며 쉽게 산만해진다. 또한 물건을 잘 잃어버리며 집중을 하지 않고, 일을 끝내지도 않고 딴 일을 벌이는 행동을 보인다.

둘째, 과잉행동(hyperactivity)이다. 이는 주의력결핍과잉행동장애의 핵심 증상 중 하나로 유아와 아동의 안절부절못함, 불필요한 움직임 등을 가리킨다. 유아와 아동은 모터가 달린 것처럼 움직이며, 유아교육기관이나 학교에서 자리를 벗어나 돌아다니기도 하고 팔다리를 가만두지 않고 흔들어 대기도 한다. 과잉행동은 나이가 들면서 서서히 좋아지긴 하지만 다른 핵심 증상은 남아 있는 경우가 많다.

셋째, 부주의(inattention)이다. 이는 지시를 끝까지 기다리지 않고 빠르게 반응하는 것으로, 유아와 아동은 잘 다치거나 물건을 잘 망가뜨린다. 또한 기다리는 것을 참지 못하여, 새치기, 자리 지키지 않기 등의 문제를 일으킨다.

이에 대한 대응으로 교사는 다음과 같이 지도할 수 있다.

- 유아와 아동에게 지켜야 할 분명한 규칙과 일관성 있는 규칙 시행이 필요하며, 만약 규칙을 어겼을 때는 이를 분명하게 다시 말해 주고 실행할 수 있도록 한다.
- 교사는 침착함을 유지하고 흥분하거나 논쟁하지 말고 유아와 아동에게 반복적이고 사실적인 목소리로 일관되게 이야기한다.
- 유아와 아동이 중얼거리고, 음료수를 소리 내어 마시는 등의 행동이 크게 문제가 되지 않는다면, 물러나 있다가 큰 문제에만 교사가 참여하는 것이 좋다.
- 유아와 아동의 바람직한 행동을 칭찬한다.
- 유아와 아동에게 규칙을 설명했음에도 불구하고 아동의 행동을 통제할 수 없을 경우에는 놀잇감이 없고 교사의 시야에 들어오는 장소에서 타임아웃용 의자에 앉아 있게 한다. 시간은 나이 한 살당 약 1분으로 정하는 것이 좋다.

9) 자위행위

자위행위란 성기를 스스로 자극하여 성적 쾌락을 얻는 행위를 말한다. 자위행위는 성적 발달 측면에서 자연스러운 행동이다. 영유아의 자위행위는 주변에 재미있는 놀이가 부족하거나 심리적인 불안이 그 원인이 된다. 또한 동생이 태어난 후 엄마의 사랑을 빼앗길까 봐 긴장한 경우에도 그 긴장을 없애기 위해 자위행위에 집착하기도 한다. 영유아의 자위행위에 대한 대응으로 교사는 다음과 같이 지도할 수 있다(신의진, 2007).

- 심심하거나 불안한지 등에 대하여 영유아의 환경을 전반적으로 점검한다.

- 재미있는 놀이를 찾도록 지도한다.
- 긴장을 유발하는 갈등을 제거한다.

영유아 시기에 성기를 자극하는 성행동은 신체를 탐구하는 측면에서의 기본적인 욕구이다. 영유아가 자위행위를 할 때 교사는 당황하거나 놀라서 영유아를 야단치거나 당황스러움을 감추지 못하게 된다. 실제로 어린이집 원장 · 교사 199명 설문조사 결과 영유아의 성행동을 본 보육교사 80%가 곤란, 87%는 교육경험 부족으로 나타났다. 그들은 영유아 교육기관에서 만 2~3세부터 영유아의 성행동을 관찰할 수 있다고 답했다. 자주 나타나는 성행동 유형으로는 화장실 안을 엿보고 궁금해하기(69.8%), 책상 모서리에 성기를 비비는 등의 자위행위(68.2%), 놀이처럼 서로 몸을 보여 주기(41.9%) 등을 꼽았다. 상대적인 비율은 높지 않지만, 친구의 성기를 허락 없이 만지거나(7.5%), 성적 놀이를 하자고 강요하는 등(5.4%) 타인에 대한 강제성이 동반되는 사례도 있다(보건복지부, 2020). 영유아의 성행동에 대한 대응으로 교사는 다음과 같이 지도할 수 있다.

- 영유아가 뽀뽀, 안기, 생식기를 만지거나 보여 주는 행동을 할 때 차분하게 대해야 한다.
  "옷을 벗고 병원놀이를 하고 싶을 때에는 인형으로 대신하는 게 좋아."
- 이성 친구의 성기를 만지려고 할 때에는 그 행동이 왜 나쁜지에 대해 명확한 설명을 해 준다.
  "아기씨를 만드는 소중한 곳이므로 함부로 만져서는 안 돼."
  "다른 사람이 OO의 성기를 만지려고 할 경우에도 소중한 곳이므로 만지게 해서는 안 돼."

영유아 발달과정에서 나타나는 성행동, 일상적 수준의 영유아 성행동과 지도 방법, 우려할 수준의 성행동문제와 대응 방법, 위험한 수준의 성행동문제와 대응 방법은 〈표 5-5〉에서 〈표 5-11〉과 같다(보건복지부, 중앙육아종합지원센터, 2020).

〈표 5-5〉 영유아 발달과정에서 나타나는 성행동

성 개념	획득 시기	발달적 특성	일반적으로 나타나는 성행동 예
신체에 대한 탐색	0~만 1세	우연한 상황 등에서 신체의 감각적 느낌을 탐색	• 기저귀를 갈거나 몸을 씻겨 줄 때 감각적인 느낌에 반응하기도 함 • 자신의 성기를 보거나 만짐
성 정체감 인식	만 2~3세	자신을 남자, 또는 여자라고 인식하고, 다른 사람의 성을 구분할 수 있음	• 벗고 돌아다니기 • 가족이나 또래의 벗은 모습에 호기심을 나타냄 • 자위행위가 나타나기도 함
성 안정성	만 4~5세	시간이 지나도 자신의 성이 변하지 않을 것임을 알게 됨. 남자아이는 아빠가, 여자아이는 엄마가 될 것이라고 믿음	• 엄마아빠 놀이 시 행동 모방 • 아기 태어나는 과정, 의사놀이 시 옷 벗기려는 행동(성적 행동인지 단순한 모방 행동인지 구분 어려움) • 일시적으로 화장실 엿보기 • 자위행위가 나타나기도 함
성 일관성	만 6~7세	외모나 행동, 옷과 같이 외형적인 변화가 있어도 성이 변하지 않음을 인식	• 이성에 대한 호감을 가까이 앉거나 서기, 껴안거나 뽀뽀하기 등으로 표현 • 그림 그릴 때 성기를 묘사하거나, 일상적 대화 소재로 삼음 • 일시적으로 화장실 엿보기, 자위행위가 나타나기도 함

〈표 5-6〉 일상적 수준의 영유아 성행동

구분	수준	판단 기준	행동 특성
성행동	일상적인 수준 =일반적인 성 관련 행동	다른 관심사로 주의 전환 가능 여부	• 놀이를 제안하면 관심을 보임 예: 밀가루 반죽 놀이할까? 친구들은 지금 빵을 만들고 있대. • 성인에 의해 중지하거나 주의를 다른 곳으로 돌릴 수 있음 예: 소변 볼 때 들여다보면 친구가 불편해하지? 블록 놀이 하러 갈까?

〈표 5-7〉 일상적 수준의 영유아 성행동 지도 방법

흔히 일어날 수 있는 상황	상황에 따른 일상적인 성행동 지도 방법
자신의 신체 탐색 중 우연히 하는 성기 자극 등의 성행동	다양한 흥미 중 하나로 나타난 행동이므로, 흥미를 보일 만한 놀이로 관심 전환
쉽게 잠들지 못하거나 놀이를 찾지 못하는 지루한 상황에서 하는 성행동	편안한 분위기에서 잠들 수 있도록 재워 주고, 흥미 있는 놀이를 찾아 놀이상대가 되어 줌
갑작스러운 양육 환경의 변화로 인한 불안감에 의해 나타난 성행동	불안감 해소를 위해 부모면담으로 안정적인 양육 환경을 마련하도록 하고, 흥미 있는 놀이에 참여할 수 있도록 지속적인 관심을 가짐
다른 사람의 관심과 주목을 끌기 위해 시도하는 보여 주기, 엿보기 등 성행동	성행동에 주목할수록 자꾸 하려고 하므로, 남에게 피해를 주지 않으면 무시하는 것이 필요. 유아의 이야기를 잘 들어 주고 관심과 애정을 표현해 줌
놀이 중 성역할에 대한 모방행동으로서 표현하는 성행동	역할에 대한 표현행동 중 하나로 인정하면서 다양한 역할표현이 함께 이루어지도록 지원해 줌
남녀의 성적 특징에 대한 호기심에서 비롯된 또래 엿보기 등 일시적인 성행동	자연스러운 호기심의 표현이므로 일시적 행동으로 반응해 주고, 연령에 적합한 성교육을 통해 남녀 신체의 차이를 알려 주는 등 관심을 해소시켜 줌
성적 자극이 많은 환경으로 인해 성에 대해 강한 흥미와 관심을 표현하는 성행동	성과 성기에 대한 관심이 높아진 상태이므로, 남녀 성기의 차이점에 대해 성교육뿐 아니라 개별적으로도 알려 주며 관심을 수용함. 흥미를 가질 만한 놀이를 제공하여 관심을 다른 곳으로도 분산시켜 줌

〈표 5-8〉 우려할 수준의 성행동문제

구분	수준	판단 기준	행동 특성
성행동 문제	우려할 수준	• 지속성 • 반복성 • 은밀한 행동 여부	• 성인이 다른 놀이로 흥미를 끌어도 성행동의 중단이 어려움 • 잠시 멈추었다가도 성인이 다른 곳으로 가면 성행동을 반복하고 지속함 • 교사의 눈을 벗어나는 은밀히 장소에서 이루어지는 경향이 반복하여 나타남

〈표 5-9〉 우려할 수준의 성행동문제 대응 방법

<table>
<tr><th>우려할 수준의 행동문제</th><th colspan="2">대응</th></tr>
<tr><td>특성</td><td>상황 개입</td><td>상황 파악</td></tr>
<tr><td rowspan="3">• 성인의 지도에도 불구하고 지속하거나 행동에 몰두함
• 또래에게 성행동을 하여 불편하게 함
• 피해 유아가 피하려 해도 계속하기도 함
• 성인의 눈을 벗어나는 장소에서 시도하려는 경향이 보임</td><td rowspan="3">• 문제되는 행동을 중지하도록 함
• 전문가 도움을 받도록 함(필요시)</td><td>유아의 행동 관찰</td></tr>
<tr><td>외부 지원 요청(필요시)</td></tr>
<tr><td>필요시 전문기관(육아종합지원센터) 및 전문가 자문 및 지원 요청</td></tr>
<tr><td>사례</td><td>환경 점검</td><td>예방을 위한 교육</td></tr>
<tr><td>• 피해 유아가 싫다고 해도 엿보는 행동을 반복함
• 성적인 행동과 연관된 동작을 흉내 내는 행동(뽀뽀할 때 혀를 내밀어 입에 넣으려 하기 등)
• 또래를 한적한 곳으로 데려가 만져 보려 하는 행동</td><td>• 환경 및 일과 점검
(낮잠시간 등 하루 일과가 지루하거나 관리가 미비한 시간대 확인 등), 개선사항 살핌
• 개별 상황에 따른 행동지도 계획, 실행</td><td>유아 성교육 실시</td></tr>
</table>

〈표 5-10〉 위험한 수준의 성행동문제

구분	수준	판단 기준	행동 특성
성행동 문제	위험한 수준 (또래 간 성적 괴롭힘 포함)	• 지속성 • 반복성 • 은밀한 행동 여부 • 강요 및 폭력성 • 타인의 심신 피해 발생 여부	• 우려할 수준의 성행동이 지속적으로 반복되고, 다른 놀이에 대한 관심이 현저히 낮거나 거의 참여하지 않음 • 유아의 주의를 다른 곳으로 돌리려고 할 때 저항하거나 분노 행동을 보임 • 또래에 대한 강요나 폭력적 성향이 나타나며 성인의 눈을 피해 은밀한 장소로 또래를 데리고 가기도 함 • 또래 유아의 성기에 상처가 나거나 불안해하는 등 신체 정서상 피해가 발생함

〈표 5-11〉 위험한 수준의 성행동문제 대응 방법

<table>
<tr><th>위험한 수준의 행동문제</th><th colspan="2">대응</th></tr>
<tr><td>특성</td><td>상황 개입</td><td>상황파악 및 안전조치</td></tr>
<tr><td rowspan="5">• 성인이 저지하거나 주의를 돌리려 할 때 저항, 분노함
• 행위 유아와 피해 유아 간 연령 및 힘의 차이가 뚜렷함
• 피해 유아가 거부해도 고의적, 반복적으로 괴롭히는 행동
• 행위 유아는 장난이라도 피해 유아는 고통스러워함
• 피해 및 행위 유아에게 신체적, 정신적 피해가 나타남</td><td>즉각 개입하여 행동을 중지시키고, 유아들이 불안하지 않도록 안정된 태도 유지</td><td>행위 유아와 피해 유아를 분리 · 보호조치, 모든 유아의 안전 확인</td></tr>
<tr><td>분리 조치</td><td>외부 지원 요청</td></tr>
<tr><td>행위 유아, 피해 유아를 서로 다른 공간으로 분리하여 보호조치</td><td>• 육아종합지원센터 초기조사 및 자문 요청
• 초기 자료가 훼손되지 않도록 CCTV 보관, 사진(발생 장소, 상처 등), 사건경위 기록 등의 자료 확보</td></tr>
<tr><td>상황 파악 및 기록</td><td>조치</td></tr>
<tr><td>가능한 한 유아 스스로 말하도록 개방적 질문을 하고, 초기진술의 오염 방지를 위해 추궁, 반복, 추가질문을 하지 않음</td><td>피해 유아 치료</td></tr>
<tr><td>사례</td><td>환경 점검</td><td rowspan="2">예방을 위한 교육
유아 성교육 실시</td></tr>
<tr><td>• 또래에게 성적 놀이에 참여하라고 강요하기
• 상대의 의사에 반하여 강제로 보여 주거나 만지기
• 지속적으로 타인의 성기를 만지려고 시도하기
• 성인의 성 행위를 명백하게 흉내 내기
• 피해 유아의 신체에 물체나 성기를 집어넣기</td><td>• 환경, 일과 점검, 개선사항 살핌
• 영유아 성교육 담당자 지도하에 유아 성 안전교육 실행</td></tr>
</table>

성행동문제 발생 시 상황 파악을 위하여 영유아를 대하는 교사의 바람직한 태도는 다음과 같다.

- 침착하게 대처한다. 평소와 다르게 충격을 받은 표정, 굳은 표정, 긴장된 어투가 드러나지 않도록 한다.

• 영유아의 자발적인 진술(호소)이나 표현이 가장 중요하다는 것을 인지하고 주의 깊게 듣고 관찰한다.

• 신체적 증상의 호소
– "따가워요", "아파요", "가려워요", "(바지나 치마를 가리키며) 느낌이 이상해요"

• 또래와의 관계에 대한 호소
– "OO가 불편하게 해요", "OO가 자꾸 만져요", "OO가 자꾸 봐요."

• 정서적 표현으로서의 호소
– 우울, 위축, 민감, 불안 등이 비언어적 표현(울음, 짜증, 손톱 물어뜯기 등)으로 나타남

• 영유아의 초기 진술이 오염되는 것을 방지하기 위해서 다음과 같은 방법을 활용한다.

• 영유아의 이야기를 잘 듣고 있다는 비언어적 메시지 전달
– 자세를 낮추고 눈 맞춤하기
– 끄덕임
– 집중하여 듣기

• 경청 및 영유아의 마지막 언급을 반복하기
– "그랬구나!", "~했다는 거구나."

• 공감적 이해 및 안심 유도
– "괜찮아, 서두르지 마. 듣고 있을게."

• 개방형 질문
– "무슨 일이 있었는지 선생님에게 말해 줄 수 있겠니?"
"어떻게 느꼈는지 말해 줄 수 있겠니?"

• 피해 영유아, 행위 영유아, 주변의 영유아 등 어떤 아이에게도 상황에 대해 추궁하거나 답을 암시, 유도하는 폐쇄형 질문을 하지 않는다.

– 예단하거나 편파적인 질문 역시 피한다.
– 질문자가 유추, 자의적 해석을 통해 예단하는 질문을 하면 영유아의 진술이 오염될 수 있다.

〈표 5-12〉 진술이 오염될 수 있는 질문

폐쇄형 질문 예(예/아니요)	• OO가 너의 소중한 곳을 아프게 했니?
편파적인 질문 예	• 선생님이 보니까 아까 화장실에 가던데 거기서 그런 거야? • OO이가 매일 따라 다녔지? 선생님은 OO이가 그런 거 같은데.
추가적, 반복적 질문 예	• OO이가 그랬지? ***(부위)를 만졌다고 했잖아, 맞지?

출처: 보건복지부, 중앙육아종합지원센터(2020).

• 영유아가 먼저 말할 때는 언제나 주의 깊게 듣고 공감을 표시해 준다. 영유아가 이야기하면서 불안, 혼란, 수치심, 죄책감 등의 감정을 나타내면 이를 해결할 수 있도록 어른이 함께 도와줄 거라고 안심시켜 준다.
• 영유아가 보거나 들을 수 있는 데서 다른 성인과 이야기를 나누거나, 통화하거나, 걱정하거나 화내는 언행을 나타내지 않는다.
• 영유아에게서 들은 것, 본 것, 답하고 실행한 것을 자세히 기록해 놓는다.

〈표 5-13〉 우리의 몸은 소중해요!

• 친구와 놀이할 때에는 소중한 곳을 보여 줘도 돼요.	X
• 싫은 느낌을 느꼈을 때에는 엄마, 아빠, 선생님께 꼭 이야기해요.	O
• 나의 몸도 소중하지만 친구의 몸도 소중해요.	O
• 날씨가 더울 때에는 속옷을 입지 않아도 돼요.	X
• 누군가가 내 몸을 만지려고 하면, "싫어요, 안 돼요."라고 말해요.	O
• 남자도 공주역할을 할 수 있어요.	O
• 병원 놀이를 할 때에는 친구가 내 팬티를 봐도 돼요.	X
• 친구의 소중한 곳은 함부로 보거나 만지지 않아요.	O

출처: 어린이집안전공제회(2021).

〈표 5-14〉 화장실 사용 지도

출처: 어린이집안전공제회(2021).

10) 아동학대

아동학대란 보호자를 포함한 성인에 의하여 아동의 건강과 복지를 해치거나 정상적 발달을 저해할 수 있는 신체적·정서적·성적 폭력이나 가혹행위 및 아동의 보호자에 의한 유기와 방임을 말한다(「아동복지법」 제3조 제7호). 여기서 보호자란 친권자, 후견인, 아동을 보호·양육·교육하거나 그러한 의무가 있는 자 또는 업무·고용 등의 관계로 사실상 아동을 보호·감독하는 자를 말한다(「아동복지법」 제3조 제3호). 따라서 영유아가 영유아 교육기관에서 머무는 동안 영유아를 담당하는 교직원도 보호자에 해당된다. 아동학대의 유형과 아동학대의 징후는 〈표 5-15〉, 〈표 5-16〉과 같다.

〈표 5-15〉 아동학대의 유형

신체학대	• 신체적 손상을 입힌 경우와 신체적 손상을 입도록 허용한 경우 • 구타나 폭력에 의한 멍, 화상, 찢김, 골절, 장기파열, 기능의 손상 • 생후 36개월 이하의 영아에게 가해진 체벌은 이유 여하를 막론하고 학대임
정서학대	• 언어적, 정서적 위협, 억제, 감금, 기타 가학적 행위 • 영유아의 인격, 감정이나 기분을 심하게 무시하거나 모욕하는 행위 • 좁은 공간에 장시간 혼자 가둬 두는 행위 • 원망적, 거부적, 적대적, 경멸적인 언어폭력

성학대	• 성인의 성적 충족을 목적으로 영유아와 함께 하는 모든 성적 행위 • 성적 유희, 성기 및 자위행위 장면의 노출, 관음증 • 성기 삽입, 성적 접촉, 강간, 매춘, 매매 • 포르노 매체에 배우로 출연, 포르노물 판매 행위
방임	• 고의적, 반복적으로 영유아 양육 및 보호를 소홀히 함으로써 영유아의 건강과 복지를 해치거나 정상적인 발달을 저해할 수 있는 모든 행위 • 영유아에게 의식주를 제공하지 않거나, 장시간 위험한 상태에 방치하는 물리적 방임 및 유기 • 영유아의 무단결석을 허용하는 등 교육적 방임 • 예방접종을 제때에 하지 않거나 필요한 치료를 소홀히 하는 등 의료적 방임 • 영유아와의 약속에 무신경하거나 영유아의 마음에 상처를 입히는 정서적 방임

출처: 서울시 아동복지센터.

〈표 5-16〉 아동학대의 징후

유형/징후	신체적 징후	행동적 징후
신체학대	• 발생 및 회복에 있어 시간차가 있는 상처 • 사용된 도구의 모양이 그대로 나타나는 상처 • 손바닥, 발바닥, 등, 엉덩이에 담뱃불 자국, 양말 모양, 장갑 모양, 도넛 모양 상처 • 뜨거운 물에 잠겨서 생긴 화상자국 • 팔, 다리, 목 등에 묶은 줄 자국의 화상	• 어른과의 접촉회피 • 다른 영유아가 울 때 공포를 나타냄 • 공격적이거나 위축적인 극단적 행동 • 부모에 대한 두려움 • 집에 가는 것을 두려워함 • 위험에 대한 지속적인 경계를 보임 • 부모가 손상을 알려 옴
정서학대	• 성장장애 • 신체발달 저하 • 언어장애	• 특정물건에 대해 계속 빨고 있거나 물어뜯음 • 반사회적, 파괴적 행동장애 • 수면장애, 놀이장애, 히스테리, 강박, 공포 • 극단적 행동 • 지나친 행동 • 발달지연
성학대	• 걷거나 앉는 데 어려움 • 찢어지고 피로 얼룩진 속옷 • 회음부의 동통과 가려움 • 회음부, 질, 항문 부위의 출혈이나 멍 • 십대 이전의 성병 감염	• 위축, 환상, 퇴행 행동 • 기괴하고 미묘한 성적 행동과 지식 • 친한 친구가 없음

유형/징후	신체적 징후	행동적 징후
방임	• 지속적인 배고픔, 나쁜 위생상태, 부적절한 옷차림 • 의학적 치료와 치과 치료의 부족 • 지속적인 피로, 불안정감, 수업 중 조는 태도	• 음식을 구걸하거나 훔침 • 장시간에 걸친 감독 소홀 • 위험한 행동에 대한 감독 소홀 • 비행 또는 도둑질

출처: 서울시 아동복지센터.

아동학대 신고의무자는 직무를 수행하면서 아동학대 범죄를 알게 된 경우나 그에 대하여 의심이 있는 경우에는 시 · 도, 시 · 군 · 구 또는 수사기관(112)에 즉시 신고하여야 한다(「아동학대처벌법」 제10조 제2항). 신고의무자가 아동학대를 신고하지 않을 경우 1천만 원 이하의 과태료가 부과된다(「아동학대처벌법」 제63조 제1항 제2호, 제10조 제2항). 「영유아보육법」 제10조에 따른 어린이집의 원장 등 보육교직원과 「유아교육법」 제2조 제2호에 따른 유치원의 장과 그 종사자는 신고의무자이다.

보건복지부와 아동보호전문기관에서 제시하는 아동학대 신고 시 유의사항은 다음과 같다.

첫째, 가능한 한 증거 사진 등을 확보한다.

둘째, 영유아가 불안에 빠지지 않도록 큰일이 난 것처럼 하지 않고 일상적으로 대한다.

셋째, 성학대의 경우 증거 확보를 위해 씻기거나 옷을 갈아입히지 않는다.

넷째, 진술이 오염될 수 있으므로, 학대에 대해 계속 캐묻거나 유도 질문을 하지 않는다.

다섯째, 현장조사에 적극적으로 협조하도록 한다.

또한 신고한 사람은 법적으로 보호하게 되어 있어 비밀이 보장된다. 「아동학대처벌법」 제10조 제3항(특정범죄신고자 등 보호법 제17조)에 의하면 이를 위반한 자는 3년 이하의 징역 또는 3천만 원 이하의 벌금에 처한다.

아동학대에 대한 처벌은 〈표 5-17〉과 같으며, 아동학대 금지 행위를 위반한 원장 또는 교사는 자격이 취소된다(「영유아보육법」 제48조).

〈표 5-17〉 아동학대 처벌(아동복지법)

처벌	행위
10년 이하의 징역	• 아동을 타인에게 매매하는 행위
10년 이하의 징역 또는 1억 원 이하의 벌금형	• 아동에게 음행을 시키거나 음행을 매개하는 행위 • 아동에게 성적 수치심을 주는 성희롱 등의 성적 학대행위
5년 이하의 징역 또는 5천만 원 이하의 벌금형	• 아동의 신체에 손상을 주는 행위 • 아동의 정신 건강 및 발달에 해를 끼치는 정서적 학대행위 • 자신의 보호, 감독을 받는 아동을 유기하거나 의식주를 포함한 기본적 보호, 양육 및 치료를 소홀히 하는 방임행위 • 장애를 가진 아동을 대중에 관람시키는 행위 • 아동에게 구걸을 시키거나 아동을 이용하여 구걸하는 행위

출처: 법제처 국가법령정보센터.

3. 감염성(전염성) 질환

교사는 매일 등 · 하원 시 영유아의 건강상태를 주의 깊게 살펴본다. 평소와 다른 행동, 기침, 발열, 식욕저하, 충혈, 설사, 잠만 자려고 함, 발진, 구토 등의 증상을 유의하여 본다. 전염성 질환이 의심되거나 감염된 영유아의 경우(지속적인 심한 고열, 붉은 반점, 수포성 발진, 기침, 구토, 희거나 피가 섞인 끈끈한 물질인 곱이 섞인 설사, 결막염) 즉시 격리하고 부모와 협의하여 조치한다. 영유아에게 자주 발생하는 전염성 질환의 예방 및 관리에 관한 일반적 정보를 가정통신문 등을 통해 제공한다.

1) 격리가 필요한 경우와 격리가 필요하지 않은 경우의 조치사항

(1) 격리가 필요한 경우 조치사항

영유아의 상태가 좋지 않으면 다음과 같은 조치를 하면서 부모를 기다려야 한다.

① 가능한 한 아픈 영유아와 건강한 영유아를 격리하여 보호한다.
② 전담 교직원을 두어 아픈 영유아를 돌본다.
③ 아픈 영유아가 가지고 놀 놀잇감은 구별하여야 하며, 사용 후에는 소독한다.
④ 물놀이를 하지 않도록 한다.

(2) 격리가 필요하지 않은 경우의 조치사항

영유아 교육기관에 있어도 될 정도의 상태라면 다음의 사항을 지키도록 한다.

① 영유아가 자주 손을 씻도록 도와준다.
② 영유아 교육기관의 교직원도 자주 손을 씻는다.
③ 아픈 영유아와 함께 물놀이를 하지 않도록 한다.
④ 놀이시설 및 놀잇감을 자주 소독한다.

2) 감염병(전염병)

〈표 5-18〉 영유아에게 자주 발생하는 감염성(전염성)질환의 증상

종류	증상
수족구	• 발열, 식욕부진, 인후통으로 시작, 열이 나기 시작한 1~2일 후 구강 통증성 피부 병변이 혀, 잇몸, 뺨의 안쪽에서 발생, 작고 붉은 반점으로 시작하여 물집, 궤양으로 발전하며, 가려움이 없는 피부발진이 손바닥, 발바닥에 나타남. • 잠복기: 수일~수 주

종류	증상
독감	• 38도 이상의 전신 증상(갑작스러운 고열, 두통, 근육통, 피로감)과 호흡기 증상(기침, 인후통, 가래 등) • 잠복기: 수일~수 주
수두	• 발진 발생 1~2일 전부터 권태감, 미열 동반, 24시간 내에 반점, 구진, 수포, 농포, 딱지의 순으로 진행 • 발진은 몸통, 두피, 얼굴에 발생하고 매우 가려움 • 잠복기: 수일~수 주
볼거리 (유행성 이하선염)	• 발열 두통, 근육통, 구토 등 증상을 보이다가 귀밑샘, 턱밑샘, 혀밑샘 염증 발생 • 잠복기: 수일~수 주
홍역	• 발열 기침, 콧물, 결막염, 구강 내 병변, 이후 홍반성 발진이 목 뒤, 귀 아래에서 시작하여 몸통, 팔다리 순으로 퍼짐. • 발진은 3일 이상 지속 • 잠복기: 수일~수 주
뇌염	• 두통, 발열, 오한, 구토, 의식저하, 혼미, 시력저하, 간질, 발작 등

출처: 어린이집안전공제회(2019).

(1) 격리(등원 제한)가 필요한 경우

① 발열과 함께 구역질, 구토 등이 있을 때

② 열과 함께 몸에 발진이 돋았을 때

③ 설사(두 번 이상 변을 보았다거나 평소 배변습관에서 변화를 보인 경우)를 하는 경우

④ 최근 24시간 내 두 번 이상의 구토가 있었을 경우

⑤ 피부나 눈에 황달이 관찰된 경우

⑥ 영유아가 계속 보채고 달래지지 않고 지속적으로 울 경우

(2) 격리가 필요하지 않은 경우

① 단순 감기

② 거대세포바이러스(CMV) 감염

③ 중이염

④ 단지 열만 나는 경우

⑤ 제5병(감염 홍반)

⑥ B형간염

⑦ 인간면역결핍바이러스(HIV) 감염

⑧ 분비물이 없는 충혈

⑨ 아구창

〈표 5-19〉 격리(등원 제한)가 필요한 기간

병명	증상	잠복기간	기간
홍역	발열, 재채기, 결막염, 발진	9~13일	발진이 없어질 때까지 → 발진 후 약 5일간
수두	발열, 발진, 물집이 생김	10~21일	딱지가 떨어질 때까지 → 발진 후 약 7일간
유행성 이하선염 (볼거리)	발열, 귀밑 부어오름	7~21일	귀밑 부기가 다 빠질 때까지 → 발진 후 약 5일간
풍진	가벼운 감기 같은 증세, 발열, 발진	10~21일	증상이 없어질 때까지 → 대개 발진 후 5일간
백일해	열은 없고 밤에 기침이 심함	7~14일	특유의 기침이 없어질 때까지 → 발병 약 3~4주
유행성 감기	발열, 기침, 목이 아픔, 뼈마디 아픔	1~3일	주요 증상이 사라질 때까지
유행성 결막염	눈이 붓고 흰자위가 충혈, 눈곱 多	7일	주요 증상이 사라질 때까지
농가진	얼굴이나 수족에 쌀알 크기부터 대두 크기의 발진, 수포가 생김	2~5일	염증기가 지나 환부치료, 포대를 하고부터
수족구병	38도 정도의 고열, 1~2일간 입속, 손바닥, 발바닥에 수포가 생김	3~6일	주요 증상이 사라질 때까지
전염성 설사증	설사의 횟수가 많고 변이 물 같고 열이 나며 감기증상을 동반함	2~4일	주요 증상이 사라질 때까지
감염(A형)	식욕부진, 두통, 열, 황달, 관절통	10~15일	주요 증상이 사라질 때까지
디프테리아	미열, 인후염, 기침, 쉰 목소리, 두통, 편도선 비대, 회색반점	2~4일	배양검사가 2회 이상 음성이 나올 때까지

출처: 어린이집안전공제회(2019).

〈표 5-20〉 영유아기에 발생 가능한 일반 전염병

병명	발생 상황	증상	예방대책		
			예방 접종	영유아 격리	유의점
수두	• 2~8세에 발병 • 여름철에 잘 발생	• 미열(열이 높지 않음)과 동시에 발진이 가슴, 배부터 시작해서 얼굴, 팔 다리에 나타남 • 발진은 반점이던 것이 수포로 되고, 수포가 딱지가 됨 • 폐렴의 합병증이 있음	○	○	• 유행 시 딱지가 떨어질 때까지 격리(약 6일간)
수족구병	• 5세 이하의 유아, 여아보다는 남아가 더 잘 걸림 • 여름철에 잘 발생	• 입 안이나 목에 작은 물집이 생기고, 손바닥이나 발바닥에도 작은 돌기(구진)가 나며, 그 끝에 물집이 맺힘	X	○	• 원인이 바이러스이므로 전염력이 무척 강함
유행성 눈병	• 바이러스가 원인임	• 눈이 쓰리거나 아픔 • 잠을 자고 일어나면 눈곱이 생겨 눈썹끼리 달라붙음 • 눈물이 자주 나고 벌겋게 충혈됨 • 밝은 광선에서 견디기 어려워함 • 손으로 눈을 자꾸 비빔	○	○	
유행성 독감	• 인플루엔자 바이러스가 원인임	• 두통, 오한, 열, 구토, 기침이 발생 • 증상 후 5일까지 전염성이 높으므로 주의해야 함	○	○	
돌발성 발진	• 3세 이하의 유아가 잘 걸리며 정확한 원인은 잘 모름	• 갑작스러운 고열과 경련이 일어남 • 눈 주위가 부음 • 발진은 반점상이며 주로 몸통, 목, 귀 뒤에 나타나며, 얼굴이나 다리에 발생함	X	○	
전염성 농가진	• 포도상구균이나 연쇄상구균이 원인 • 여름철에 많이 발생	• 발진 부위에 수포나 농포를 형성하고, 이것이 터져서 누런 딱지를 형성함(불에 데인 것과 같은 모습)	X	○	• 항생제로 치료가 되며 영아는 부스럼과 딱지가 모두 떨어질 때까지 격리

출처: 어린이집안전공제회(2019).

〈표 5-21〉 영유아기에 발생 가능한 법정 전염병

병명	발생 상황	증상	예방대책		
			예방 접종	영유아 격리	유의점
디프테리아	• 11~4월에 발생 • 4세 이하의 환자가 전체 60%	• 발열, 전신에 힘이 없고, 목 아픔 • 인후가 충혈 되고 편도선에 위막이 형성됨 • 심하면 숨쉬기가 곤란하고 쉰 목소리가 남	○	○	• 유행 시 보건소에 보고
백일해	• 3~6월에 발생 • 전염률이 높음 • 일단 병에 걸리면 재발하지 않음	• 감기처럼 시작하여 기침이 점점 심해지고 경련성 해소 발작을 일으킴	○	○	
유행성 이하선염 (볼거리)	• 겨울과 봄에 많이 발생 • 한 번 앓고 나면 면역이 됨	• 오한, 두통, 미열이 1~2일간 계속 • 한쪽 또는 양쪽 볼이 커지며 붓고, 입을 벌리거나 음식을 삼킬 때 아픔	○	○	
홍역	• 4~6월에 발생 • 만 2세 전후하여 잘 걸림 • 한 번 앓고 나면 면역이 됨	• 열, 두통, 근육통, 결막염 증상, 콧물, 재채기 • 귀의 뒤쪽, 목, 앞이마에 발진이 나타나 점차 아래로 퍼져서 마지막에 팔다리에 생김 • 39~40도의 고열 기침 • 발진이 사라지면 열이 내리고 증상이 사라짐	○	○	
풍진	• 이른 봄에서 6월까지 많이 발생	• 두통, 근육통, 열이 나며 목 뒤의 임파절이 커지면서 발진이 생김 • 특히 목 뒤, 귀 뒤, 머리 뒤쪽이 부어서 만지면 아픔 • 발진은 첫날은 얼굴과 목에, 다음날은 가슴, 등 팔 등에 새롭게 나타남	○	○	

<table>
<tr><th rowspan="2">병명</th><th rowspan="2">발생 상황</th><th rowspan="2">증상</th><th colspan="3">예방대책</th></tr>
<tr><th>예방 접종</th><th>영유아 격리</th><th>유의점</th></tr>
<tr><td>일본뇌염</td><td>• 한국을 중심으로 중앙아시아 일대에서 발생
• 여름에 발생</td><td>• 초기에 두통, 팔다리 쑤심, 구토, 설사를 동반함
• 증상이 심할 때 고열, 흥분, 경련, 팔다리 마비 등이 있음
• 후유증으로 기억력, 계산능력이 나빠지고 언어장애, 운동장애가 일어날 수 있음</td><td></td><td></td><td>• 매개충인 모기에 물리지 않도록 주의
• 유행 시 환자를 격리하지 않고 환자가 사용하던 물건의 소독도 필요 없음</td></tr>
<tr><td>세균성 이질</td><td>• 위생상태가 나쁘고 인구밀도가 높은 지역에서 많이 발생
• 전염력이 아주 강함</td><td>• 설사, 심한 복통, 오환, 열이 나고 심하면 탈수와 허탈 상태에 빠짐</td><td></td><td></td><td>• 상하수도 완비/음료수정화/염소 소독이 중요
• 손을 청결히 할 것
• 대변의 위생적 처리 및 이에 오염된 물건은 소독</td></tr>
</table>

출처: 어린이집안전공제회(2019).

(3) 감염병 확산 방지를 위한 조치 사항

영유아 교육기관에서는 교직원 등이 영유아의 감염병 의심 등 이상 징후 발견 즉시 부모에게 알려 의료기관의 진료를 받도록 안내한다. 의사의 진단 결과 전염성 질환에 감염된 것으로 밝혀지거나 의심되는 영유아는 영유아 교육기관으로부터 격리, 치료하도록 조치한다. 등원 시에는 완치 확인소견서를 가지고 등원한다.

3) 예방접종

영유아 교육기관의 원장은 영유아에 대하여 매년(1. 1.~12. 31.) 정기적으로 「감염병의 예방 및 관리에 관한 법률」 제33조의4에 따른 예방접종통합관리시스템을 활용하여 영유아의 예방접종에 관한 사실을 확인해야 하며, 영유아에 대하여 최초로 보육을 실시하는 경우에는 보육을 실시한 날부터 30일 이내에 확인해야 한다.

영유아보육법

[시행 2021. 6. 30.] [법률 제17785호, 2020. 12. 29., 일부개정]

제31조 ① 어린이집의 원장은 영유아와 보육교직원에 대하여 정기적으로 건강진단을 실시하되, 「국민건강보험법」 제52조 및 「의료급여법」 제14조에 따른 건강검진으로 갈음할 수 있다. 다만, 영유아의 경우 보호자로 하여금 그 검진결과 통보서를 제출하도록 하고 제29조의2에 따른 어린이집 생활기록부에 기록하여 관리하는 등 건강관리를 하여야 한다. 〈개정 2020. 12. 29.〉

예방접종은 면역력이 약하고 장시간 집단에서 생활하는 영유아에게 건강을 지키는 데 있어 필수사항으로 전염병 예방을 위해 반드시 실시하여야 한다. 예방접종 시 주의사항은 〈표 5-22〉와 같다.

〈표 5-22〉 **예방접종 주의사항**

구분	내용
접종 전 주의사항	• 영유아의 건강상태를 가장 잘 알고 있는 사람이 데리고 방문한다. • 집에서 영유아의 체온을 측정하고 열이 없는 것을 확인하고 방문한다. • 모자보건수첩 또는 아기수첩 지참하여 방문한다. • 접종 전날 목욕을 시키고, 깨끗한 옷을 입혀서 방문한다. • 가능하면 예방접종을 하지 않을 영유아는 함께 방문하지 않는다.
접종 후 주의사항	• 접종 후 20~30분간 접종기관에 머물러 영유아의 상태를 관찰한다. • 귀가 후 적어도 3시간 이상, 주의 깊게 관찰한다. • 접종당일과 다음날은 과격한 운동은 삼간다. • 접종당일은 목욕을 시키지 않는다. • 접종부위의 청결을 유지한다. • 접종 후 최소 3일간은 특별한 관심을 가지고 관찰하며 고열, 경련이 있을 때에는 곧바로 의사에게 진찰을 받도록 한다. • 영유아는 반드시 바로 눕혀 재울 수 있도록 한다.

출처: 예방접종 도우미.

예방접종을 받지 않은 영유아에게는 필요한 예방접종을 받도록 보호자를 지도하며, 영유아의 예방접종 여부 확인 및 관리를 위하여 생활기록부에 예방접종 여부 및 내역에 관한 사항을 기록하여 관리해야 한다. 영유아의 예방접종 여부 확인은 예방접종증명서 또는 그 밖에 이에 준하는 증명자료를 제출받는 방법으로도 가능하다. 특히 영유아의 생활기록부상 '감염병 예방접종' 내역을 확인하여 필수예방접종 종류는 반드시 접종하도록 보호자에게 안내해야 한다.

토론 및 토의

영유아의 신체 · 정신 건강문제의 사례를 들고, 그에 대한 교사의 대응 방법에 대하여 논의하시오.

6장

영양 건강문제 및 대응

영유아 건강을 위한 영양 관리의 식생활지침으로 생후 6개월까지는 특별한 상황이 아니라면 모유를 제공하고, 이유보충식은 성장단계에 맞추어 먹이며, 영유아의 성장과 식욕에 따라 알맞게 먹이도록 한다. 또한 곡류, 과일, 채소, 생선, 고기, 유제품 등 다양한 식품을 제공하도록 한다. 곡물, 채소, 과일 등을 주로 섭취하고 제철 음식과 유기농 음식을 먹는 것이 영유아의 건강을 지키는 방법이며, 구체적으로는 환경호르몬의 몸속 유입을 최대한 막는 방법이기도 하다. 여기에 식사 시 예의를 지키는 것, 예절 교육 또한 필요하다.

이 장에서는 발달단계별 특성과 그에 따른 영양관리와 영양문제 및 대응에 대하여 고찰하고자 하였다. 특히 영양문제는 어느 시기에 국한되지 않고 연계되어 다루어야 할 측면이 있다. 하지만 영양문제가 좀 더 그 시기에 더 깊이 관련되거나 적기성에 따라 그 시기에 다루었음을 미리 밝히는 바이다.

1. 영아기의 영양 건강문제 및 대응

1) 영아기의 특성

영아기는 출생에서 만 2세까지를 가리키는 것으로 성장이 빠른 시기인 만큼 영양문제가 발생할 가능성이 있는 시기이다. 영아에게 영양문제가 발생할 수 있기에 미리 발견할 수 있도록 정기적인 진찰을 받아야 하는 시기이다. 대한영양사협회에서 제시하는 영아기의 특성에 대하여 살펴보면 다음과 같다.

첫째, 발육이 왕성한 시기로 영양과 가장 밀접하고 관계가 깊은 시기이다.

둘째, 성인에 비해 저항력, 환경변화에 대한 적응력 등이 매우 낮으므로 영양의 과부족이나 영양불균형, 또는 영양섭취 방법이 적절하지 않으면 정상적인 성장과 발달을 기대할 수 없다.

셋째, 소화 흡수기능이 미숙하고 면역력도 약해, 소화 장애가 일어나기 쉽다. 따라서 식품 선택, 음식섭취 방법, 식품위생 등에 주의를 기울여야 한다.

넷째, 영양결핍에 민감하다. 이 시기의 영양은 단위당 수요가 크므로 부족한 경우에는 강한 반응이 일어난다. 이유기, 또는 단유 후의 영양결핍에 주의해야 한다.

다섯째, 개인차가 있다. 영아의 발육은 선천적 소인에 따른 체내 대사와 후천적 환경조건에 따라 개개인의 차이가 크므로, 각 영아의 발육 양상에 따른 영양을 생각해야한다.

여섯째, 식생활의 특이성이 있다. 영아기에는 모유영양, 또는 인공영양에 따라 습성과 발육 형태가 달라지며, 이유법 역시 영아의 습관과 발육에 많은 영향을 준다. 바람직한 식습관과 식생활의 확립을 위해 매우 중요한 시기임을 염두하고 이에 적합한 영양을 공급해야 한다.

〈표 6-1〉 출생 후 1년 동안 영아의 시기별 특징

시기	특징
0~1개월(신생아)	• 혀내밈 반사 • 삼키는 행동이 아직 발달되지 않음
4~6개월	• 숟가락으로 떠먹여도 잘 받아넘김 • 머리를 가눌 수 있음 • 6개월이 되면 손으로 물건을 잡을 수 있고, 대부분 입으로 들어감
6~8개월	• 씹는 데 필요한 턱의 움직임 발달 • 앉을 수 있음 • 음식을 손으로 쥐고 먹음 • 8개월쯤 되면 우유나 물을 컵으로 먹을 수 있음
9~12개월	• 여러 가지 음식을 접하게 됨 • 씹는 기능이 충분히 발달 • 성인이 하는 대로 따라 하려고 함 • 스스로 숟가락질을 하여 혼자 먹으려 함

출처: 대한영양사협회.

2) 영아기의 영양

이유보충식은 모유나 조제분유에서 점차로 성인이 먹는 고형 식사에 익숙해지도록 훈련하는 기간에 먹이는 음식을 말한다. 영아가 자라면서 부족한 영양분을 보충해야 하는데, 미음 형태의 유동식, 반고형식, 고형식을 모두 포함한다. 이유보충식이 필요한 이유는 영양소 부족, 철분 결핍의 위험, 식품에 대한 관심 증가 등이다.

이유식은 먼저 훈련적 측면에서 그 중요성이 있다. 즉, 규칙적 식습관 훈련, 음식 씹고 삼키기 훈련, 다양한 맛과 감촉 훈련, 도구 사용 훈련, 스스로 먹기 훈련 등이 그 이유이다. 다음으로는 성장과 발달에 따라 부족한 영양분을 보충하는 영양적 측면에서 그 중요성이 있다.

이유보충식을 너무 빠르게 시작하면 식품이 목에 걸리거나 기도로 넘어가서 질식의 위험, 알레르기나 과민증, 위장장애, 성장에 필요한 모유 속의 영양성분들을 충분히 얻지 못하게 된다. 이유보충식을 너무 늦게 시작하면 새로운 음식에 대한 적응이 힘들고, 적절한 식품 섭취 패턴의 형성이 어려우며, 영양소 결핍과 성장지연을 가져온다.

출생~1개월 신생아의 1일 권장량은 400~500ml, 1~2개월 영아는 600~700ml, 2~3개월 영아는 700~800ml, 3~4개월 영아는 800~900ml, 4~5개월 영아는 900~1,100ml 이다. 생후 5개월까지는 영아의 빨기 반사로 인해 모유나 조제분유의 섭취가 가능하며, 고형음식이나 수저를 입안에 넣으면 밀어내기 반사에 의해 혀로 밀어낸다. 이러한 경우 이유보충식을 시작하지 않는다. 따라서 이유식 준비기는 4~6개월경이다.

출생 후 6개월까지 모유 수유만으로도 충분한 영양소 섭취가 가능하기 때문에 본격적인 이유식은 생후 6개월경에 시작한다. 이유보충식을 처음 줄 때에는 기분이 좋고, 건강상태가 좋을 때 시작한다. 새로운 식품을 한번에 한 가지씩만, 한 숟가락씩 늘려 가면서 알레르기와 같은 이상 반응, 소화력, 변 상태 등을 살펴본다. 처음에는 쌀미음부터 시작하여, 단일식품으로 준비한다.

첫 숟가락에 대한 영아의 밀어내기 반사는 자연적인 반응이며, 먹기 싫어서가 아니므로, 삼키는 것에 익숙해지면 자연히 사라진다. 처음에는 영양가보다는 낯선 음식을 접하는 훈련을 하는 데 목적이 있다. 우선, 소량의 이유식을 먹인 후 영아가 원하는 만큼 모유나 분유를 준다.

이유보충식은 반드시 숟가락으로 먹이며, 흘리는 것을 허용한다. 점차 스스로 먹도록 유도한다. 이유보충식은 천연식품의 맛을 살리고, 간은 하지 않는다. 월령별로 줄 수 있는 식품의 종류와 조리 형태를 반드시 확인한다. 월령에 맞는 식품 중에서 다양한 식품을 경험하게 한다. 하지만 6개월이 지나서 식품을 처음 주면 새로운 음식에 대한 거부감이 커진다.

생후 5~6개월에는 밀어내기 반사가 감소하여 식품을 삼킬 수 있게 된다. 이 시기의 영아에게 주는 식품은 철강화곡분(쌀가루)으로 만든 미음으로, 작은 수저로 4~8회 먹인다. 이 시기에 모유나 철강화조제유의 권장량은 900~1,200ml이다.

생후 6개월경에 제공하지 않아야 할 음식에는 귤, 복숭아, 토마토, 달걀흰자, 치즈, 등푸른생선, 견과류, 생우유, 꿀 등이 있다. 이에 더하여 생후 6개월경에 제공되는 보충이유식에 있어서 주의할 점을 살펴보면 다음과 같다.

첫째, 모든 식품은 반드시 익힌다.

둘째, 음식에 간을 하지 않는다.

셋째, 단백질 식품은 조금씩 천천히 도입한다.

넷째, 지방함량이 높은 음식은 아직 안 된다.

생후 6~8개월 영아는 치아로 물고 씹을 수 있는 능력이 증가하므로 으깬 과일, 무가당 요구르트, 으깬 채소, 으깬 육류, 크래커, 토스트, 무가당 곡분, 철 강화곡분, 무가당 과일주스 등을 먹일 수 있다. 이 시기의 영아는 육류 등의 식품을 충분하게 섭취하지 못하기 때문에 철분강화 조제우유나 모유 680~910g을 제공해야 한다.

생후 9~10개월 영아는 율동적인 씹기 운동을 시작하므로 씹어야 하는 식품으로 발달을 자극한다. 단단한 식품 섭취가 증가함에 따라 으깬 식품 섭취는 감소한다. 영아가 손가락으로 잡을 수 있는 식품을 잘 익혀서 부드럽게 으깬 한 입 크기의 육류와 과일, 채소, 베이글, 머핀 등의 부드러운 빵을 제공한다. 또한 철 강화곡분, 과일주스, 생선, 가금류, 요구르트, 치즈, 난황에 모유나 철분강화 조제우유 680~910g을 함께 제공한다.

생후 10~12개월경에 제공하지 않아야 할 음식에는 귤, 토마토, 달걀흰자, 생우유, 꿀, 양념류, 과자류, 사탕 등이 있다. 이에 더하여 생후 10~12개월경에 제공되는 보충이유식에 있어서 주의할 점을 살펴보면 다음과 같다.

첫째, 잇몸과 이로 씹을 수 있는 이유식을 준다.

둘째, 볶음, 부침, 찜 등 다양한 조리법을 써서 성인 음식보다 조금 질고 부드럽게 만든다.

셋째, 영아가 삼키다가 숨이 막힐 위험이 있는 식품이나 견과류를 통째로 주지 않는다.

넷째, 간식 때문에 이유식에 지장을 주지 않게 해야 한다.

생후 11~12개월 영아는 운동기술이 발달한다. 그러므로 손가락으로 잡는 식품을 제공하여 발달을 돕고, 소아용 수저를 이용하여 스스로 섭취할 수 있도록 한다. 이 시기에는 부드러운 식품으로 철 강화곡분과 같은 곡류, 빵류, 크래커, 토스트, 무가당곡분, 과일주스와 과일, 채소, 육류, 으깬 감자, 밥, 국수 등과 같이 다양한 고형식품을 적절하게 선택하여 필요량을 충족시킬 수 있도록 한다.

3) 영양 건강 문제 및 대응

(1) 아픈 영아에게 주는 이유보충식

감기에 걸렸을 경우에는 영아에게 우선적으로 과즙, 보리차, 끓인 물 등과 같은 수분을 공급하고, 영아가 식욕이 있으면 따뜻하고 영양이 풍부한 이유식을 제공한다. 영아가 변비가 있을 경우에는 소식, 수분 부족, 운동 부족, 채소 섭취 부족 등과 같은 변비의 원인을 체크하고, 식이섬유소가 많이 함유된 채소 섭취와 운동을 하도록 한다. 영아에게 설사의 증상이 있을 때에는 먼저 수분을 공급한다. 이에 적합한 이유보충식으로는 흰죽으로 시작하고, 식이섬유소가 적고 부드러운 식품을 이용한 이유식을 공급한다. 영아가 알레르기 반응을 보일 때에는 병원에서 알레르기 반응을 검사한 후 알레르기의 원인이 되는 식품을 찾아 제한한다. 영아의 식사일기를 작성한다.

(2) 유동식만 고집하는 영아

영아기에는 유동식에서 반고형식, 고형식으로 가는 이유보충식이 있다. 유동식은 액체로 된 음식이니만큼 목 넘김이 편하다. 하지만 영아가 성장해 나가는 데 있어서 유동식만으로 영양이 다 해결되지 않는다. 유동식에서 점차로 고형식에 이르기까지의 턱관절을 사용하여 음식물을 입에 넣고 씹는 저작(咀嚼)이 필요하다. 이는 몸에 필요한 음식을 먹어서 생명을 유지하겠다는 의지이기도 하다. 그러하기에 점차로 씹어서 음식물을 섭취하는 섭식(攝食) 자체가 의미를 지닌다. 그런데 어떤 영아는 유동식만을 고집하며 씹는 것을 거부하기도 한다. 이러한 상황이 부모와 교사의 고민이 될 수 있다. 새로운 음식에 대한 호기심을 가지고 맛을 탐구하고 섭취하는 과정에 있어서 부모와 교사의 격려가 필요하다.

(3) 식품 알레르기

식품 알레르기는 유전적인 요인과 환경적인 요인이 복합적으로 작용하여 발생한다. 부모 중 한쪽이 알레르기가 있는 경우 자녀의 30% 정도, 부모 모두 알레르기가 있는 경우 자녀의 50% 정도에서 알레르기가 발생한다. 환경적인 측면에서는 실내 공기 내 식품 항원의 존재, 섭취 패턴의 변화, 기타 환경적 변화 등에서 발생한다.

2015년 식품의약품안전처의 「식품 등의 표시기준」에는 한국인에게 알레르기를 유발할 수 있는 물질로 21가지가 지정되어 있다. 이에는 메밀, 밀, 대두, 호두, 땅콩, 복숭아, 토마토, 돼지고기, 난류(가금류), 우유, 닭고기, 쇠고기, 새우, 고등어, 홍합, 전복, 굴, 조개류, 게, 오징어, 아황산포함식품이 있다. 식품 알레르기는 생의 초기인 영유아기에 많이 발생하기 때문에 이 시기에 주의 깊은 영양관리가 요구된다.

출처: 식품의약품안전처.

〈표 6-2〉 식품 알레르기의 증상과 영아의 심리적인 스트레스 이해하기

증상	심리적인 스트레스 이해하기
• 아토피피부염의 악화 • 피부발진이나 두드러기, 가려움증 • 기침과 천식 • 알레르기성 비염(재채기, 콧물, 코막힘) • 복부통증, 경련, 메스꺼움, 구토와 같은 위장 증상 • 목구멍의 부종, 기도 부종으로 인한 호흡곤란 • 맥박의 상승, 혈압강하를 동반한 쇼크 • 현기증, 머리가 어지럽거나 의식상실 • 입가나 목구멍의 가렵거나 조이는 느낌	• 알레르기를 가진 영아들이 경험하는 느낌은 두려움, 슬픔, 분노, 외로움, 소외감이다. • 영아의 알레르기에 대해 설명할 때 사실만 이야기한다. "어쩌면 좋아, 큰일 났네."보다는 "OO이는 땅콩에 알레르기가 있어서 땅콩이 들어간 음식을 먹어선 안 된다고 의사 선생님께서 말씀하셨어."라고 얘기해 준다.

① 모유와 조제유

우리나라에서는 가능한 한 출생 후 4~6개월의 영아에게 여러 측면에서 유익하기에 모유 수유를 하도록 권하고 있다. 모유가 불충분하거나 모유 수유가 불가능할 경우, 생후 4개월 이전의 고위험군(부모나 형제 중 한 명 이상에서 식품 알레르기, 아토피피부염, 천식, 알레르기비염 등의 알레르기 병력이 있는 경우)은 완전

가수분해분유나 부분 가수분해분유를 먹이고, 고위험군이 아니면 일반분유를 먹이도록 한다. 생후 4개월 이후에는 고위험군 여부에 관계없이 모두 일반분유를 먹이도록 권고하고 있다. 현재까지의 여러 연구를 종합해 보면, 생후 4개월 전의 고위험군에서 완전 가수분해분유나 부분 가수분해분유를 먹이면, 일반조제분유에 비해 식품 알레르기를 예방하는 효과가 있다. 우리나라에서 생산되는 제품으로는 완전 가수분해분유에는 앱솔루트 베이비웰 HA, 부분 가수분해분유에는 앱솔루트 센서티브 등이 있다(송태원, 안강모, 이수영, 2015).

② 이유보충식

영아는 5~6개월경부터 치아가 나기 시작하며, 음식을 삼키는 섭식 작용이 발달하고 깨무는 작용이 일어난다. 또한 소화능력 작용이 발달하고 신장능력도 발달한다. 고형식을 하면서 씹을 경우 치근이 자극되어서 유치의 발생에 좋은 영향을 주게 된다.

이유보충식은 5~6개월경에 시작하고, 5~7일에 식품을 하나씩 추가하면서 알레르기 이상 반응 여부에 대하여 살펴보도록 한다. 이를 과학적이고 체계적으로 진행하기 위해서 알레르기 전문의에 의한 피부시험, 경구 식품유발검사 등을 통해 식품 섭취 여부를 결정하도록 한다. 두드러기, 기침, 천식, 호흡곤란, 구토, 복통, 설사, 저혈압, 기절, 쇼크, 혈관부종 등과 같이 식품과 관련된 알레르기 증상을 보이는 영아는 전문가에 의한 정확한 진단이 필요하며, 원인 식품에 대한 적절한 식이제한이 필요하다.

〈표 6-3〉 식품 알레르기 종류와 식품

식품 알레르기 종류	식품
두드러기, 혈관부종, 아나필락시스	우유, 계란, 밀, 대두, 땅콩, 견과류, 생선, 갑각류(새우, 게), 조개류
구강 알레르기 증후군	익히지 않은 과일과 채소
식품의존 운동유발성 아나필락시스	밀, 갑각류, 조개류

식품 알레르기 종류	식품
아토피 피부염	우유, 계란, 밀, 대두 및 기타 식품
식품단백성 소장결장염	우유, 대두, 곡류
식품단백성 직장결장염	우유, 대두, 모유를 통한 식품단백도 유발 가능

출처: 대한천식알레르기학회.

과일류에서는 키위, 복숭아, 토마토, 사과, 바나나, 수박, 자두 등의 다양한 과일이 식품 알레르기를 일으킨다. 딸기, 베리류, 토마토, 귤 등과 같은 산성 과일은 산으로 인한 자극과 높은 히스타민 함량으로 입 주변 발진이나 두드러기를 유발할 수 있으나 주로 전신 반응은 일으키지 않는다. 학자 중에는 이러한 식품의 시작 시기를 늦출 필요가 없다고 주장하고 있기는 하나, 영유아 교육기관에서는 이러한 식품에 대하여 주의를 기울이며 이유보충식을 진행하여야 한다.

생우유는 알레르기 발생에 대한 우려와는 별개로 신장에 대한 부하와 낮은 철분 함량 때문에 만 1세 이전에는 피해야 하므로, 분유, 치즈, 요거트의 형태로 먹이도록 한다. 2000년에 발표된 미국의 식품 알레르기 가이드라인에서는 우유는 만 1세, 계란은 만 2세, 땅콩, 견과류(호두, 아몬드, 캐슈넛 등), 생선은 만 3세 이후에 시작하도록 권하고 있으니 영유아 교육기관에서는 이를 참조하여 급·간식을 진행하도록 한다.

알레르기 식품에 대한 생활관리

- 원인 식품의 식이제한을 한다.
- 식품 라벨을 꼼꼼히 확인한다.
- 소량의 원인 식품이 있어도 섭취하지 않는다.
- 알레르기 식품으로 만든 2차 식품도 주의한다(예: 우유로 만든 유제품, 계란을 포함한 제과 제빵류 등).
- 알레르기 식품을 담았던 용기 및 조리도구를 사용하지 않는다.
- 대체식품으로 영양부족을 피해야 한다.
- 아나필락시스(알레르기 쇼크) 발생 시 에피네프린의 근육주사가 필요하다.

출처: 전남권환경성질환예방관리센터.

③ 영유아 교육기관에서의 대응

영유아 교육기관에 들어올 때 부모 면담 등을 통해 영아의 식품 알레르기 여부를 확인하여 급·간식 제공 시 알레르기 유발 식품이 제공되지 않도록 주의한다.

부모동의 및 조사서

○○어린이집에서는 영유아보육법 및 시행규칙, 사업지침 등에 따라 다음의 내용에 대하여 보호자의 동의를 받아 진행 여부를 결정하고자 합니다. 구체적인 내용을 확인하시고 해당 내용에 동의 여부를 빠짐없이 체크해 주시기 바랍니다.

〈영유아 기본 정보〉

성명	(남/여)		반 이름	
주소			생년월일	
보호자	성명	영유아와의 관계	연락처	

식품 알레르기 조사

어린이집 급·간식 제공 시 식품 알레르기가 있을 경우, 영유아의 건강에 심각한 문제가 발생할 수 있습니다. 식품에 대한 알레르기 반응이 있을 경우, 해당식품과 대체 가능 식품을 알려 주시기 바랍니다.

식품 알레르기 여부	알레르기 유발 식품	알레르기 증상	대체가능 식품

※ 알레르기를 유발하는 대표적인 식품(예: 난류, 우유, 메밀, 땅콩, 대두, 밀, 고등어, 게, 새우, 돼지고기, 복숭아, 토마토, 아황산염 등)

※ 현재 식품 알레르기 증상이 없으나 이후 증상이 발생할 경우, 반드시 어린이집으로 관련 내용을 알려 주시기 바랍니다.

출처: 보건복지부(2022).

식품 알레르기 질환에 대한 지침을 마련한다. 지침에는 식품 알레르기 질환 관련 내용(알레르기 유발 식품의 예 등), 실질적인 대처방법(대체음식 제공 등)을 기재 한다. 원인식품의 제한은 원인식품에 알레르기가 있는 영아에게만 제한한다.

예를 들어, 계란 알레르기가 없는 영아까지 계란을 제한해서는 안 된다. 원재료뿐만 아니라 가공식품 형태까지 제한한다. 예를 들면, 우유 알레르기일 경우 과자에 소량 첨가되어 있는 가공품, 치즈, 요구르트와 같이 가공되어 있는 유제품도 함께 제한해야 한다. 대체 식품으로 식품 제한에서 올 수 있는 영양적 문제를 해결한다.

〈표 6-4〉 식품 알레르기 시 대체 식품

알레르기 식품	대체 식품
계란	쇠고기, 닭고기, 돼지고기 등 육류로 대체
우유 100ml	두부, 마른 멸치
밀, 밀가루	쌀밥, 쌀가루, 잡곡가루, 전분
생선	말린 표고버섯, 목이버섯
육류	달걀, 두부, 미역, 김

또한 식단을 기록한다. 제공된 급식, 간식에 대해 보육일지 또는 식단 관련 문서로 기록한다. 영아의 식단 선호도, 식사 습관, 특이한 점 등을 함께 기록한다. 토요일에 정상 운영할 경우, 급 · 간식의 계획 및 실제 제공 내용을 기록한다. 가정에서 가져오는 이유식 제공 또는 수유 시에도 기록한다. 식단표 계획 후 변동사항이 있을 경우에는, 즉 계획과 다르게 제공한 경우에는 식단표의 '변동 사항란'에 기록한다.

2. 유아기의 영양 건강 문제 및 대응

1) 유아기의 특성

유아기는 만 3~5세를 가리킨다. 유아기는 영아기에 이어 두뇌가 발달하고, 신체의 제반 조절기능과 사회 인지능력이 발달하는 시기이다. 이 시기는 영아기만큼의 급성장은 아니어도 빠른 성장을 하는 시기이다. 또한 또래 집단과의 접촉이 많아져서 자신의 주장과 방식대로 하려는 정서적 특징을 보이며, 음식에 대한 기호, 식사예절, 위생 습관 등이 형성되는 중요한 시기이다.

2) 유아기의 영양

대한영양사협회에서 제시하는 유아기의 영양 관리에 대하여 살펴보면 다음과 같다.

첫째, 유아의 간식의 양은 하루 에너지 필요량(1,400~1,600Kcal)의 10~15%가 적합하다.

둘째, 유아에게 억지로 먹도록 강요하지 않는다.

셋째, 싫어하는 음식을 먹는 대가를 다른 음식으로 보상하지 않는다.

넷째, 음식을 기분전환이나 달래기 위한 수단이나 다른 행동에 대한 보상으로 제공하지 않는다.

다섯째, 유아에게 새로운 음식을 소개할 때, 한 입은 최소한 먹도록 한다. 특히 배가 고픈 시간에 새로운 음식을 소개한다.

여섯째, 처음에 많은 양을 주지 말고 일상적으로 먹는 양보다 적게 주며, 더 요구하면 다시 더 주도록 한다.

일곱째, 새로운 음식을 받아들이는 데는 같이 먹는 사람들의 역할이 중요하다.

여덟째, 유아의 식품 선택에는 부모의 음식 기호가 큰 영향을 준다.

아홉째, 새로운 음식을 만들 때 유아가 참여하도록 한다.

열째, 유아는 음식의 온도, 맛, 질감, 외관에 대해 매우 까다롭다.

열한째, 유아가 채소 먹기를 싫어하면 좋아하는 음식과 섞거나 또는 향이 좋고 영양가가 있는 양념을 해서 제공한다.

영유아 교육기관에서는 유아가 피곤할 때 잘 먹지 않으므로 놀이 후에는 잠깐 휴식을 위한 후에 급·간식을 먹도록 한다. 식단 작성 시 유아의 식품 기호도가 고려되어야 하나 싫어하는 식품도 자연스럽게 접할 수 있는 기회를 만들어 주는 것이 좋다. 바른 자세로 먹기, 천천히 씹어 먹기, 식사시간 중에 장난하며 먹지 않기, 음식을 가려 먹지 않기, 단 과자나 음료수를 지나치게 먹지 않기 등을 지도해야 한다. 또한 식사 전후에 손 씻기, 식사 도중 흘리거나 떨어진 것을 먹지 않기, 식사 후 입 주위를 깨끗이 하기, 식사 후의 이 닦기, 화장실 다녀온 후 손 씻기 등을 생활화하도록 한다. 식사 후에는 식탁 정리를 하는 것도 필요하다.

〈표 6-5〉 식사 지도

출처: 어린이집안전공제회(2021).

3) 유아기의 영양문제 및 대응

(1) 편식

EBS 다큐프라임, 아이의 밥상 제1부 '편식의 비밀'을 보면 유아가 단맛을 좋아하는 것은 태아기에서부터이며, 이를 더 거슬러 올라가면 초기의 인류가 맹수로부터 도망칠 때 다리에 집결되는 에너지원이 단맛에서 유래되었다고 한다. 즉, 생존 본능에서 오늘날의 인류에게까지 태생적으로 유전된다는 것이다. 더구나 유아는 성인보다 3배가 많은 미뢰(맛봉오리)를 가지고 있어 채소의 쓴맛을 성인보다 강하게 느낀다 하니 유아가 채소를 싫어하는 것은 당연한 것이라 하겠다.

게다가 새로운 음식에 대한 두려움을 느끼는 음식 네오포비아(Neophobia)는 만 2~5세에 가장 두드러진다. 유아가 급식 시 채소를 먹지 않으려고 일부러 바닥에 떨어뜨린 후 휴지에 싸서 버린다거나, 변기에 뱉어 버린다거나 하는 일들이 일어나는 것은 어쩌면 자연스러운 일이라 할 수 있다. 하지만 이 같은 편식을 극복할 수 있는 방법이 없는 것은 아니다. 유아로 하여금 그 음식에 대하여, 혹은 그 재료에 더 자주 접하게 하는 것이다. 예를 들면, 유아가 좋아하는 계란찜을 파프리카 용기에 하는 것도 방법이다. 식재료를 만져 보기도 하고, 모양도 살펴보고 함께 요리도 해 보면서 그 식재료와 친숙하게 하는 것이다. 싫어하는 음식을 좋아하기까지는 8회 이상의 노출이 있어야 한다고 한다. 그러려면 동일한 재료를 가지고 다양한 형태의 음식을 단계적으로 접할 수 있도록 해야 한다.

2015년 8월 4일 헬스조선 뉴스에서는 편식에 대한 내용을 다루었다. 최근 편식하는 유아는 불안·우울증 등의 정신 질환을 앓을 가능성이 크다는 연구 결과가 나왔다. 편식은 냄새·질감·맛 등 때문에 특정 음식을 거부하는 행위이다. 미국 듀크 의학 센터 연구팀에 의하면 편식이 심한 유아일수록 정신 질환 등에 걸릴 위험이 크다고 한다. 연구 결과, 편식이 심한 유아가 편식하지 않는 유아에 비해 약 2배 이상 우울감을 더 느끼는 것으로 나타났다. 낸시 주커 박사는 편식하게 되면 특정 영양성분이 결핍되며, 이는 성장뿐 아니라 대인관계·가족관계 등 심리상태에도 영향을 줄 수 있다고 말했다.

편식은 체중저하나 영양불균형뿐 아니라 회피적 음식 섭취 장애로 이어지기 쉽다. 신체 발달이 더디고 정서적으로 위축되거나 우울증·주의력결핍과잉행동장애(ADHD) 등을 일으킬 수 있다. 따라서 편식하는 습관을 줄이는 것은 매우 중요하다. 유아교육기관에서는 유아로 하여금 영양 균형을 위해 음식을 골고루 섭취하도록 노력해야 한다. 예를 들어, 우유를 싫어한다면 우유를 넣어 만든 수프나 치즈 등으로 우유의 맛에 익숙해지게 한다거나, 음식에 조금씩 넣어 우유를 맛있다고 느끼게 해 주면 좋다.

편식에 도움이 되는 조리법

- **고기를 싫어할 때**
  고기를 골라낼 수 없도록 다져서 동그랑땡이나 튀김 또는 채소무침 위에 뿌려서 주고, 고기 냄새를 없애기 위해 초간장, 케첩 등을 끼얹어서 먹도록 한다.

- **생선을 싫어할 때**
  다져서 생선가스를 한다든지, 카레가루를 묻혀 튀기면 생선 냄새가 없어진다.

- **우유를 싫어할 때**
  요구르트와 우유를 반반씩 주거나 우유와 달걀을 입혀 프렌치토스트를 해서 주거나, 또한 과일, 우유, 떠먹는 요구르트를 적당히 섞어 얼려 주기도 한다.

- **채소와 야채를 싫어할 때**
  채소와 야채를 골라내지 못하게 잘게 다져서 튀김이나 전을 해서 주고, 좋아하는 식품과 섞어 먹도록 한다.

- **밥을 싫어할 때**
  먹기 좋게 식혀서 주고, 볶음밥, 김밥, 주먹밥 등 밥에 변화를 준다.

출처: 하동군 보건소.

요리 활동 시 음식 재료를 세척하거나, 채소 껍질 벗기기 등을 교사와 함께한다면 음식에 대해 흥미를 높이고, 편식하는 습관을 개선할 수 있다. 가정에서 부모가 영유아와 함께 식사 준비를 하는 것도 편식에 도움이 된다.

(2) 비만

유아기 비만은 지방조직의 세포 수와 크기가 모두 증가하는 특징을 가지고 있다. 일단 생성된 지방 세포의 수는 비만을 치료한 후에도 줄어들지 않고 세포의 크기만 감소될 뿐이므로 세포 성장이 활발한 어린 시기에 비만이 되지 않도록 주의해야 한다. 유아기 비만을 예방하기 위해서는 패스트푸드나 열량이 높은 음식을 조절하여야 하며, 생활 속의 운동을 실천해야 한다.

유아기 비만의 원인으로는 단맛에 길들여져 밥은 거부하면서 간식만 찾는 잘못된 식습관, 영양에 비해 칼로리만 높은 경우, 스트레스나 애정갈구와 같은 심리적 요인, 운동이 부족한 경우 등을 들 수 있다. 또한 내분비선 장애, 시상하부 이상, 약물 부작용 등으로도 비만이 될 수 있다.

비만은 건강상의 문제를 가져옴과 동시에 열등감이나 대인 기피, 부정적인 사고, 우울증 등과 같은 심리적 문제도 일으킬 수 있기에 이에 대하여 적절한 관리가 필요하다. 이에는 비만을 예방할 수 있는 올바른 식습관을 길러 주는 것이 바람직하며, 비만일 경우에는 식이요법과 운동요법, 심리적인 안정감을 줄 수 있는 심리요법 등을 병행하도록 한다.

〈표 6-6〉 비만 시 권장 식품과 제한 식품

권장 식품	제한 식품
우유, 치즈, 달걀(프라이 제외)	흰쌀밥, 빵류, 라면, 국수, 스파게티
육류(살코기), 생선류	각종 튀김, 아이스크림, 버터, 마가린
미역, 다시마	설탕, 잼, 탄산음료
두부, 청국장, 콩류	햄버거, 케이크, 만두, 과자류
당근, 시금치, 오이, 무, 배추 등 채소	땅콩 등의 견과류
사과, 배, 수박, 포도, 귤, 오렌지 등 과일	

출처: 임신출산육아대백과.

3. 아동기의 영양 건강 문제 및 대응

아동기는 만 6~12세까지를 가리킨다. 이 시기에는 심신의 균형이 비교적 잘 이루어지고, 질병에 걸리는 경우도 적으며, 성장과 함께 신체 각 기관과 조직의 발달이 꾸준히 이루어진다. 아동은 부모 외에 친구나 교사의 중요성을 지각하게 되고, 이에 못지않게 신체의 건강이 중요함을 인식한다. 아동의 성장발육을 위해서 적절한 영양 공급과 운동 및 휴식이 적절하게 이루어져야 한다. 이 시기에 영양의 불량이나 과다로 인하여 건강에 장애가 오면 정서적, 지적 발달에 큰 영향을 주므로, 적절한 영양 공급을 위해서 균형 잡힌 식사를 제공해야 하며, 설탕이나 과다한 열량 섭취는 비만의 원인이 되므로 삼가야 한다. 아동기의 건강은 청소년기의 성장은 물론 성적 성숙과 성인 건강의 기초가 된다.

1) 아동기의 특성

아동기의 특성에 대하여 살펴보면 다음과 같다.

첫째, 기관과 조직이 발달한다. 일반적인 생리작용이 발달되어 아동기 후기부터 성적 성숙이 일어나는데, 호르몬의 양상에 따라 성숙 속도가 달라진다.

둘째, 신체적 성장이다. 아동기의 성장은 수직적이며, 개개의 아동은 자신의 성장패턴을 가지고 있다. 해당 연령에 비해 체구가 작다거나 무겁다거나 한 것보다 자신의 성장곡선에서 체중을 계속 유지하는 것이 중요하다.

셋째, 아동기 성장과 호르몬이다. 일반적인 생리작용이 발달되어 아동기 후기부터 성적 성숙이 일어나는데, 호르몬의 양상에 따라 성숙 속도가 달라진다.

2) 아동기의 영양

(1) 식사 환경

아동이 부모나 교사와 같이 식사하고 대화를 나누는 것은 중요하다. 정서적인 면에서도 즐거운 식사 환경은 영양 섭취에 영향을 준다.

(2) 식품 선호

이 시기에는 아동의 식품 섭취량이나 식품 섭취 종류가 많아지나, 신선한 채소는 받아들이지만 조리한 것은 싫어한다. 우유, 가당 음료, 과일, 과일주스, 케이크, 과자나 아이스크림 등은 좋아한다.

(3) 식습관

가족의 식습관이나 편식의 습성은 아동의 식습관과 직접적인 관련이 있다. 기호에 맞는 식품이나 눈에 띄는 것만을 선택하는 습관이 생기게 된다. 아동은 활동에 따라 식욕에 변화를 보인다. 또한 학급활동이나 친구 사이의 관계가 아동의 식욕과 기호에 영향을 준다.

(4) 간식

아동은 아직도 어른보다 위가 작으므로, 식품을 자주 섭취해야 하기 때문에 간식이 필요하다. 저학년에서는 아침과 점심 중간에 간식을 제공하는데, 대부분의 아동은 방과 후에 간식을 먹는다. 간식은 좋은 영양을 공급할 수 있는 마른 콩류, 주스, 우유, 과일, 채소, 요구르트, 치즈, 견과류, 곡류 등을 제공하는 것이 바람직하며, 열량 이외에 어떤 영양소도 공급하지 못하는 과자 및 크래커, 탄산음료, 사탕 등은 바람직하지 못하다. 콜라 등의 카페인 음료를 섭취했을 경우 아동은 불면증, 불안증, 불규칙한 심장박동 등과 같은 증상이 발생할 수 있으므로 삼간다.

(5) 식사지도

아동의 먹는 문제는 부모나 교사의 기대와 관련이 많다. 아동은 좋아하는 텔레비전 프로그램을 보거나 친구들과 어울려 먹는 것을 좋아하고 그때에는 먹는 시간도 길어진다. 따라서 어느 정도 융통성 있게 식사시간을 운영해 가는 것이 중요하다.

3) 아동기의 영양문제 및 대응

(1) 철분 결핍성 빈혈

빈혈은 산소를 운반하는 성분인 헤모글로빈이 부족한 상태를 말한다. 철분 결핍성 빈혈의 원인은 철분이 많이 필요한 성장기에 있는 아동이 음식의 섭취를 통해 충분한 양의 철분이 공급되지 않기 때문이다. 아동이 철분 결핍에 걸리기 쉬운 이유는 철분이 많이 들어 있는 간이나 고기를 잘 먹지 않기 때문이다. 따라서 아동에게 맞는 조리방법을 선택하여 좀 더 부드럽게 조리하여 아동이 먹을 수 있도록 해 준다. 또한 성장기에 작은 코피, 위궤양에 의한 출혈 등도 철분 결핍성 빈혈의 원인이 될 수 있다.

철분 결핍성 빈혈의 증상으로는 심장 박동의 증가, 낮은 활동성, 창백해짐, 의욕이 없음, 쉽게 숨이 차거나 호흡 곤란, 심부전증을 들 수 있다. 이의 치료에는 식이요법과 함께 약물치료를 병행하는 것이 좋다. 칼슘염 등의 미네랄이 많이 포함된 음식은 철분의 섭취를 저하시키므로 피해야 하며, 우유, 시리얼 등도 철분의 흡수를 방해하므로 주의를 기울여야 한다. 녹차, 커피, 홍차와 같이 탄닌 성분이 함유된 음식 역시 주의해야 하는데, 탄닌 성분은 무기질과 결합하여 철분과 칼슘의 흡수를 방해한다. 반면에 비타민 C, 토마토소스와 같은 산성화 식품은 철분의 흡수를 증가시킨다. 철분이 많이 든 음식에는 굴, 김, 다시마, 닭고기, 버섯, 쇠간, 쇠고기, 깨, 쑥, 잣, 콩, 팥, 호박 등이 있다.

(2) 충치(치아우식증)

아동이 먹는 음식물이 치아와 접촉하여 부착되면 구강 내 세균들이 음식물과 결합하여 살게 된다. 이러한 세균은 배설물로 산을 생성하고, 산이 치아 표면을 부식시키며, 치아의 유기질이 용해되어 충치가 발생한다. 매일 1회 이상 캐러멜, 초콜릿, 사탕 등을 간식으로 먹은 아동에게서 충치가 많다. 반면, 녹황 채소, 어패류, 우유 및 유제품 등의 식품 섭취가 많은 아동은 충치가 적다.

① 치아에 해로운 음식과 이로운 음식

치아에 해로운 음식과 치아에 이로운 음식이 있다. 일반적으로 몸에 좋은 음식이 치아에도 좋기 때문에 기초식품을 골고루 섭취하도록 한다. 인스턴트 음식이나 설탕, 색소, 탄산, 첨가물이 많이 포함된 과자류, 음료 등은 해롭다. 특히 단 음식을 먹는 것은 세균의 먹이를 공급하는 것이므로, 캐러멜과 같이 달고 끈적끈적하여 치아에 오랫동안 부착되는 음식이 차아에 해롭고, 당류가 포함된 탄산음료도 치아를 파괴하므로 피해야 한다.

섬유소가 풍부한 야채나 과일, 칼슘이 포함된 우유나 치즈, 해조류, 생선 등은 몸에도 좋고 치아에도 좋은 음식이다. 아동에게 단맛의 간식을 전혀 주지 않을 수는 없겠지만 가능한 한 빈도를 줄이고 부착성이 덜한 형태를 고르는 것이 좋다. 이러한 음식은 식사시간에 주변 다른 음식들과 섞이며 침 분비도 증가된 상태이기 때문에 치아와의 접촉 시간을 줄이는 데 도움이 된다. 일주일 중 특정한 날을 정해 우식 유발 간식을 섭취하도록 하면 치아가 이러한 음식에 노출되는 횟수를 줄이게 되고 올바른 식습관을 유도하는 좋은 방법이 될 수 있다. 그리고 자일리톨 등의 대체감미료가 포함되어 있는지 확인하는 습관이 아동 치아관리의 첫걸음이다. 또한 신선한 채소나 과일 위주의 간식을 섭취하는 습관이 좋다.

〈표 6-7〉 치아에 해로운 음식과 이로운 음식

치아에 해로운 음식			
치아에 이로운 음식			

② 충치를 예방하는 식습관

밥을 입안에 오래 물고 먹는 버릇이 있는 경우 충치의 원인이 될 수 있다. 음식을 씹는 저작은 두뇌발달에도 도움이 되므로, 식사는 즐거운 마음으로 정해진 장소와 시간 동안 꼭꼭 씹어 먹는 습관을 갖도록 해 준다. 이렇듯 밥 먹는 시간을 정해서 그 시간에만 먹도록 하되 느리게 먹더라도 간섭하지 말고 편안한 분위기에서 식사하도록 해 준다. 스티커를 시계에 붙이고 알람을 이용하는 방법을 사용할 수도 있다. 식사시간이 즐거울 수 있도록 하고 먹는 것에 흥미를 가지도록 유도한다. 답답한 마음에 위압적 분위기를 조성하게 되는 경우가 있는데 식사시간을 정해 두었다면 먹는 속도나 양에 대해서는 참견하지 않도록 주의한다. 따라다니면서 음식을 먹이는 것은 나쁜 식습관을 만들게 될 수 있다(김승혜, 이대우, 이효설, 지명관, 이주현, 2019).

토론 및 토의

채소를 싫어하는 유아에 대한 교사의 편식 지도에 대하여 논의하시오.

4부

영유아 교육기관 건강교육

7장

0~만 1세, 만 2세 보육과정과 누리과정에서의 건강

이 장에서는 0~만 1세, 만 2세 보육과정에서의 건강과 만 3~5세 누리과정에서의 건강을 그 내용으로 다룬다. 영유아는 자신의 몸을 건강하게 지키려는 힘을 지니고 있다. 교사는 영유아가 자신의 몸에 관심을 가지고 건강한 생활을 해 나가는 다양한 경험을 지원한다. 또한 유아가 일상에서 건강한 생활을 실천할 수 있도록 지원한다. 이렇듯 영유아 교육기관에서 교사는 영유아의 건강한 생활을 지원함에 있어서 공간, 자료, 상호작용을 통해 지원한다.

1. 0~만 1세, 만 2세 보육과정에서의 건강

1) 0~만 1세 보육과정에서의 건강

(1) 목표: 건강한 일상생활을 경험한다.

- 건강한 일상생활을 경험한다.

0~만 1세 영아가 건강한 일상생활을 자연스럽게 경험하는 것이다. 0~만 1세 영

아가 신체의 청결과 위생, 수유 및 이유식 등의 식사, 편안한 휴식과 배변을 통해 건강한 생활을 경험하는 것을 목표로 한다.

(2) 내용

내용범주	내용
건강하게 생활하기	• 도움을 받아 몸을 깨끗이 한다. • 음식을 즐겁게 먹는다. • 하루 일과를 편안하게 경험한다. • 배변 의사를 표현한다.

■ 건강하게 생활하기

영아가 신체의 청결과 위생, 즐거운 식사, 편안한 수면, 휴식과 배변경험 등을 통해 건강한 일상을 경험하는 내용이다.

- 내용범주: 건강하게 생활하기
- 내용
  - 도움을 받아 몸을 깨끗이 한다.
    0~만 1세 영아가 몸을 깨끗이 할 때의 기분 좋음을 경험하며 위생과 청결에 대한 기본적인 감각을 기르는 것으로 교사의 도움을 받아 손과 몸을 씻고 이를 닦는 경험을 하는 내용이다.
  - 음식을 즐겁게 먹는다.
    0~만 1세 영아가 먹는 것에 대한 즐거움을 알고, 수유-이유식-고형식 등 다양한 음식을 섭취하는 과정을 즐겁게 경험하는 내용이다.
  - 하루 일과를 편안하게 경험한다.
    0~만 1세 영아가 영유아 교육기관에서의 수면, 휴식, 놀이 등의 일과를 건강하고 편안하게 경험하는 내용이다.
  - 배변 의사를 표현한다.

0~만 1세 영아가 대소변의 마려움을 인식하고 배변 의사를 나타낼 수 있도록 하여 배변훈련을 준비하는 내용이다.

① 영아 경험의 실제	치카치카 양치해요!

0세반 4월

민서(8개월)는 교사가 식수를 묻힌 거즈 손수건을 들고 있는 것을 보고는 "아" 하며 입을 벌린다.
교사: 민서, 입 닦으려고 기다리고 있었어?
교사가 민서 입으로 거즈를 넣어 잇몸을 닦아 주자 민서는 거즈를 물고 씹으려 한다.
교사: 민서 이가 나려고 해서 간지러운가 봐. 이렇게 문질문질 해 줄게. 시원하지?
교사가 잇몸을 마사지해 주며, 민서와 눈을 맞춘다.

0세반 7월

자기 칫솔을 찾아 든 민유(16개월)에게 교사가 두 가지 맛의 치약을 내민다.
교사: 오늘은 어떤 맛 치약을 쓸까?
민유: (딸기맛 치약을 손으로 가리킨다.)
교사: 오늘 민유는 달콤한 딸기맛 치약으로 치카치카 하겠네. 선생님도 딸기맛 좋아해.

1세반 5월

해준이(24개월)는 세면대 앞에서 거울을 보며 양치를 시작한다. 세면대 옆 양치 순서에 관한 그림자료를 보며 "아" 하며 아랫니를 닦는다. 자신의 모습을 거울로 보다가 다시 그림자료를 본다. 이번에는 "이"하며 다시 거울을 쳐다본다.

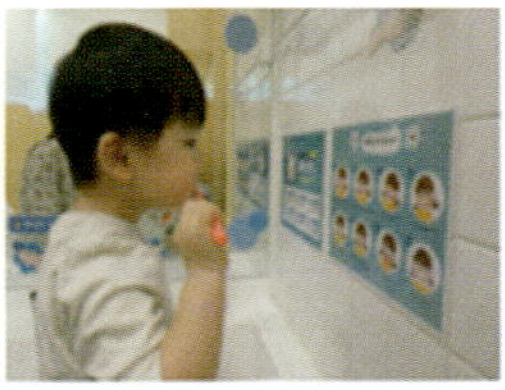

1세반 9월

서빈(32개월)과 민서(30개월)는 화장실에 비치된 의자에 앉아서 양치질을 하고 있다.
서로를 바라보며 깔깔거리더니 서빈이가 "아" 하며 어금니를 닦으면 민서도 따라하고, 민서가 "이" 하고 앞니를 닦으면 서빈이도 "이" 하고 앞니를 닦는다.
옆에서 함께 양치를 하던 교사가 마주 앉으며 "나는 혀도 깨끗이 닦아야지, 에~" 하자 서빈이와 민서가 "에~" 하고 혀를 닦는다.

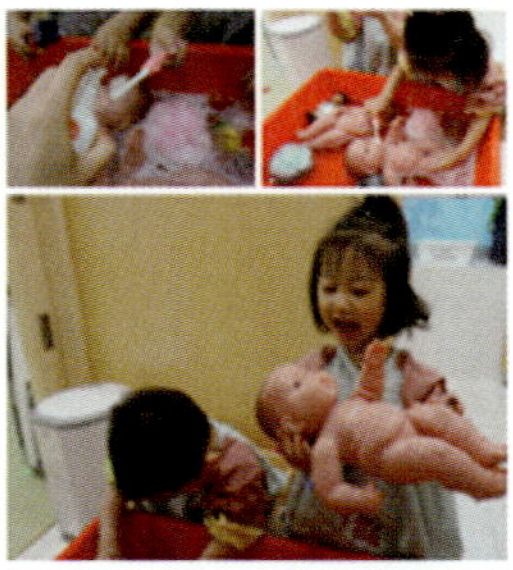

1세반 7월

아인이(30개월)는 인형 목욕놀이 중, 교구바구니에서 칫솔과 치약을 꺼낸다. 교사가 치약을 묻혀 준 칫솔을 아기인형에게 대고 "아, 아 해야지. 이도 깨끗하게."라고 소근거린다.

"아~ 치키치카. 이~ 치카치카, 아이 잘하네."라고 말하며 인형의 입가를 칫솔로 문지른다.

인형 양치를 마치고, "우리 아기, 아이 기분 좋아."라며 인형을 물에서 건져 낸다.

영아 경험의 이해

- 민서는 **입 안을 닦는 일과를 알고 있으며, 교사의 도움을 편안하게 수용하였다.** 거즈 손수건을 **입으로 손수건을 탐색하고 잇몸에 느껴지는 자극을 느꼈다.**
- 민유는 이를 닦는 반복적인 일상에서 **자신이 치약의 종류를 선택하고, 선택이 존중받는 경험을 하였다.**
- 서빈이는 민서와 또래, 교사와 함께 양치를 하며, **서로의 양치하는 모습을 관찰하고 즐겁게 따라 하였다.**
- 아인이는 몸을 깨끗이 하면 **기분이 좋아지고 건강해진다는 경험을 놀이로 표현하였다.**
- 아인이는 아기인형을 목욕시키고 양치질시키며, **물, 치약, 칫솔 등을 탐색하고 사용하였다.**

교사 지원

- **공간**
  - 영아가 편안하고 즐겁게 양치를 경험할 수 있도록 화장실에 의자를 비치하거나, 동시에 양치질을 하는 영아의 수를 조절하면서 충분한 공간을 확보하였다.

- **자료**
  - 양치질, 손씻기 순서 관련 그림을 세면대 주변에 비치하여 영아가 관심을 보일 때 이를 탐색할 수 있도록 지원하였다.
  - 몸을 씻는 데 사용하는 일상생활용품을 교구로 비치하여 영아가 자신의 경험을 놀이로 표현할 수 있도록 지원하였다.

- **상호작용**
  - 영아가 거즈 손수건을 무는 행동을 수용하며, 영아의 행동을 통해 필요로 살피고 이를 적극적으로 지원하였다.
  - 치약의 맛이나 종류를 명확히 구분하지 못하더라도 일상생활에서 영아가 선택할 수 있는 경험을 제공하여 영아가 보다 주도적이고 즐겁게 일상생활에 참여할 수 있도록 하였다.
  - 영아들과 함께 양치를 하며, 이 닦기의 올바른 방법을 자연스럽게 모델링하고 즐길 수 있도록 지원하였다.

② 영아 경험의 실제	즐겁게 먹어요!

0세반 4월

교사가 민서(8개월)를 팔에 안아 급하게 젖병 젖꼭지를 찾으려는 민서의 입 가까이에 대어 준다.
교사: 우리 민서가 엄청 배고팠구나.
교사: 꿀꺽 꿀꺽, 우유가 민서 몸으로 들어가는 소리가 나네. 꿀꺽, 꿀꺽!
민서가 우유 빨던 걸 잠시 멈춘다.
교사: 어~ 소리가 안나 네. 조용해졌어.
민서는 곧 다시 우유를 빨기 시작한다.
교사: 꿀꺽 꿀꺽~ 잘 먹네.
민서는 교사와 눈을 맞추며 먹다가 멈추기를 반복하다 깔깔거리며 웃는다.

0세반 4월

교사가 민서(8개월) 앞으로 숟가락을 하나 놓고, 교사가 사용할 숟가락을 챙기는 사이, 민서는 숟가락으로 테이블을 두드린다.
교사는 "배고파? 그럼 우리 같이 먹어 볼까?"라고 말하며 이유식 그릇을 놓아 준다. 민서는 숟가락을 이유식 그릇에 푹 넣었다가 빼서 입에 가져간다.
교사가 "입에 쏙 들어가네. 이번에 선생님이 한 입 쏙 해 줄게!"라고 말하며 숟가락으로 떠 주자 고개를 흔든다. 교사는 "아~ 민서가 하고 싶구나."라면서 그릇을 민서 앞으로 당겨 준다.

1세반 3월

적응기간 중인 지윤이(19개월)는 이번 주부터 어린이집에서 점심식사를 하게 되었다.
교사가 식판을 자리에 놓는 동안 지윤이는 바닥에 드러눕는다.
교사: 지윤아~ 그럼 우리 토끼친구랑 같이 먹을까?
지윤이가 일어나서 토끼인형을 가져온다.
지윤: 토끼, 토끼도 밥 먹어.
교사: 우리 토끼는 여기 앉아서 지윤이 밥 잘 먹는 것 좀 봐 줘~ 할까?
지윤이는 토끼를 식판 옆에 앉힌다.

교사: 자~ 오늘은 무슨 반찬부터 먹어 볼까? 여기 닭고기랑 당근이랑 같이 있네. 토끼야~ 너는 무슨 반찬을 좋아하니?
지윤이는 포크로 닭고기를 찍는다.

교사: 토끼도 닭고기를 좋아할까? 우리 지윤이가 닭고기 먹어 볼까?
지윤이는 교사를 한번 보고, 다시 토끼인형을 쳐다보며 닭고기를 입에 넣는다.
교사는 숟가락에 밥을 담아 식판 위에 놓는다.
교사: 다음엔 우리 밥도 한번 먹어 볼까? 토끼야 잘 봐 줘.
지윤이는 토끼를 한번 쳐다보고 숟가락을 입에 넣는다.

영아 경험의 이해

- 민서는 교사의 품에서 수유를 하는 동안 **교사와 눈을 맞추고 이야기를 하며 상호작용을 하였다.**
- 민서는 숟가락에 흥미를 보이고, 숟가락을 사용해 **스스로 먹으려는 시도를 하였다.**
- 어린이집에서의 식사가 익숙하지 않은 지윤이는 **친숙한 애착물, 수용적인 교사와 함께 점심식사 일과를 경험하였다.**

교사 지원

• **공간**
- 수유–이유–완료식 단계의 영아 각각에게 필요한 식사환경을 준비해 주었다.
- 어린이집 급 · 간식시간에 익숙해질 수 있도록 개별적인 공간을 마련해 주었다.

• **자료**
- 이유식을 제공할 때, 교사가 먹여 주는 숟가락과 영아의 손에 쥐어 주는 숟가락을 함께 준비하여, 스스로 먹는 것에 관심을 가지고 시도해 보도록 지원하였다.
- 여러 친구와 함께 먹는 것이나 자리에 앉아 먹는 것이 낯선 영아에게, 좋아하는 인형과 함께 식사를 할 수 있도록 지원하였다.

• **상호작용**
- 영아가 먹는 속도를 조절하고, 스스로 먹으려는 시도를 격려하며 즐거운 식사경험을 할 수 있도록 지원하였다.

• **안전**
- 영아가 젖병을 놓치거나, 젖병 안의 공기를 마시지 않도록 영아를 안고, 천천히 먹을 수 있도록 하였다.

③ 영아 경험의 실제	편안하게 쉬어요
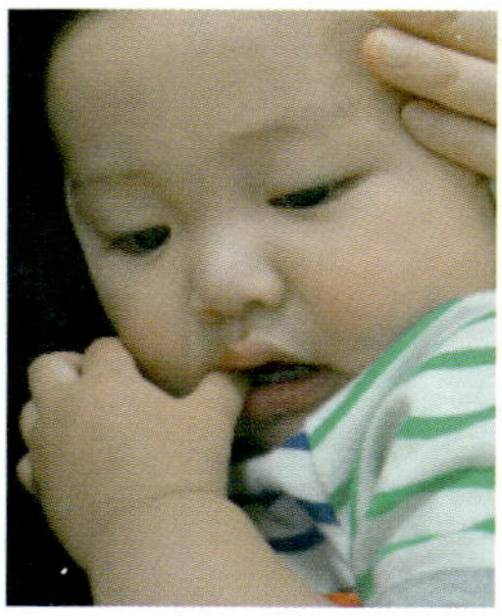	자유놀이를 하던 지수(12개월)가 교사에게 다가와 안기며 눈을 비빈다. 교사는 "졸려? 피곤하구나~" 하며 지수를 안고 일어나 등을 토닥여 준다. 지수는 교사의 어깨에 기대어 또래가 놀이하는 모습을 쳐다본다.

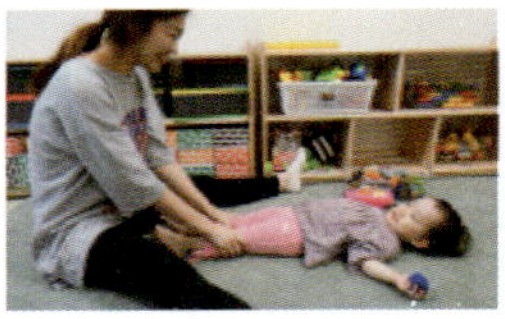	매트에 누워서 뒹굴거리는 정민이(14개월)에게 교사가 "쉬고 싶었어?"라고 말하며 다가간다. 정민이의 다리를 만져 주며 "선생님이 쭉쭉이 마사지 해 줄까?"라고 묻는다. 정민이가 교사에게 싱긋 웃으며 몸을 쭉 편다.
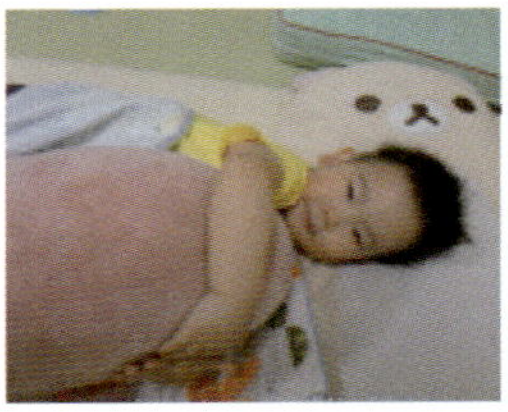	교사는 낮잠매트를 준비하며, 영아별로 애착인형이나 이불을 챙겨 놓는다. 양치를 마친 지민이(18개월)가 자신의 낮잠매트를 찾아간다. 매트 위에 있는 자신의 애착인형을 껴안고 누워서 뒹굴거린다. 교사가 블라인드를 내리기 시작하자, 지민이는 눈을 꼭 감는다.
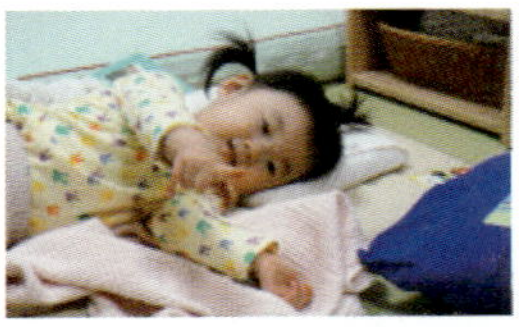	지호(24개월)가 낮잠을 자다 갑자기 놀라며 깬다. 교사가 옆으로 다가가 살며시 눕는다. "일어났어?"라고 말하며 지호와 눈을 맞추며 귓불을 쓰다듬어 준다.

영아 경험의 이해

- 영아들이 **자신의 기분이나 몸 상태를 표현하고, 일과 중 개별적으로 휴식을 하였다.**
- 영아들이 **교사와 접촉하고 보살핌을 받으며 안정을 찾는 경험을 하였다.**
- 지민이는 **낮잠시간을 알고, 자신의 자리를 찾아 편안히 낮잠을 자기 위한 준비를 하였다.**

교사 지원

- **일과**
  - 개별 영아의 컨디션, 생활리듬, 피곤할 때의 행동을 잘 관찰하여 일과 중 언제든 쉴 수 있도록 배려하였다.

- **공간**
  - 불을 끄거나 커튼을 치는 등, 영아가 편히 쉴 수 있도록 교실의 조도를 전체적으로 낮추었다.

- **자료**
  - 영아가 편안하고 안락하게 쉴 수 있는 휴식공간을 마련하고, 심리적 안정을 찾을 수 있는 애착물을 준비하였다.

- **상호작용**
  - 피곤하거나 졸린 영아가 보이는 행동을 세심하게 읽고 수용해 주었다.
  - 낮잠시간에 자리를 지키며, 개별 영아의 요구나 필요에 반응해 주었다.

④ 영아 경험의 실제	변기와 친해져요
	**1세반 6월 첫째주** 지혁이(24개월)가 〈똥이 풍덩!〉 책을 가져와 교사에게 함께 보기를 청한다. 교사가 "이게 뭐지?"라고 물으며 그림을 가리키자 옆에 있던 지수가 "똥, 똥이 풍덩 했대."라며 들고 있던 인형을 변기 그림 속으로 떨어트린다. 지혁이가 따라서 "똥이 풍덩!"이라고 말하고 크크거리며 웃는다.
	**1세반 6월 둘째주** 변기에 관심을 보이는 지혁(24개월), 민재(29개월), 민주(20개월)가 교사와 함께 화장실 변기를 살펴본다. 지혁이가 변기 레버를 손으로 까닥여 본다. 교사: 지혁아, 꾸욱 눌러 봐. 민주: 그럼 물이 막 나와. 지혁: (레버를 살살 누르며) 안 돼, 안 돼. 교사: (지혁이 손을 잡으며) 그럼 같이 해 볼까? 이렇게 꾸욱 눌러야 돼. 민주: (귀를 막으며) 아 무서워. 지혁: 안 무서워.
 	**1세반 6월 둘째주** 유환이(28개월)는 변기에 앉았다가 일어나서 아기인형을 가져온다. 유환이는 인형을 변기 위에 놓았다가 앉혀 보기를 시도한다. 인형의 몸을 잡아 주며 "쉬~ 쉬~"라고 반복한다. 잠시 후 유환이는 옆의 변기에 나란히 앉는다.
	**1세반 6월 넷째주** 연강이(28개월)는 바지 앞섶을 잡고 교사에게 다가온다. 교사: 연강아, 쉬 마려워? 선생님이랑 쉬 하러 갈까? 연강: 쉬아 할래. 교사가 연강이의 손을 잡고 변기 앞에 선다. 연강이는 변기를 양손으로 잡고 다리를 벌리고 어정쩡하게 선다. 교사: 연강아, 연강이 변기에 쉬 할 준비가 다 되었네, 멋지다. 우리 바지랑 팬티부터 내리고 다시 서 볼까? 연강이는 변기를 잡았던 손으로 변기를 몇 번 두드리고 교사를 향해 돌아선다.

영아 경험의 이해
• 지혁이는 **배변훈련과 관련된 책에 관심을 가지고, 배변과 관련된 내용을 몸짓과 말로 표현하였다.** • 영아는 **변기에 관심을 보이며 변기 레버를 발견하여 조작하는 등 적극적으로 탐색하였다.** • 유환이는 **변기에 앉아서 배변하는 경험을 인형과 함께하는 상징놀이로 표현하였다.**

교사 지원
• 공간 – 영아가 일과 중에 화장실을 갈 수 있도록 하여 영아가 변기를 비롯한 화장실 공간에 친숙하게 여기도록 하였다. **• 자료** – 영아가 배변훈련에 관심을 가질 수 있는 책과 놀잇감을 준비하였다. – 영아가 배변훈련하는 본인과 또래의 모습을 지속적으로 접할 수 있도록, 변기에 앉아 있는 영아들의 사진으로 환경을 구성하였다. **• 상호작용** – 영아가 변기를 긍정적으로 경험할 수 있도록 영아의 낯설고 두려운 감정을 수용하고 탐색을 지원하였다. – 영아의 배변의사 표현을 민감하게 알아차리고, 영아가 변기에 배변할 수 있는 기회를 마련해 주었다. – 영아가 변기에 배변을 시도하려는 것을 격려해 주었다.

2) 만 2세 보육과정에서의 건강

(1) 목표: 건강한 생활습관의 기초를 형성한다.

• 건강한 생활습관의 기초를 형성한다.

만 2세 영아가 건강한 생활습관의 기초를 형성하는 것이다. 만 2세 영아가 신체의 청결과 위생, 즐거운 식사, 배변습관의 형성, 안전한 놀이와 생활에서의 대처 등 일상생활에서 건강한 생활습관의 기초를 형성하는 것을 목표로 한다.

(2) 내용

내용범주	내용
건강하게 생활하기	• 자신의 몸을 깨끗이 해 본다. • 음식에 관심을 가지고 즐겁게 먹는다. • 하루 일과를 즐겁게 경험한다. • 건강한 배변 습관을 갖는다.

■ 건강하게 생활하기

영아가 신체의 청결과 위생, 급간식, 배변습관의 형성, 즐거운 하루 일과 등을 통해 건강한 생활습관의 기초를 형성하는 내용이다.

- 내용범주: 건강하게 생활하기
- 내용:
  - 자신의 몸을 깨끗이 해 본다.
    만 2세 영아가 스스로 손과 몸 씻기 및 이 닦기 등을 시도하고 경험하며, 위생적이고 청결한 생활습관의 기초를 형성하는 내용이다.
  - 음식에 관심을 가지고 즐겁게 먹는다.
    만 2세 영아가 위생적인 환경에서 다른 사람과 더불어 다양한 음식을 즐기며, 건강한 식사 습관의 기초를 형성하는 내용이다.
  - 하루 일과를 즐겁게 경험한다.
    만 2세 영아가 놀이, 휴식(수면), 식사 등 어린이집의 규칙적인 일과 속에서 즐겁게 생활하고, 일과 중 옷을 입고 신발을 신는 등의 자조기술을 시도하며 자율감을 경험하는 내용이다.
  - 건강한 배변 습관을 갖는다.
    만 2세 영아가 배변과 관련된 신체조절능력 발달을 바탕으로 즐겁게 배변훈련을 시도하고 경험해 보도록 함으로써 건강하고 자율적인 배변습관을 형성하는 내용이다.

① 영아 경험의 실제	깨끗이 씻어요

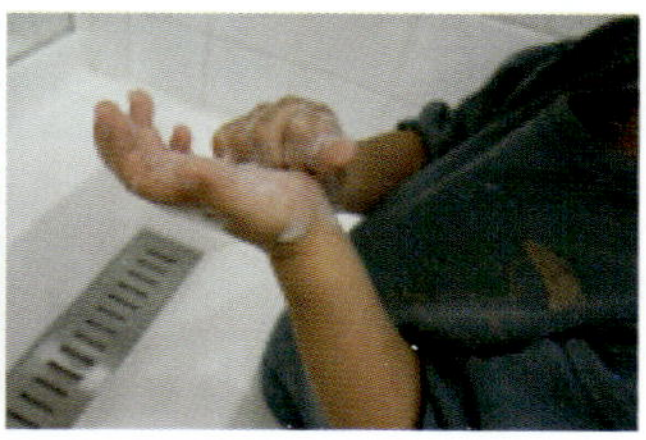

바깥놀이를 다녀온 후 영아들이 세 명씩 나뉘어 교사와 함께 손을 씻는다.
교사: 선생님은 이렇게 깍지 껴서 문질문질, 손가락 사이도 깨끗하게 씻어야지! 손을 깨끗이 씻어야 세균이 없어져서 감기에 안 걸려~
민혁: 나는 이렇게 손톱 밑에도 싹싹 닦아요!
지수: 나도 원래 그렇게 해! 이거 봐 봐!
교사: 와~ 선생님보다 손을 더 깨끗하게 씻네.

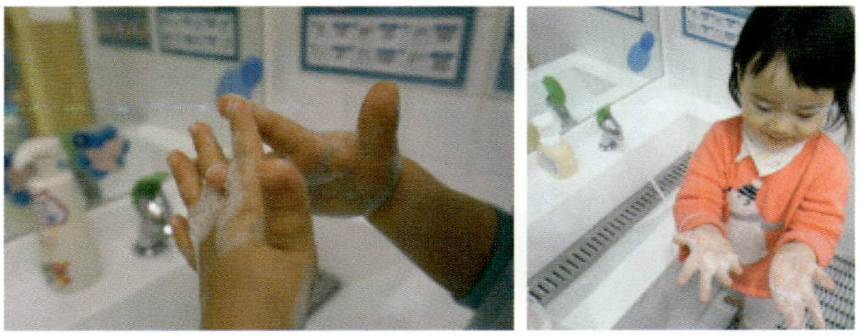

지민이가 소변을 본 후, "쉬 하고, 손 닦아야 돼."라며 혼잣말을 한다.
"선생님, 나 손 씻는 거 보세요."라며 비누 거품을 손가락 사이사이에 묻히고 손가락을 서로 문질러 손을 씻는다.

연수: 아직이야. 거품 있어.
재민이가 물을 잠그려고 하자, 옆에 있던 연수가 재민이의 손을 잡고 물에 가져간다.
재민: 이제 깨끗해.
재민이가 거품을 마저 헹구고 연수에게 손을 내민다.
연수: 좋은 냄새가 나.
재민: 나는 포도 냄새가 나.
연수가 손을 코에 가져다 대며 냄새를 맡자, 재민이도 따라 한다.

영아 경험의 이해

- 민혁이와 지수는 **교사와 또래의 손 씻는 모습을 관찰하며, 깨끗하게 손을 씻는 방법을 말과 행동으로 표현하였다.**
- 영아들은 실외놀이 후, 용변을 본 후 등 **손을 씻어야 하는 때를 알고, 이를 실천하였다.**
- **지민이는 손을 씻는 기본생활 수칙을 스스로 생각해 내고 지키며, 손을 씻으며 이에 대한 자신감을 표현하였다.**
- 연수와 재민이는 손을 씻고 난 후의 **기분 좋음을 경험하고 이를 말로 표현하였다.**

교사 지원

• **공간**

– 손 씻기를 좁은 공간, 빠듯한 일과 등의 물리적 환경으로 인해 서두르지 않도록, 한번에 씻을 수 있는 인원을 제한(3~4명)하여 교사 및 또래 간의 교육적 상호작용이 일어날 수 있도록 지원하였다.

• **자료**

– 세면대 주변에 손 씻는 방법과 순서를 붙여 두어 영아가 올바른 손 씻기를 스스로 익힐 수 있도록 하였다.

• **상호작용**

– 일과 중 필요할 때마다 영아들과 함께 손을 씻으며 바른 방법을 시범 보이는 등 건강한 생활습관의 모델링이 되었다.
– 손을 씻는 위생관리를 통해 질병을 예방할 수 있음을 알려 주었다.
– 영아가 스스로 손을 씻으며 유능감을 느끼고 표현할 수 있도록 격려하였다.

② 영아 경험의 실제	혼자 할 수 있어요!
	현완이가 역할영역에 있는 소방관 옷을 꺼내 입는다. 한쪽 팔을 끼우고 다른 쪽 팔을 넣는 입구를 찾는다. 옆에 있던 교사가 "여기 있네."라며 입으려는 쪽의 소맷부리를 잡아 준다. 지수는 작업가운 앞섶의 벨크로 테이프를 찾아 양쪽을 딱 맞게 붙이려 위치를 계속 조정해 본다.
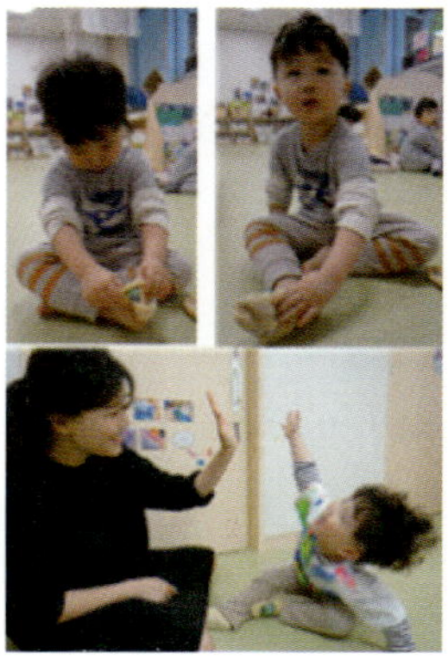	교사가 발을 넣기 쉽게 양말목을 오므려서 옆 친구에게 주는 모습을 보던 현수는 자신의 양말목을 오므리길 서너 차례 시도한다. 오므려진 양말에 발의 앞부분을 집어넣고 교사를 쳐다본다. "우아, 우리 현수, 발이 쏙 들어갔네. 잘했네."라고 교사가 칭찬하자 양말 뒤축을 마저 당긴다. 교사가 "성공! 잘했어!"라며 손바닥을 내밀자, 현수는 "최고!"라고 소리치며 자신의 손바닥을 마주친다.

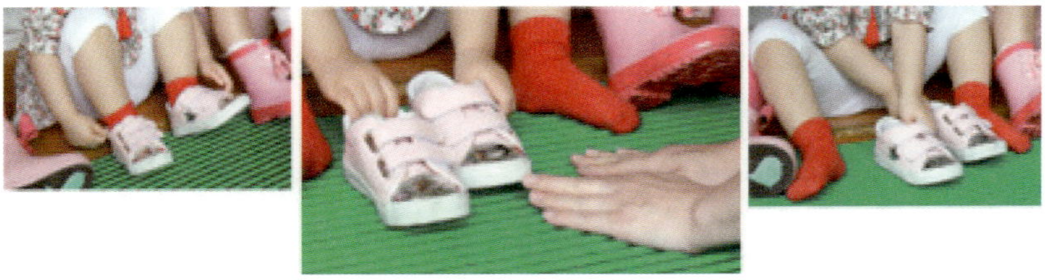

바깥놀이를 나가기 위해 수아는 친구들과 나란히 앉아서 신발을 신는다. 오른쪽과 왼쪽 신발을 반대로 신은 수아는 일어나려다가 멈칫하며, 신발을 바라본다.
교사가 "수아야, 우리 신발 다시 신어 볼까?"라고 말한다.
수아는 자신이 신고 있는 신발을 다시 쳐다보며 신발을 벗는다.
교사는 "신발 두 개를 바로 놓으면, 이렇게 둥그런 모양이 돼."라며 양손을 모아 신발 앞에 놓으며 손으로 모양을 만든다. 수아는 신발의 위치를 바꾸어 놓는다.

영아 경험의 이해

- 현완이는 놀이 중 소방관 **상의를 스스로 입어 보길 시도하였고, 교사가 옷을 잡아 주며 도와주자 보다 수월하게 옷을 입을 수 있었다.**
- 현완이는 지수의 옷 입기에 관심을 보이며, **교사가 자신을 도와준 방식을 따라 하며 또래의 옷 입기를 도와주었다.**
- 지수는 옷을 바르게 입기 위해 벨크로 테이프의 위치를 여러 번 조정하여 붙이면서 **눈과 손의 협응, 소근육 조절을 연습하였다.**
- 현수는 또래와 교사의 도움을 받아 양말을 신는 모습에 관심을 가지고 관찰하고 따라 하며, 자신의 양말목을 오므리고 당기는 등 손으로 조작하였다. 또한 발을 양말에 넣기 위하여 양말 입구에 발을 맞추려는 **눈과 손의 협응 및 팔과 다리를 움직이는 대근육 조절을 시도하였다.**
- 현수는 스스로 양말을 신는 것에 **성공한 후, 이에 대한 교사의 지지에 기쁘게 반응하였다.**
- 수아는 일과 중 바깥놀이를 위해 스스로 신발 신기를 시도하고, 잘못된 부분을 수정하였다.

교사 지원

- **일과**
  - 영아가 일과 중에 스스로 양말을 신고, 양말을 신는 등 자조기술을 익힐 수 있는 전이시간을 충분히 확보하였다.

- **공간**
  - 영아가 손쉽게 자신의 양말을 정리하거나 찾을 수 있도록 개별적인 공간을 마련하였다.

- **자료**
  - 영아가 놀이 중에 자조기술을 익힐 수 있도록 역할의상, 생활소품 등을 준비하였다.
  - 영아가 스스로 시도하고 성공하는 기쁨을 통해 자율감을 경험할 수 있도록, 발달수준을 고려한 자료(예, 벨크로 테이프로 여미는 역할의상)를 제시하였다.

• **상호작용**
- 영아가 옷 입기, 양말 신기, 신발 신기 등의 자조기술을 스스로 시도할 수 있도록 기다려 주며, 영아의 성공에 대해 긍정적인 반응을 보였다.
- 영아의 수준에 따라 적절한 도움을 주었다.

③ 영아 경험의 실제	즐겁게 먹어요!

차례대로 손을 씻고 모인 아이들이 교사와 노래를 부른다. 노래가 끝나고 교사가 "지호야, 오늘 누구랑 같이 밥 먹고 싶어요?"라고 묻자 지호가 "수빈이."라고 대답한다. 교사가 "지호랑 수빈이는 밥 먹고 싶은 자리에 가서 앉아 주세요."라고 하자, 지호와 수빈이가 일어난다. 지호랑 수빈이는 배식이 된 식판이 놓여진 책상으로 다가간다. 비어 있는 가장 가까운 자리에 서서 지호가 "여기?"라고 물어보자 수빈이가 고개를 끄덕인다.

교사: 오늘 이 반찬은 뭘까? 바다에 살고요. 다리가 열 개래요!
지아: (손가락을 모두 쫙 펴고 박수를 치며) 이렇게 열 개.
민석: 오징어! 나 오징어 좋아해!
지안: 나도! 우아~ 맛있겠다.

희연이는 밥을 세 숟가락 연거푸 먹는다.
교사: (젓가락으로 오징어를 집으며) 오징어 찾았다. 작아서 찾기도 어렵고 젓가락으로 잡기도 어려워.
희연: (포크로 오징어 다리를 찾아 서너 번 반복해서 찍으며) 나도 찾았어요.
교사: 우아. 포크로 콕 찍으니까 더 잘 잡히네.
희연: 매울 것 같아.
교사: 매울 것 같진 않은데~ 무슨 맛일지 우리 같이 먹어 볼까?

교사가 오징어를 입에 넣자, 희연이도 따라한다.
교사: 씹을 때 소리가 나는 것 같아.
희연: '꼭꼭' 소리가 나요.
교사: 희연이가 꼭꼭 잘 씹어서 그런가 보다. 희연이랑 같이 먹으니 더 맛있다.

민우가 포크로 고기완자를 찍으며 "이게 제일 맛있어."라고 말한다. 교사가 "그래? 무슨 맛이지?"라고 하며 고기완자의 향을 맡는다. "고기맛!"이라며 민우가 고기완자를 계속 찍어 먹는다. 교사는 "선생님은 고기도 맛있는데, 숙주나물이 제일 맛있어."라고 하며 숙주나물의 향을 맡는다. 민우는 교사가 숙주나물 먹는 모습을 보다가 자신의 식판에 있는 숙주나물을 본다. 교사가 "아삭아삭 맛있는 숙주, 민우도 한번 먹어 볼래?"라며 권한다. 민우는 포크로 숙주나물 한 가닥을 잡아 앞니로 반을 조심스럽게 자른다.

영아 경험의 이해

- 지호는 **함께 점심식사를 하고 싶은 친구와 먹을 자리를 선택하였다.**
- 지아, 민석, 지안은 점심시간 반찬인 **오징어볶음에 관심을 가지고 맛있는 식사를 기대하였다.**
- 희연이는 교사를 따라 **반찬에 관심을 보이고, 포크를 사용해서 스스로 먹으며 음식의 질감과 맛을 느끼고 표현해 보았다.**
- 민우는 교사와 함께 **음식의 맛과 향을 느끼고 즐기며, 새로운 음식을 시도해 보았다.**

교사 지원

- **일과**
  - 손을 씻고 점심식사를 하는 과정에 전이활동을 여유롭게 진행하여, 영아가 개별적으로 편안하게 일과를 따를 수 있도록 하였다.
  - 영아들이 짝을 지어 식사자리를 찾을 수 있게 하며 일과 중 영아의 개별적 선호를 존중하고 자율적 선택의 기회를 마련하였다.

- **공간**
  - 영아가 또래 및 교사와 상호작용하며 식사를 할 수 있도록 공간을 배치하였다.

- **상호작용**
  - 영아들이 기대를 가지고 즐겁게 식사를 할 수 있도록 메뉴 소개를 하였다.
  - 영아가 다양한 음식의 맛과 향, 질감을 접할 수 있도록 모델링하였다.
  - 영아가 식사도구를 사용하면서 유능감을 느낄 수 있도록 격려하였다.

2. 만 3~5세 누리과정에서의 건강

(1) 목표: 실내외에서 건강한 생활을 한다.

유아가 스스로 몸과 주변을 깨끗이 하고, 즐겁게 식사하며, 자신의 신체 리듬에 맞게 휴식을 취하고, 질병을 예방하는 다양한 방법을 실천하는 내용이다.

(2) 내용

내용범주	내용
건강하게 생활하기	• 자신의 몸과 주변을 깨끗이 한다. • 몸에 좋은 음식에 관심을 가지고 바른 태도로 즐겁게 먹는다. • 하루 일과에서 적당한 휴식을 취한다. • 질병을 예방하는 방법을 알고 실천한다.

건강하게 생활하기는 유아가 스스로 몸과 주변을 깨끗이 하고, 즐겁게 식사하며, 자신의 신체 리듬에 맞게 휴식을 취하고, 질병을 예방하는 다양한 방법을 실천하는 내용이다.

- **내용범주**: 건강하게 생활하기
- **목표**: 건강한 생활습관을 기른다.
- **내용**: – 자신의 몸과 주변을 깨끗이 한다.
  – 몸에 좋은 음식에 관심을 가지고 바른 태도로 즐겁게 먹는다.
  – 하루 일과에서 적당한 휴식을 취한다.
  – 질병을 예방하는 방법을 알고 실천한다.

내용 이해	유아 경험의 실제
하루 일과에서 적당한 휴식을 취한다. 유아가 피곤하거나, 몸이 아프거나, 몸을 많이 움직여서 쉬고 싶을 때, 적절한 휴식을 취하는 내용이다.	유아들은 바깥 놀이터에서 신나게 놀이한 후 교실로 돌아오자마자, "선생님, 정말 더워요. 에어컨 틀어 주세요."라고 다급한 목소리로 요청한다. 교사는 "그래. 선풍기도 켜 놓을게. 그런데 땀을 많이 흘렸으니 얼굴이랑 팔을 씻는 것은 어떨까?" 하며 에어컨과 선풍기를 켠다. 유아들은 얼굴과 팔, 손을 씻고 들어와 "이젠 좀 쉬자!"라고 말하며 교실 바닥에 앉기도, 눕기도 한다. 
질병을 예방하는 방법을 알고 실천 한다. 유아가 질병의 위험으로부터 건강을 유지할 수 있는 다양한 생활 방식(몸을 청결히 하기, 날씨와 상황에 알맞은 옷 입기, 찬 음식 적당히 먹기, 정해진 시간에 자고 일어나기, 따뜻한 물 마시기 등)을 경험하는 내용이다	유아: 선생님, 나 감기에 걸렸어요. 교사: 어떡하니, 많이 아파? 유아: 네. 열도 났어요. 그래서 엄마가 따뜻한 물을 넣어 주셨어요. 교사: 그렇구나. 따뜻한 물이 감기에 좋지. 오늘은 따뜻한 물을 자주 마셔 봐. 감기가 금방 나을 거야.

토론 및 토의

바깥놀이터에서 신나게 놀이한 후 교실로 돌아온 유아들을 위한 교사의 지원에 대하여 논의하시오.

8장

평가제 지표의 건강 관련 영역

영유아의 건강을 위해 교사는 실내외 공간을 청결하게 유지하고 안전한 환경을 제공해주어야 한다. 또한 영유아와 교사는 위생적인 생활 습관을 지녀야 하며, 질병의 예방관리를 통해 건강한 생활을 영위해야 한다. 영유아 교육기관에서는 영유아에게 안전하고 풍부한 식재료로 영양적 균형을 고려하여 청결하게 조리한 음식을 제공함으로써 영유아가 건강하게 성장할 수 있도록 지원한다.

1. 평가제 지표에서의 건강과 영양

1) 3-2. 급/간식

영유아기는 신체적으로 급속한 성장과 발달이 이루어지는 시기로 어린이집에서는 양질의 급·간식을 통해 영유아의 성장을 지원해야 한다. 양질의 식사와 간식은 영유아의 건강과 신체발달에 절대적인 요소로, 영유아는 청결하게 조리된 질 좋은 먹거리를 섭취하여 신체의 건강과 발달을 이루고, 면역력을 키워 질병을 예방할 수 있다. 영유아는 어린이집에서의 급·간식시간을 즐겁게 경험함으로써 하루의 긴장을 풀고 에너지를 얻으며, 쾌적한 신체여건을 유지하여 어린이집에서의 일과를 활기차게 보낼 수 있다.

어린이집에서는 영유아의 발달단계와 영양적 요구를 고려하여 수립된 식단을 토대로 영유아의 기호에 맞게 조리된 음식을 제공하여야 하며, 이를 위한 식자재의 구입, 보관, 조리 및 배식과정이 청결하고 위생적으로 이루어질 수 있도록 관리하여야 한다.

본 지표는 3개의 평가항목으로 평가한다. 영양의 균형을 고려한 안전한 급·간식이 제공되는지, 식자재의 구입·보관 및 조리 공간이 위생적으로 관리되는지, 조리 및 배식과정이 청결하고 위생적인지 등을 평가한다.

평가항목		결과
3-2-1	영양의 균형을 고려한 급·간식을 제공하고 있다.	
3-2-2	식자재의 구입·보관 및 조리공간을 위생적으로 관리하고 있다.	
3-2-3	조리 및 배식과정을 청결하고 위생적으로 관리하고 있다.	
	합계	총계

지표 평정기준		
	우 수	3개의 평가항목 중 'Y' 개수가 3개
	보 통	3개의 평가항목 중 'Y' 개수가 2개
	개선필요	3개의 평가항목 중 'Y' 개수가 1개 이하

(1) 3-2-1

3-2-1	영양의 균형을 고려한 급·간식을 제공하고 있다.
평가내용	① 영양사가 작성한 식단에 따라 급·간식을 제공하고, 보존식을 보관함 ② 영유아의 연령 특성을 고려한 급·간식(양, 크기, 맛, 조리형태 등)을 제공함 ③ 인스턴트 식품보다 자연식품 위주로 급·간식을 제공함 ④ 식품 알레르기 질환에 대한 지침을 마련하여 실행함
평가기준	4개 중 3개 이상 충족해야 Y로 평정

① 영양사가 작성한 식단에 따라 급 · 간식을 제공하고, 보존식을 보관함

기록

- 영양사(임용된 영양사 또는 어린이급식관리지원센터, 육아종합지원센터 등)가 작성한 급 · 간식 식단표(오전간식, 점심, 오후간식 포함)를 사용하고 있음
  - 재원하고 있는 영아의 월령, 발달단계 등을 고려한 영아용 식단(이유식)을 체계적으로 수립하고 있음
  - 토요일 운영 시 급 · 간식 식단표에 토요일 식단이 포함되어 있음
- 실제 제공된 급 · 간식에 대한 기록이 있으며, 이는 계획된 식단과 일치함

관찰

- 사전에 수립된 식단과 실제 제공된 급 · 간식의 내용이 일치함
- 「식품위생법」에 따라 보존식은 영하 18℃ 이하의 상태로 보관 시간(144시간)을 준수하여 보관하고 있음

※ 제공된 급 · 간식(이유식 포함) 모두 보존식을 보관해야 함

※ 보존식 보관 여부는 집단급식소로 신고된 어린이집을 대상으로 확인함

궁금해요

Q 토요일에도 어린이집을 운영하고 있으나 불규칙적으로 영유아가 등원합니다. 이때에도 매주 토요일에 대한 급 · 간식 식단을 모두 계획해야 하나요?

A 어린이집에서는 영유아의 발달단계와 영양적 요구를 고려한 급 · 간식 식단표를 체계적으로 수립하여야 합니다. 토요일에 어린이집을 운영한다면, 영유아가 불규칙하게 등원하더라도 사전에 토요일 급 · 간식에 대한 계획을 세워 제공하고 관련 기록을 관리하는 것이 바람직합니다. 운영위원회의 결정에 따라 토요일에 어린이집을 운영하지 않을 경우에는 관련 증빙자료(예: 어린이집 운영안내서, 운영위원회 회의록 등)를 마련하시기 바랍니다.

궁금해요

Q 계획된 식단에 따라 급 · 간식을 제공하려고 하나, 식자재 수급 사정 등에 따라 부득이하게 계획과 다르게 제공하는 경우가 있습니다. 이때 동일 식품군으로 대체 제공하면 인정 가능한가요?

A 어린이집에서는 영유아가 정상적인 발달에 필요한 영양을 섭취할 수 있도록 영양적 균형을 고려하여 영양사가 작성한 식단대로 급 · 간식을 제공하여야 합니다. 다만, 식자재 수급 사정 등으로 인해 부득이하게 계획과 다르게 제공할 수밖에 없는 상황도 있을 수 있으므로 일부(1개월 내 50% 미만) 불일치하는 경우는 감안하여 평정합니다.

② 영유아의 연령 특성을 고려한 급 · 간식(양, 크기, 맛, 조리형태 등)을 제공함

관찰

- 영유아의 연령, 개별요구에 맞추어 충분한 양의 급 · 간식을 제공함
  - 배식할 음식은 여분이 있어 더 먹기를 원하는 영유아에게는 추가로 배식함
- 제공된 음식물은 조각이 크지 않아 영유아가 쉽게 먹을 수 있음
- 제공된 음식물은 지나치게 뜨겁거나 차갑지 않으며, 맵고 짜게 조리되지 않아 자극적이지 않음
- 영아의 월령이나 발달단계에 따라 이유식의 조리 형태(유동식, 반고형식, 고형식)가 달라짐

③ 인스턴트 식품보다 자연식품 위주로 급 · 간식을 제공함

기록

- 급 · 간식을 인스턴트 식품이 아닌 자연식품 위주로 제공함
  - 조리 절차가 간단하고 식품 첨가물이 함유된 인스턴트 식품(라면, 자장면 등)이나 냉동식품, 탄산음료, 과자류가 50% 이상 포함되지 않음

④ 식품 알레르기 질환에 대한 지침을 마련하여 실행함

기록

- 어린이집 차원의 식품 알레르기 질환에 대한 지침을 마련하여 보호자에게 안내함(오리엔테이션, 운영방침, 가정통신문 등)
- 보호자에게 안내한 자료에는 식품 알레르기 질환에 대한 지침의 필수기재사항이 모두 포함되어 있음

  ※ 필수기재사항: 식품 알레르기 질환 관련 내용(알레르기 유발 식품의 예 등), 실질적인 대처방법(대체음식 제공 등)
- 영유아별 식품 알레르기 질환을 조사한 기록이 있음
- 식품 알레르기 질환이 있는 영유아가 있을 경우, 이를 고려한 급·간식의 조리, 배식이 이루어진 기록(보육일지 등)이 있음

면담

- (공통) 식품 알레르기 질환에 대한 지침의 내용을 알고 있는가?
- (공통) 지침의 내용을 부모나 보호자에게 어떤 방법으로 안내하였는가?
- (공통) 재원 중인 영유아 중 식품 알레르기 질환이 있는 영유아가 있는가? 어떠한 종류인가?
- (공통) 해당 영유아를 위해 어떻게 지원하고 있는가?

궁금해요

Q 영유아별 식품 알레르기 질환을 조사한 결과, 현재 식품 알레르기 질환이 있는 영유아가 없습니다. 알레르기 질환이 있는 영유아가 없는 경우에도 식품 알레르기 질환에 대한 지침을 마련해야 하나요?

A 식품 알레르기는 대부분 출생 후 1~2년에 발병하며, 다양한 종류의 음식에서 여러 가지 증상으로 나타납니다. 영유아의 경우 출생 후 식품 알레르기에 대한 반응이 없었으나, 어린이집에서 처음 접하는 식품으로 인해 알레르기 반응이 나타날 수 있으므로, 어린이집에서는 식품 알레르기 질환이 있는 영유아에 대한 적극적인 조치를 위해 해당 지침을 마련하고 부모에게 이를 안내해야 합니다.

궁금해요

Q 재원아 중 식품 알레르기 질환이 있는 영유아가 있는 경우 어떻게 대처해야 하나요?

A 어린이집에서는 영유아별로 식품 알레르기 질환을 조사하여 어린이집의 대처방법에 따라 알레르기 질환이 있는 영유아를 고려한 급·간식의 조리, 배식을 진행하고 관련 내용을 운영일지 등에 기록하여 관리하시기 바랍니다.

(2) 3-2-2

3-2-2	식자재의 구입·보관 및 조리공간을 위생적으로 관리하고 있다.
평가내용	① 식자재는 신선한 것을 구입하고 이를 위생적으로 보관함(필수) ② 유통기한 경과 식품(식자재 등)이 없음(필수) ③ 조리실 공간(바닥, 벽, 천장 등)과 조리실 내 시설·설비(개수대, 조리대, 식기수납장, 가스레인지, 후드, 환풍기, 주방가전 등)를 청결하게 유지함 ④ 식기류(컵 등)와 조리실 비품(조리도구, 행주 등)을 위생적으로 관리함
평가기준	4개 중 3개 이상(필수요소 포함)을 충족해야 Y로 평정 ※ 필수요소 미충족 시 N 평정

① 식자재는 신선한 것을 구입하고 이를 위생적으로 보관함(필수)

관찰

- 모든 식자재는 외관, 색상, 냄새 등을 확인했을 때 변질되지 않은 상태임
- 구입한 식자재는 육안 검수 후 밀봉하여 보관 방법에 맞게 실온·냉장·냉동 보관함
- 식자재 보관 장소(창고, 싱크대, 베란다 등)는 곰팡이나 습기가 없고 건냉하며 청결함
  - 식자재 보관 장소에 창문이 있을 경우 방충망이 설치되어 있음

② 유통기한 경과 식품(식자재 등)이 없음(필수)

관찰

- 어린이집 내의 식품(식자재 등) 중 유통기한이 경과된 것이 전혀 없음

– 평정대상: 어린이집 내의 모든 공간에 있는 유통기한이 표기된 모든 식품 (수입식품 포함)

※ 영유아가 섭취할 수 없는 건강기능식품(식품의약품안전처 인증 식품에 한함), 커피는 제외

※ 유치원과 같은 건물에 설치된 어린이집이 유치원의 조리실을 함께 사용할 경우, 해당 조리실 내 모든 식자재(유치원용 등)가 평정대상에 포함됨(공공기관이나 사회복지관 안에 설치된 어린이집의 경우에도 동일한 기준이 적용됨)

※ 가정어린이집에서 개인 용도의 식자재를 분리하여 보관하는 경우에도 해당 식자재는 평정대상에 포함됨

궁금해요

Q 어린이집에서 된장이나 김치를 직접 담가 먹습니다. 직접 만든 식품에 대한 유통기한은 어떻게 평정하나요?

A 식품제조·가공업체에서 판매를 목적으로 생산하는 식품 또는 식품첨가물에는 「식품위생법」에 따라 유통기한이 의무적으로 표기되어야 합니다. 본 평가요소에서는 어린이집 인가공간 내 유통기한이 표기되어 있는 모든 식품을 대상으로 유통기한 경과 여부를 확인하고 있습니다. 이때, 어린이집에서 직접 만든 식품(예: 된장, 고추장, 김치 등)은 유통기한 평정대상에 포함되지 않으나, 식품이 변질되지 않도록 보관·관리해야 합니다.

궁금해요

Q 어린이집 인가공간 내에는 조리실이 없고, 같은 건물에 있는 유치원의 조리실을 공동으로 사용하고 있습니다. 이러한 경우 유치원 조리실도 평정대상에 포함되나요?

A 유치원과 같은 건물에 설치된 어린이집은 지자체의 승인이 있을 경우 유치원의 조리실을 함께 사용할 수 있습니다(2021년도 보육사업안내). 이때 해당 조리실 내 모든 식자재(유치원용 등)가 평정대상에 포함되며, 조리실 공간 및 설비의 청결 여부도 함께 평정합니다. 아울러 공공기관이나 사회복지관 안에 설치된 어린이집의 경우에도 동일한 기준이 적용되며, 가정어린이집에서 개인 용도의 식자재를 분리하여 보관하는 경우에도 해당 식자재는 평정대상에 포함됩니다.

③ 조리실 공간(바닥, 벽, 천장 등)과 조리실 내 시설 · 설비(개수대, 조리대, 식기수납장, 가스레인지, 후드, 환풍기, 주방가전 등)를 청결하게 유지함

관찰

- 조리실 바닥, 벽, 천장에 찌든 때나 이물질이 없이 깨끗하고, 작업 후 바닥이 건조하게 유지됨
- 조리실의 창문 및 실외로 직접 연결된 모든 문에는 방충망이 부착되어 있으며 파손 없이 청결함
- 개수대, 조리대, 가스레인지, 식기수납장은 찌든 때나 이물질이 없이 청결함
- 조리실의 주방가전(냉장고, 전자레인지, 전기밥솥, 기타 소형 가전제품 등)은 표면과 내부에 찌든 때나 이물질이 없이 청결함
- 후드가 환기구에 잘 연결되어 있고, 후드와 환풍기는 정상 작동하며 외관 및 주변이 찌든 때나 이물질이 없이 청결함
- 쓰레기통과 그 주변이 청결하며, 모든 하수구는 냄새가 올라오지 않고 청결함
- 조리실을 자주 환기시켜 쾌적한 환경을 유지함

④ 식기류(컵 등)와 조리실 비품(조리도구, 행주 등)을 위생적으로 관리함

관찰

- 식기류와 조리실 비품(조리도구, 행주 등)은 사용 후 세척, 소독하여 위생적으로 관리함
- 도마와 칼은 교차오염 방지를 위해 최소한 육류용, 어패류용, 기타 채소류용 등으로 구분하여 사용함
- 식수대와 컵 등은 먼지와 습기가 없는 건조한 곳에 청결하게 보관함
- 식수대에 청결한 컵을 비치하여 사용 전후로 구분하거나, 영유아별로 개별 컵을 사용하는 경우 수시로 청결 상태를 확인, 관리함
- 영아를 위한 수유용 젖병과 젖꼭지는 1회 사용 후 소독하여 관리함

면담

- (조리원) 도마와 칼은 어떻게 구분하여 사용하는가?

(3) 3-2-3

3-2-3	조리 및 배식과정을 청결하고 위생적으로 관리하고 있다.
평가내용	① 조리가 위생적으로 이루어짐 ② 배식과정이 위생적으로 이루어짐 ③ 1회 조리된 음식은 당일 소모하고 재배식하지 않음(필수) ④ 마실 물, 우유 등을 위생적으로 관리함
평가기준	4개 중 3개 이상(필수요소 포함)을 충족해야 Y로 평정 ※ 필수요소 미충족 시 N 평정

① 조리가 위생적으로 이루어짐

관찰

- 조리를 하는 보육교직원(조리원, 조리업무를 하는 원장 등)은 조리 시 청결하고 위생적인 복장을 갖고 있음
  - 전용 앞치마(또는 위생복), 전용 머릿수건(또는 위생모), 조리실 전용 신발(또는 위생화)이나 덧신을 착용함
  - 조리실 전용 신발이나 덧신은 조리실 내에서만 사용함

  ※ 단, 실내 공간과 조리공간이 바닥이 구분되지 않으며 바닥에서 물을 사용하지 않는 경우, 조리실 전용 신발이나 덧신을 착용하지 않을 수 있음
- 조리 전 비누로 손을 깨끗이 씻음
- 식재료 준비 작업은 준비대나 조리대에서 하며, 식재료의 세척과 절단 등 전처리 작업이 청결하게 이루어짐
- 조리 중(전처리 작업 포함)이거나 조리된 식품을 맨손으로 취급하지 않으며, 맛보기는 별도 숟가락을 사용함

궁금해요

Q 미리 준비해 둔 간식을 데우는 경우에도 반드시 앞치마와 머릿수건을 착용해야 하나요?

A 급·간식 조리 시에는 청결하고 위생적인 복장을 갖추어야 합니다. 이때, 음식을 데우는 것도 조리과정에 해당하므로 반드시 앞치마와 머릿수건 등을 착용해야 합니다.

② 배식과정이 위생적으로 이루어짐

관찰

- 교사는 급·간식 전후로 청결한 행주를 사용하여 식탁(책상)을 닦음
- 배식 시 음식별로 위생적인 개별 배식도구(집게, 가위 등)를 사용함
  - 맨손으로 음식을 배식하지 않음
  - 하나의 배식도구(집게 등)로 여러 가지 음식을 배식하지 않음
  - 하나의 가위로 여러 가지 음식을 자르지 않음
  - 사용하던 젓가락이나 포크 등으로 음식을 배식하지 않음
- 배식 시 영유아 개인별 식기를 사용함
  - 공동접시를 사용하여 하나의 음식을 여러 명이 함께 먹지 않음

③ 1회 조리된 음식은 당일 소모하고 재배식하지 않음(필수)

관찰

- 당일 조리된 음식은 당일 소모를 원칙으로 하며, 1회 조리된 음식을 배식 완료하고 남았을 경우 이를 전량 폐기함

※ 데친 채소류, 삶은 고기, 육수 등도 조리의 단계를 거쳤으므로 당일 소모 원칙을 준수해야 함

면담

- (교사, 조리원) 당일 급·간식의 배식을 완료한 후 남은 음식은 어떻게 처리

하는가?

- (교사, 조리원) 전날 조리된 음식이 재배식된 경우가 있는가?

궁금해요

Q 교사용 반찬은 당일 폐기하지 않고 냉장고에 보관하고 먹어도 되나요?

A 어린이집에서는 당일 조리된 음식은 당일 소모해야 하므로, 배식을 완료하고 남았을 경우 이를 전량 폐기해야 합니다. 따라서 교사용 반찬이라 하더라도 당일 소모하고 재배식하지 않는 것이 바람직합니다. 다만, 김치류 등은 평정대상에 포함되지 않으나, 식품이 변질되지 않도록 보관·관리해야 합니다.

④ 마실 물, 우유 등을 위생적으로 관리함

관찰

- 영유아가 손쉽게 마실 수 있도록 보육실 또는 층별로 마실 물과 물 컵을 비치함
- 마실 물은 끓여서 식힌 물이나 생수를 제공하며, 정수기 사용 시 필터와 꼭지의 위생관리가 이루어짐
- 우유는 반드시 냉장보관하며, 영아용 분유는 습기 없는 곳에 보관함
- 영아를 위한 모유나 우유는 반드시 냉장보관하며, 먹다 남은 모유나 우유는 즉시 폐기함

궁금해요

Q 마실 물은 반드시 보육실에 비치해야 하나요?

A 어린이집에서는 영유아가 원할 때 자유롭게 물을 마실 수 있도록 영유아의 활동 공간에 마실 물을 마련해 두어야 합니다. 따라서 보육실 안, 복도(보육실이 위치한 같은 층의 복도) 등 영유아가 쉽게 이용할 수 있는 공간에 마실 물과 물 컵을 비치하는 것이 바람직합니다.

2) 3-3. 건강증진을 위한 교육 및 관리

영유아는 위생습관을 실천함으로써 면역력을 증진시키고, 질병에 감염될 가능성을 낮출 수 있다. 또한 영유아는 발달수준에 적합한 건강·영양교육을 통해 스스로 자신의 신체 및 정신 건강에 관하여 인식하고 관리할 수 있는 기초를 형성하게 된다. 교직원 역시 건강 관련 교육 및 서비스를 통해 심신의 건강을 유지하여 쾌적한 여건에서 영유아 보육에 임할 수 있다.

어린이집에서는 모든 구성원이 손 씻기와 양치질 등의 위생습관을 실천할 수 있도록 지원하여야 한다. 또한 영유아가 다치거나 병에 걸렸을 때에는 이를 사려 깊게 파악하여 심신을 돌보아 주고 투약 등 적절한 지원을 해 주어야 하며, 하루 일과를 통해 영유아의 건강상태를 살펴보고 적절하게 지원해 주어야 한다. 또한 감염병 관리수칙을 정해 이를 따름으로써 영유아들이 서로 전염되지 않도록 유의하여야 한다. 보육교직원은 상시적으로 건강 및 영양교육을 받아 이를 실천함으로써 영유아와 자신의 건강상태가 유지될 수 있도록 노력하여야 한다.

본 지표는 3개의 평가항목으로 평가한다. 영유아와 보육교직원이 손 씻기 등 개인위생을 실천하는지, 교사가 영유아의 건강상태를 살펴보고 적절히 지원하는지, 영유아와 보육교직원의 건강증진을 위한 예방관리 및 교육이 이루어지는지 등을 평가한다.

평가항목		결과
3-3-1	손 씻기, 양치질 등 청결한 위생습관을 실천한다.	
3-3-2	교사는 영유아의 건강상태를 살펴보고 적절하게 지원한다.	
3-3-3	영유아와 보육교직원의 건강증진을 위한 예방관리와 교육을 실시한다.	
	합계	총계

지표 평정기준		
	우 수	3개의 평가항목 중 'Y' 개수가 3개
	보 통	3개의 평가항목 중 'Y' 개수가 2개
	개선필요	3개의 평가항목 중 'Y' 개수가 1개 이하

(1) 3-3-1

3-3-1	손 씻기, 양치질 등 청결한 위생습관을 실천한다.
평가내용	① 교사는 손을 씻어야 하는 상황에서 반드시 손을 씻음 ② 영유아는 손을 씻어야 하는 상황에서 반드시 손을 씻음 ③ 식사 후 연령에 적합한 방법으로 이를 닦고 칫솔과 양치컵으로 위생적으로 관리함 ④ 교사는 영유아의 배변 후 뒤처리를 위생적으로 함
평가기준	4개 중 3개 이상 충족해야 Y로 평정

① 교사는 손을 씻어야 하는 상황에서 반드시 손을 씻음

관찰

- 교사는 손을 씻어야 하는 상황에서 반드시 손을 씻음
  - 음식을 다루기 전, 바깥놀이 후, 변기 사용 후, 배변지도 후(기저귀 갈이 등)
- 기저귀 갈이를 연속으로 하는 경우 등의 상황에서 손 씻기의 대안으로 중간 시점마다 손소독제를 사용할 수 있으나, 마지막에는 반드시 손을 씻음

궁금해요

Q 영유아의 콧물을 닦아 준 후에도 매번 손을 씻어야 하나요?

A 교사가 영유아의 콧물 등을 닦아 준 후에도 물로 손을 씻는 것이 가장 바람직합니다. 그러나 보육실 상황에 따라 바로 손 씻기가 어려운 경우, 대안적인 방법으로 손소독제를 사용할 수 있습니다. 다만, 음식을 다루기 전 등 반드시 손을 씻어야 하는 상황에서는 물로 손을 씻어 청결을 유지해야 합니다.

② 영유아는 손을 씻어야 하는 상황에서 반드시 손을 씻음

관찰

- 영유아는 손을 씻어야 하는 상황에서 반드시 손을 씻음
  - 음식을 먹기 전, 바깥놀이 후, 대·소변 이후
- 교사는 영유아가 도움을 필요로 하는 경우 손 씻기를 지원함
  - 유아의 경우 스스로 손 씻는 습관을 기를 수 있도록 지속적으로 안내, 관리함
  - 영아의 경우 옆에서 지켜보며 손 씻는 방법을 단계적으로 알려 주고, 개별 영아의 발달 수준에 맞게 도움을 제공함

③ 식사 후 연령에 적합한 방법으로 이를 닦고 칫솔과 양치컵으로 위생적으로 관리함

관찰

- 모든 영유아는 점심식사 후 연령에 적합한 방법으로 이를 닦음
- 교사는 영유아가 도움을 필요로 하는 경우 이 닦기를 지원함
  - 유아의 경우 유아가 이 닦기 습관을 기를 수 있도록 지속적으로 안내, 관리함
  - 영아의 경우 개별적으로 도움을 주되 일부 과정이라도 스스로 해 볼 수 있도록 안내하고 지원함
- 칫솔과 양치컵은 영유아별로 구비하며 사용 후 겹쳐지지 않도록 하여 건조시킴

④ 교사는 영유아의 배변 후 뒤처리를 위생적으로 함

관찰

- 교사가 영유아의 배변 뒤처리를 해 줄 경우 휴지 등으로 충분히 닦고, 사용한 휴지 등은 즉시 휴지통을 넣어 2차 오염을 방지함
- 기저귀를 갈아 줄 때에는 영아의 엉덩이 부위를 미지근한 물로 닦아 주고, 여의치 않을 때에는 물티슈로 깨끗하게 닦아 줌
- 배변 실수한 영유아의 뒤처리를 해 줄 때에는 가능한 물로 씻긴 후 여벌 옷으로 갈아입힘

(2) 3-3-2

3-3-2	교사는 영유아의 건강상태를 살펴보고 적절하게 지원한다.
평가내용	① 아프거나 다친 영유아에 대한 지침을 구비함 ② 교사는 일과 중 영유아의 건강상태를 주의 깊게 살펴보고, 적절히 조치함 ③ 투약의뢰서를 관리하고, 부모에게 투약보고를 함 ④ 비상약품을 용도별로 구비하여 유효기간 내로 관리함
평가기준	4개 중 3개 이상 충족해야 Y로 평정

① 아프거나 다친 영유아에 대한 지침을 구비함

기록

- 아프거나 다친 영유아를 위한 처리 절차와 교직원 업무분장이 포함된 지침이 마련되어 있고, 지침에는 필수기재사항이 포함되어 있음

※ 필수기재사항: 질병에 걸려 아픈 영유아에 대한 처리 절차, 사고로 다침 영유아에 대한 처리 절차(상해유형에 따른 응급처치 내용이 최소 세 가지 이상 포함), 교직원 업무분장

궁금해요

Q 아프거나 다친 영유아를 위한 지침에는 어떤 내용이 포함되어야 하나요?

A 어린이집에서는 질병에 걸려 아프거나 사고로 다친 영유아 발생 시 신속한 대처를 위해 지침을 마련해 두어야 합니다. 즉, 아프거나 다친 영유아 발생 시 처리 절차와 교직원의 역할을 문서화하여 항상 숙지하고, 상해 유형에 따라 적절한 응급처치가 가능하도록 관련 정보를 준비하는 것이 바람직합니다. 다음의 참고문헌에는 어린이집에서 발생할 수 있는 응급상황이나 안전사고 발생 시 활용할 수 있는 다양한 지침과 사례들이 수록되어 있으니, 이를 활용하여 지침을 마련하시기 바랍니다.

- 어린이집 안전관리 백과(어린이집안전공제회, 2019)
- 서울시 어린이집 안전수칙 매뉴얼(서울특별시, 2016)
- 2019 어린이집 보육교직원 안전교육(어린이집안전공제회, 2019)

궁금해요

Q 어린이집에서 영유아가 갑자기 열이 날 때는 어떻게 해야 하나요? 전화나 문자로 부모의 동의를 얻고 해열제를 먹여도 되나요?

A 어린이집에서는 아프거나 다친 영유아 발생 시 신속한 지원을 위해 지침을 마련해 두어야 합니다. 해열제 투약과 관련된 사항은 '아프거나 다친 영유아를 위한 지침'에 포함하여 보호자와 유선 연락 후 동의를 얻어 해열제 투약 등 필요한 조치를 할 수 있습니다. 처치 후에는 알림장, 스마트폰 어플리케이션(스마트알림장), 대화수첩, 문자메시지 등을 통해 투약보고를 하도록 합니다.

<참고> 아프거나 다친 영유아에 대한 처리 절차의 예

• 참고: 어린이집 보육교직원 안전교육(어린이집안전공제회, 2019) 재구성

• 질병에 걸려 몸이 아프거나 사고로 다친 영유아가 발견되면 즉시 원장이나 주임교사에게 보고한다.
• 영유아에게 질병·사고 또는 재해 등으로 인하여 위급상황이 발생한 경우 즉시 응급의료기관에 이송한다.

① 질병에 걸려 아픈 영유아의 경우
  • 상황에 맞는 필요한 조치를 취하고 별도의 공간에서 원장 등이 보살피며 쉬도록 해 주거나 보육실의 한쪽 공간에서 자주 쉴 수 있도록 보호한다.
  • 응급상황일 경우 즉시 119나 응급실에 구조를 요청한다.
  • 보호자에게 연락하여 영유아의 상황을 알린다.
  • 보호자가 약을 보냈을 경우 부모가 의뢰한 투약사항에 따라 정확히 투약하고 기록하여 보호자에게 알려 준다.
  • 긴급하게 대처해야 하는 상황(고열 등)에서는 보호자와 유선으로 연락 후 필요한 조치를 취할 수 있다.

② 사고로 다친 영유아의 경우
  • 당황하지 않고 사고의 원인을 파악하여 필요한 조치를 취한다.
    – 안전사고가 발생하면 우선 교사 자신이 당황하지 않는 것이 무엇보다 중요함. 교사가 당황하게 되면 사고를 당한 영유아나 나머지 영유아들이 함께 당황해하거나 더 불안해할 수 있음
    – 사고를 파악할 때에는 누가 어떻게 다쳤는지, 그 현장에 남아 있는 위험이나 또 다른 사고의 위험은 없는지 판단함

  • 다친 영유아의 부상 정도를 파악하여 적절한 조치를 취한다.
  • 119나 응급실에 구조를 요청한다.
  • 보호자에게 연락하여 영유아의 상황을 알린다.
  • 남은 영유아를 안심시킨다.

② 교사는 일과 중 영유아의 건강상태를 주의 깊게 살펴보고, 적절히 조치함

관찰

• 교사는 등원하는 모든 영유아의 건강상태(발열, 기침, 콧물, 눈곱, 발진, 기분 상태 등)를 눈으로 살펴보고, 필요시 이마의 열을 재어 보거나 영유아에게 직

접 묻는 등의 방법으로 파악함

- 교사는 영유아의 건강상태에 있을 경우 보호자에게 직접 질의하거나, 전언(전화, 알림장 등)으로 확인함
- 교사는 일과 중 평소와 다른 모습(활동에 참여하지 않고 처지거나, 힘들어하거나, 움직임이 느리거나, 활동 중 조용히 있거나, 짜증을 내거나, 과도하게 흥분해 있거나, 피곤해서 또래와 쉽게 다투거나, 울고 보채는 등)을 보이는 영유아가 있는지 수시로 살펴봄
- 교사는 휴식이 필요한 영유아가 있을 경우 휴식공간에서 쉴 수 있도록 지원함
- 질병으로 아프거나 사고로 다친 영유아가 발생할 경우 즉시 지침에 따라 조치함
  - 감기 초기 등 아픈 정도가 경미하다고 판단하여 즉기 귀가조치하지 않는 경우, 하원 시 알림장에 기재하거나 전화를 통하여 부모나 보호자에게 알림
  - 이미 발병하여 약을 가지고 등원한 영유아의 상태가 현저히 악화되었을 경우, 즉시 부모나 보호자에게 영유아의 증상을 전화로 알림
- 교사는 하원하는 모든 영유아의 건강상태를 눈으로 살펴보고, 필요시 이마의 열을 재어 보거나 영유아에게 직접 묻는 등의 방법으로 파악함

면담

- (공통) 아픈 영유아가 발생하거나 다쳤을 경우, 보호자에게 어떻게 알리는가?
- (공통) 영유아가 다쳤을 경우, 어떻게 조치하는가?

③ 투약의뢰서를 관리하고, 부모에게 투약보고를 함

관찰

- 영유아가 복용하는 약은 보관방법(상온, 냉장보관 등)을 준수하여 적절하게 보관함

- 부모가 의뢰한 투약사항에 따라 영유아에게 투약을 실시함
- 투약한 내용을 기록하여 부모에게 보고함

기록

- 투약의뢰 및 투약보고 관련 기록(필수기재사항 포함)이 있음

※ 필수기재사항
  - (투약의뢰) 투약하는 약의 종류, 용량, 시간(횟수), 의뢰자명
  - (투약의뢰) 투약 여부, 투약자

※ 투약의뢰 및 투약보고는 알림장, 스마트폰 어플리케이션(스마트 알림장), 대화수첩, 문자메시지 등

- 영유아가 복용하는 약은 보관방법(상온, 냉장보관 등)을 준수하여 적절하게 보관함
- 부모가 의뢰한 투약사항에 따라 영유아에게 투약을 실시함
- 투약한 내용을 기록하여 부모에게 보고함

궁금해요

Q 부모님이 영유아의 투약의뢰서를 기재하지 않고 투약 시간과 용량 등을 구두로 알려 주는 경우, 어떻게 해야 할까요?

A 아픈 영유아의 부모가 투약을 의뢰할 경우에는 반드시 서면으로 요청해야 합니다. 부득이하게 구두로 투약의뢰를 할 경우, 문자메시지 등 기록으로 확인할 수 있는 방법을 사용하여 반드시 투약의뢰 필수기재사항(약의 종류, 용량, 시간, 의뢰자명)을 확인한 후 투약해야 합니다.

④ 비상약품을 용도별로 구비하여 유효기간 내로 관리함

관찰

- 어린이집 내에 비상약품(의약품 포함)을 구비하고 있음

• 실외용 비상약품(소독제, 밴드류 등)을 별도로 구비하고, 견학, 산책 등 외부 활동 시 지참하여 활용함
• 모든 약품에 유효기간이 표기되어 있고, 이를 경과하지 않음

면담

• (교사) 견학, 산책 등 외부활동 시 실외용 비상약품을 별도로 구비하여 지참하는가?

(3) 3-3-3

3-3-3	영유아와 보육교직원의 건강증진을 위한 예방관리와 교육을 실시한다.
평가내용	① 개별 영유아의 건강검진 서류, 응급처치동의서를 작성 · 관리함 ② 영유아와 보육교직원을 대상으로 다양한 건강 및 영양교육을 실시함 ③ 보육교직원의 건강검진이 정기적으로 이루어짐 ④ 영유아 및 보육교직원에 대한 감염병 관리수칙을 수립하여 실천함
평정기준	4개 중 3개 이상을 충족해야 Y로 평정

① 개별 영유아의 건강검진 서류, 응급처치동의서를 작성 · 관리함

기록

• 모든 영유아의 당해연도 또는 전년도에 실시한 건강검진 서류가 구비되어 있음

※ 보육통합정보시스템 내 건강검진 내역으로 확인 가능함

※ 영아의 경우, 신체계측 결과와 소아과의 정기 예방접종 등으로 갈음하여 비치할 수 있음

※ 만 5세의 경우, 8차 영유아 검강검진까지 모두 실시하였다면 건강검진 실시주기를 고려하여 평정에서 제외함

• 모든 영유아의 응급처치동의서는 필수기재사항이 표기되어 구비됨

※ 필수기재사항: 보호자의 비상연락처, 의료기관, 보호자 서명

궁금해요

Q 영유아 건강검진에 대해 보호자에게 여러 차례 안내하였으나, 보호자가 제출하지 않을 때에는 어떻게 해야 하나요?

A 어린이집에서는 영유아의 건강관리를 위해 연 1회 이상 건강검진을 실시하고, 이를 증빙하는 서류를 보관해야 합니다. 따라서 어린이집에서는 보호자에게 영유아 건강검진을 실시할 수 있도록 안내하여야 합니다. 다만, 건강검진에 대해 3회 이상 고지 · 안내한 후에도 보호자가 건강검진을 거부할 경우, 원장은 3회 이상 안내 · 요구한 사실을 확인할 수 있는 서류(보호자가 수신 확인한 가정통신문, 알림장, 키즈노트 등)를 보관하고 건강검진 실시 여부와 거부 사유를 생활기록부 등에 기록하여 관리합니다.

② 영유아와 보육교직원을 대상으로 다양한 건강 및 영양교육을 실시함

영유아

관찰

- 일상적 양육 및 보육활동을 통해 영유아에게 건강과 영양에 대한 교육적 경험을 자연스럽게 제공함
- 영아의 경우, 대집단이 아닌 소집단이나 개별로 이루어짐

예: 바깥놀이, 손 씻기와 이 닦기, 수면, 편식하지 않고 먹기, 청결한 몸 관리 등의 중요성에 대해 이야기하기 등

기록

- 건강 및 영양 관련 주제로 보육활동을 실행한 기록이 있음(보육일지 등)
  - 영아의 경우, 일상적 양육을 통해 건강 · 영양에 대한 교육적 경험을 제공한 기록이 있음(보육일지, 관찰일지 등)

면담

- (교사) 일과 내에서 영유아에게 건강 · 영양 교육의 기회를 제공하는가?
- (교사) 일과 중 관련 교육을 자연스럽게 실시하기 위해 어떤 방법을 사용하는가?

- (교사) 영아에게 개별 또는 소집단으로 건강 · 영양과 관련하여 교육적 경험을 제공하는가?

보육교직원

기록

- 모든 보육교직원이 연 1회 이상 건강 또는 영양 관련 주제의 교육을 받은 기록이 있음
  - 대상: 원장, 담임교사(반을 맡지 않은 경우 포함), 조리원
  - 내용: 영유아 건강 · 영양 교육 및 일상생활 지도에 도움이 되는 지식, 지도방법 등
  - 방법: 어린이집 자체교육, 외부 집합교육, 온라인 교육 등

    ※ 현장평가월 기준 1년 이내 실시기록 확인

    ※ 입사 1개월 미만인 교직원은 평정에서 제외

면담

- (교사) 최근 1년 이내에 건강 · 영양 관련 교육에 참여한 경험이 있는가?
- (교사) 건강 · 영양교육은 구체적으로 어떤 내용이었나?
- (교사) 건강 · 영양 교육을 받고 영유아 보육과정 운영이나 일상생활 지도에 어떻게 적용해 보았는가?

③ 보육교직원의 건강검진이 정기적으로 이루어짐

기록

- 당해연도 또는 전년도에 실시한 보육교직원의 건강검진 서류가 구비되어 있음
  - 대상: 임용된 보육교직원, 미임용 보육교직원 중 매일 1개월 이상 지속적으로 근무하는 자, 어린이집 보육실습생, 어린이집에서 함께 거주하는 자, 특

별활동 강사, 노인일자리 파견 파견자 등

※ 이때, 보육실습생, 특별활동 강사, 노인일자리 파견자는 보건소의 전염성질환(폐결핵, 장티푸스, 전염성피부질환 등)에 대한 건강진단결과서(구 보건증)로 갈음할 수 있음

④ 영유아 및 보육교직원에 대한 감염병 관리수칙을 수립하여 실천함

기록

- 영유아에게 자주 발생하는 감염병에 대한 관리수칙(필수기재사항 포함)이 있음

※ 필수기재사항: 영유아에게 자주 발생하는 감염병의 증상, 등원하지 않아야 할 감염병의 종류와 기간, 영유아 및 교직원이 감염병에 걸렸을 경우의 대처방법

※ 감염병 관리수칙은 어린이집 안전관리백과(어린이집안전공제회, 2019) 4권 참고

- 감염병에 대한 관리수칙 외에 어린이집에서 자주 발생하는 감염병의 예방 및 증상, 대처방법 등에 대한 정보를 부모에게 분기별로 1회 이상 안내한 자료가 있음

관찰

- 어린이집 운영 시 감염병 관리수칙을 준수하고 있음

면담

- (공통) 부모가 감염병에 걸린 영유아를 등원시킬 경우 어떻게 대처하는가?
- (공통) 영유아가 감염병에 걸렸다고 의심되는 경우 어떻게 대처하는가?
- (공통) 원장이나 교사 자신이 감염병에 걸린 경우 어떻게 대처하는가?

2. 유치원 평가지표의 건강

※ 유치원 평가지표 Ⅲ. 건강 · 안전 영역 (4지표, 9항목) 중에서, 건강 관련된 부분(2지표, 5항목)만 살펴봄

Ⅲ. 건강 · 안전 영역(4지표, 9항목)

평가지표	평가항목
3–1 시설 및 환경	3–1–1. 실내외 공간을 청결하고 안전하게 관리한다.
	3–1–2. 수도, 전기, 가스, 안전시설 등을 안전하게 관리한다.
3–2 건강 및 안전 증진	3–2–1. 질병 및 상해 관리가 적절히 이루어진다.
	3–2–2. 건강 및 안전 증진을 위한 예방 관리 및 교육이 이루어진다.
3–3 급 · 간식 건강 및 안전	3–3–1. 영양의 균형을 고려한 급 · 간식을 제공하며, 식자재 관리가 적절하게 이루어진다.
	3–3–2. 조리 및 배식과정이 안전하고 위생적이다.
	3–3–3. 급 · 간식시간 및 이후 관리가 위생적으로 이루어진다.
3–4 등 · 하원 안전	3–4–1. 등 · 하원 지도가 안전하게 이루어진다.
	3–4–2. 어린이통학버스 관리 및 운행이 안전하게 이루어진다.

유치원 자체평가 결과서(양식)

영역	평가지표	평가항목	충족/미충족	비고
Ⅲ. 건강 · 안전	3–2 건강 및 안전 증진	1. 질병 및 상해 관리가 적절히 이루어진다.	□Y □N	
		2. 건강 및 안전 증진을 위한 예방 관리 및 교육이 이루어진다.	□Y □N	
	3–3 급 · 간식 건강 및 안전	1. 영양의 균형을 고려한 급 · 간식을 제공하며, 식자재 관리가 적절하게 이루어진다.	□Y □N	
		2. 조리 및 배식과정이 안전하고 위생적이다.	□Y □N	
		3. 급 · 간식시간 및 이후 관리가 위생적으로 이루어진다.	□Y □N	
	특장점 기술(우수한 점, 좀 더 노력할 점)			

유치원 평가 매뉴얼

Ⅲ. 건강 · 안전 영역 ·

3-2	건강 및 안전 증진

□ 유아 및 교직원의 개인위생습관을 생활화하고, 예방관리 및 건강교육을 지원하여 질병 감염을 최소화하며, 심신의 건강을 증진하도록 지원한다.
□ 유아를 대상으로 청결, 개인위생에 대한 교육, 생활지도를 실시해 질병을 예방하고 건강을 증진할 수 있도록 하며, 교직원의 건강관리도 함께 이루어지도록 한다.

3-2-1	질병 및 상해 관리가 적절히 이루어진다.	
평가기준	■ 질병 및 상해에 관한 대응책이 마련되어 있다. ※ 응급처치 동의서, 감염병에 걸린 유아의 대처방안 등 ※ 유아, 교직원, 유치원 시설안전사고에 대한 보험 가입(학교안전공제회) ■ 교직원은 유아의 안전을 위해 항상 전체 상황을 주시한다. ※ 유아만 남겨 두고 활동공간에서 자리를 비우지 않기 ■ 계절 및 날씨 관련 놀이 안전수칙을 준수한다. ■ 유아의 손 씻기, 양치질이 위생적으로 이루어진다. ※ 칫솔, 양치컵, 칫솔소독기 청결관리 자체점검 월 1회 실시 ■ 의약품을 철저하게 관리한다. ※ 비상약품 구입목록에 따른 의약품 구비 ※ 투약의뢰서에 따른 투약 * 5개의 평가기준(■) 충족 시 Y로 평정	
충족 여부	□ Y	□ N

3-2-2	건강 · 안전 증진을 위한 예방 관리 및 교육이 이루어진다.	
평가기준	■ 매년 체격검사 및 건강검진을 실시한다(영유아 건강검진으로 대체 가능). ※ 아동학대 조기 발견 및 관리 매뉴얼 비치 (무단결석 시 정보제공 및 가정방문 동의서 비치) ※ 교직원의 아동학대 예방교육 매년 1시간 이상 실시 ※ 교직원은 결핵검진(X-RAY) 연 1회 이상 실시, 잠복결핵감염검사 재직기간 중 1회 실시 ■ 유아 대상 안전교육이 이루어진다(7대 영역 51시간). ■ 교직원 대상 안전교육이 이루어진다. ※ 교직원은 3년마다 15시간 이상, 3년 미만의 계약을 체결하여 종사하는 경우 매 학기 2시간 이상(교육활동 참여자는 매 학년도 1회 이상) 안전교육 이수 * 3개의 평가기준(■) 충족 시 Y로 평정	
충족 여부	□ Y	□ N

3-3	급 · 간식 건강 및 안전	
□ 급 · 간식 운영 및 식자재 관리가 적절하게 이루어진다. □ 조리 및 배식 과정이 위생적으로 관리된다. □ 급 · 간식시간 및 관리가 위생적으로 이루어진다.		
3-3-1	영양의 균형을 고려한 급 · 간식을 제공하며, 식자재 관리가 적절하게 이루어진다.	
평가기준	■ 균형있는 급 · 간식을 제공한다. ■ 양질의 식재료를 구입하여 위생적으로 보관한다. ■ 유아의 영양섭취기준을 고려하여 충분한 양의 급 · 간식을 제공한다. * 3개의 평가기준(■) 충족 시 Y로 평정	
충족 여부	□ Y	□ N

3-3-2	조리 및 배식과정이 안전하고 위생적이다.	
평가기준	■ 조리 및 배식과정을 위생적으로 관리한다. ■ 조리 및 배식과정에 유아의 안전을 고려하여 관리한다. ※ 사전에 학부모에게 식품 알레르기 관련 정보 제공(권장), 식품 알레르기가 있는 유아에게는 적절한 급 · 간식 제공(식품 알레르기 질환 조사 기록, 학부모 안내) * 2개의 평가기준(■) 충족 시 Y로 평정	
충족 여부	□ Y	□ N

3-3-3	급 · 간식 시간 및 이후 관리가 위생적으로 이루어진다.	
평가기준	■ 급 · 간식 운영 시 위생적으로 관리한다(식중독 예방 관리 철저). ※ 6일(144시간) 전까지의 보관식 150g이상을 −18도 이하 냉동보관 ■ 음식물 처리, 조리공간, 식기구 · 식자재보관 공간 등을 위생적으로 관리하고 유지한다. ※ 급 · 간식 공간 청결하게 유지 ■ 1회 조리된 음식은 당일 소모하고, 재배식하지 않는다. * 3개의 평가기준(■) 충족 시 Y로 평정	
충족 여부	□ Y	□ N

출처: 2020 유치원 평가지표_결과서(양식)_매뉴얼. 전라북도교육청.

토론 및 토의

부모가 감염병에 걸린 영유아를 등원시킬 경우, 그에 대한 대처방안에 대하여 논의하시오.

5부

건강점검 및 질병관리

9장

영유아 교육기관에서의 건강점검

영유아가 하루 동안 놀이하고 양육받으며 시간을 어떻게 보낼 것인가에 대한 내용을 일과라고 한다. 영유아 교육기관에서 영유아의 하루 일과를 보면 대체적으로 등원, 정리, 화장실 다녀오기, 활동, 실내놀이와 바깥놀이, 간식 및 점심, 낮잠, 평가, 귀가(하원) 등으로 구성된다. 교사는 영유아가 영유아 교육기관에서 존중받으며 건강하게 지낼 수 있도록 해야 하며, 특히 영유아가 주도적인 삶을 살도록 기본적인 욕구인 간식 및 점심, 낮잠 및 휴식, 배변 등에서 개별적인 특성을 고려해야 한다.

1. 등원

교사는 영유아의 등원 시에 밝은 표정으로 반갑게 인사를 하며 맞이한다. 보호자와 헤어지기를 힘들어하는 영유아의 경우, 영유아가 보호자 뒤에 숨을 때에는 자발적으로 인사할 수 있도록 기다려 준다. 또한 영유아에게 친절하게 대하여 영유아가 심리적으로 안전하다는 것을 느끼도록 분위기를 조성한다.

교사는 영유아가 등원하는 시간에 개별적으로 관심을 보이며 자연스럽게 상호작용을 할 수 있다. 머리를 쓰다듬거나 안고 등을 토닥이며 발열 유무를 점검할 수 있다. 바이러스 감염이 우려되는 시기에는 등원 시 체온을 재고 이를 기록해야 한다. 2021년 질병관리청의 수기 명부와 키즈노트 앱에서의 체온 기록의 양식을 보면 〈표 9-1〉과 같다.

〈표 9-1〉 체온 기록

<table>
<tr><th>수기 명부</th><th>키즈노트</th></tr>
<tr><td>

방문 날짜	방문 시각	개인정보 수집 동의	시군구 (거주지)	개인안심번호 불가 시 휴대전화번호	체온

</td><td>

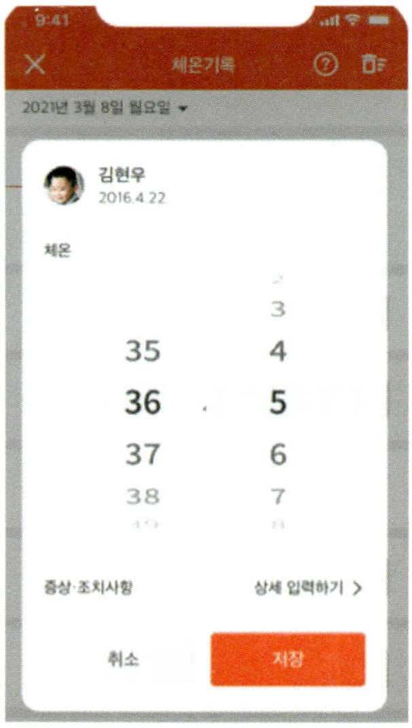

</td></tr>
</table>

바이러스나 균의 전파를 줄이기 위한 방법으로 코와 입 주위보다는 자주 씻는 부위인 손가락 뽀뽀가 유용하다. 교사와 손가락 뽀뽀를 하기 위해서 영유아는 자연스럽게 차례를 지키게 된다. 차례를 지키지 않고 한꺼번에 들어오게 된다면 다칠 수도 있다.

교사는 영유아를 머리부터 발까지 살펴보면서 안색, 위생, 질병 상태 등의 건강과 심리 상태를 점검할 수 있다. 영유아를 데리고 온 보호자와 영유아의 건강상태나 기분, 아침 식사 여부, 전날 집에서 있었던 일, 중간 귀가 여부 등에 대한 의견을 교환하여 이를 반영하며(이도레, 2016), 투약 의뢰가 있을 경우에는 투약 시간에 적정하게 투약한다.

1) 출석부

출석은 영유아의 건강한 상태나 영유아의 발달권 및 아동학대와의 연관성이 있기에 중요하게 다루어져야 한다. 영유아가 1일 무단결석일 경우 담임교사가 유선으로 결석 사유와 영유아의 안전을 확인한 후 다음 출석일을 확인한다. 무단결석 2일 이상일 경우에는 무단결석 영유아 발생 시 전화 연락 또는 가정방문을 한다. 아동학대가 의심되거나 영유아의 안전과 소재가 파악되지 않은 경우에는 수사기관 112에 신고한다(교육부, 보건복지부, 2016).

어린이집에서는 모든 재원 영유아에 대하여 영유아명, 출석일, 등·하원시간이 포함된 보육 통합정보시스템 전자출석부를 사용해야 한다. 담임교사가 출석부에 영유아의 출결상황 및 등·하원시간을 기록하는 것이 원칙이나, 담임교사가 기록하기 곤란한 경우 당번교사, 원장, 보조교사 등이 기록 가능하다. 보호자가 영유아를 등·하원시킬 경우 보호자도 기록 가능하다(보건복지부, 2022).

출석부는 교사가 영유아의 출결사항을 체크할 수 있도록 되어 있다. 등·하원시간을 키즈노트 앱 또는 PC로 입력한 후, 월 출석이 마무리된 다음 통계기능을 이용하여 출결사항을 확인할 수 있다. 2020년 3월부터 전자출결시스템이 실시됨에 따라 원아의 고유번호가 등록된 카드를 제휴업체의 카드리더기에 태깅하면 키즈노트와 보건복지부 보육통합시스템에 연동되어 영유아의 등·하원시간이 자동으로 등록되도록 이루어져 있다. 또한 부모에게도 등·하원 알림이 전송된다. 출석부의 기본 화면 구성 및 작성 완료된 출석부 화면은 다음과 같다.

〈표 9-2〉 스마트폰 앱에서의 출석부

출석부 화면 구성	작성 완료된 출석부

2) 투약의뢰서

영유아 교육기관에서 영유아에 대하여 감기약, 해열제 등을 투약할 경우 부모의 투약의뢰서 또는 투약 요청 의사를 확인(유선, 문자, SNS 등)하고 투약 요청에 대한 증빙 가능 시 투약을 실시한다(보건복지부, 2022).

투약의뢰서로 의뢰받은 약인 경우 영유아의 이름을 정확히 기입하여 다른 약과 섞이는 것을 방지하고 명시된 보관 장소에 보관 후 투약 시간에 정확한 양의 약물을 투약해야 한다. 투약 시 영유아가 앉아 있는 상태에서 액체 약일 경우 흔들어 투약한다.

(1) 일반 서식의 투약의뢰서

〈표 9-3〉 투약의뢰서

투약의뢰서	투약확인서
금일 투약을 의뢰합니다. 원 아 명: 원아증상: 약의종류: □물약 □가루약 □연고 보관방법: □상온 □냉장 투약시간: 시 분 투약횟수: 회 투약용량: 20 년 월 일 요일 투약으로 인한 책임은 보호자(의뢰자)가 집니다. 의뢰자 (사인)	자녀의 투약을 보호자의 의뢰에 따라 아래와 같이 투약하였음을 알려드립니다. 원 아 명: 원아증상: 약의종류: □물약 □가루약 □연고 보관방법: □상온 □냉장 투약시간: 시 분 투약횟수: 회 투약용량: 20 년 월 일 요일 담당자 (사인) ○○○ 어린이집

<table>
<tr><td colspan="2">투약의뢰서
금일 자녀의 투약에 대해 어린이집 선생님께 의뢰합니다.</td></tr>
<tr><td>반 명</td><td></td></tr>
<tr><td>원아 이름</td><td></td></tr>
<tr><td>증 상</td><td></td></tr>
<tr><td>약의 종류</td><td></td></tr>
<tr><td>약의 용량</td><td></td></tr>
<tr><td>투약 시간</td><td></td></tr>
<tr><td colspan="2">년 월 일 요일
의뢰자 (사인)
*투약에 대한 책임은 의뢰자가 집니다.</td></tr>
<tr><td colspan="2"></td></tr>
<tr><td colspan="2">투약확인서
금일 본원의 ○○○어린이에 대해 의뢰하신 내용대로
투약하였음을 알려 드립니다.
년 월 일 요일
담당교사 (사인)</td></tr>
<tr><td>기타 특이
사항</td><td></td></tr>
<tr><td colspan="2">○○○어린이집</td></tr>
</table>

출처: 보건복지부(2022).

① 필수기재사항에는 투약하는 약의 종류, 용량, 횟수 및 시간, 의뢰자 서명, 투약 여부 및 투약자 서명 등 투약확인(보고)이 있다.

② 영유아 교육기관에서는 투약한 내용에 대해 기록(알림장, 대화수첩 등)하고 보호자에게 알린다(보고).

③ 매일 등·하원 시 영유아의 건강상태를 주의 깊게 살펴보고 필요시 체온을 측정한다. 특히 고열, 발진, 충혈, 탈수, 늘어짐 등이 있을 때는 반드시 즉시 부모와 협의하여 조치한다.

(2) 스마트폰 앱

스마트폰이 보급된 이후 커뮤니케이션 방식이 변화됨에 따라 개인미디어가 발달하고 확산되어 교사와 학부모 간 의사소통 방식에도 영향을 주게 되었다. 이러한 양상은 영유아 교육기관에서 교사와 부모 간의 의사소통 방식에도 많은 영향을 주었다. 그리고 이는 영유아 교육기관 전용 모바일 커뮤니케이션 앱으로 이어지게 되었다(김효주, 2020).

부모 교사 간의 의사소통 수단으로 모바일 메신저가 활용률이 높은 이유는 전화나 대화보다 부담이 적고, 간단한 내용을 전하기가 용이하기 때문이다. 이처럼 스마트폰 앱을 활용하면 부모-교사 의사소통 시 연락이 어려운 부모들과의 의사소통이 효율적이고, 갑자기 정해진 사안에 대한 안내가 편리하며, 부모는 영유아의 발달에 대한 정보전달 및 상담이 편리하다.

스마트 알림장 앱인 키즈 노트의 경우 알림장, 공지사항, 앨범, 식단표, 출석부, 투약의뢰서, 교육프로그램 등으로 구성되어 있고, 이 구성은 영유아 교육기관의 사정에 따라서 상이한 모습을 보인다. 또한 키즈 노트 알림장의 경우 글 작성 후에 미리 맞춤법을 검사할 수 있어 올바른 어휘를 사용하여 전달할 수 있도록 하는 기능과 다문화 가정을 위해 번역기능이 가능하도록 되어 있다. 교사가 맡은 반의 전체 영유아 혹은 개별 영유아를 설정하여 내용을 작성할 수 있고 알림장을 작성한 후 부모가 읽었는지 읽지 않았는지 알림이 표시되어 수신 여부를 확인할 수 있다. 투약의뢰서의 화면구성 및 투약보고서의 화면 구성은 다음과 같다(안소연, 2020).

〈표 9-4〉 스마트폰 앱에서의 투약의뢰서 · 보고서

<table>
<tr><th>투약의뢰서 화면 구성</th><th>투약보고서 화면 구성</th></tr>
<tr><td>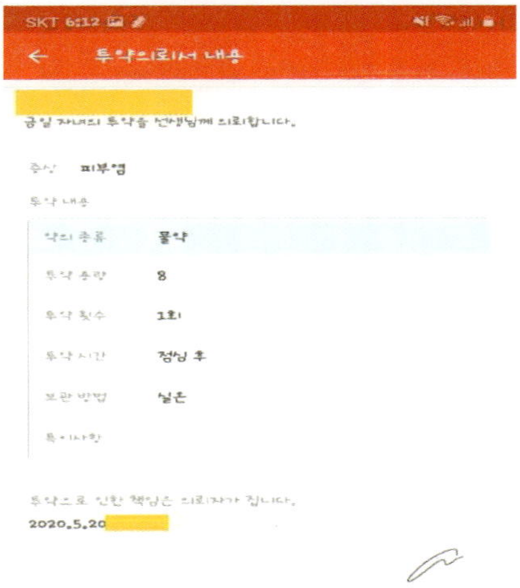
</td><td>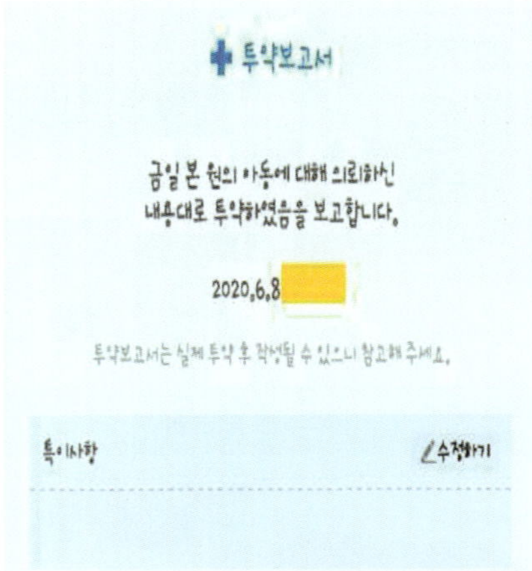
</td></tr>
</table>

3) 비상약품 및 간이 의료기구 구비

비상약품은 용도별(실내용, 실외용)로 구비하여 활용한다. 약품은 영유아의 손이 닿지 않는 곳에 잠금장치를 하여 보관하며, 종류별로 사용(유효)기한을 표기한다. 약품용기는 분실될 우려가 있으므로 약품에 직접 사용(유효)기간을 표시하고, 사용(유효)기한이 지나거나 표시가 없는 약품은 사용하지 않는다. 투약하는 약은 상온, 냉장보관 등 보관방법에 따라 보관하고, 냉장보관 약품은 뚜껑이 있는 용기나 지퍼락에 보관한다. 투약 시 약품에 기재된 투약기준(용법, 용량 등)을 준수한다.

〈표 9-5〉 비상약품 및 간이 의료기구로 갖추어야 할 내용물

비상약품(외용제)	간이 의료기구
항생제 외용연고, 근육용 마사지 연고, 생리식염수, 벌레 물린데 바르는 연고	붕대, 거즈, 소독솜, 삼각붕대, 탄력붕대, 칼, 가위, 핀셋, 반창고, 일회용 장갑, 일회용 반창고, 부목류, 체온계

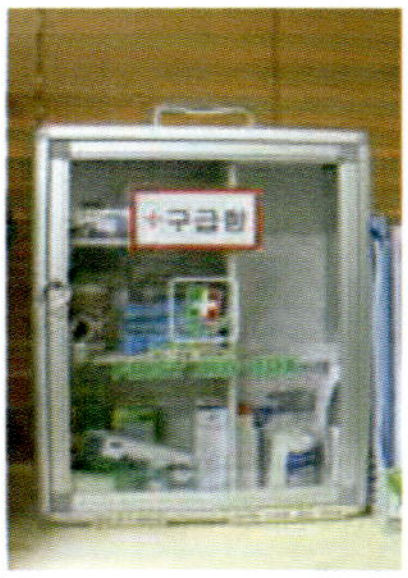

비상약품 보관함

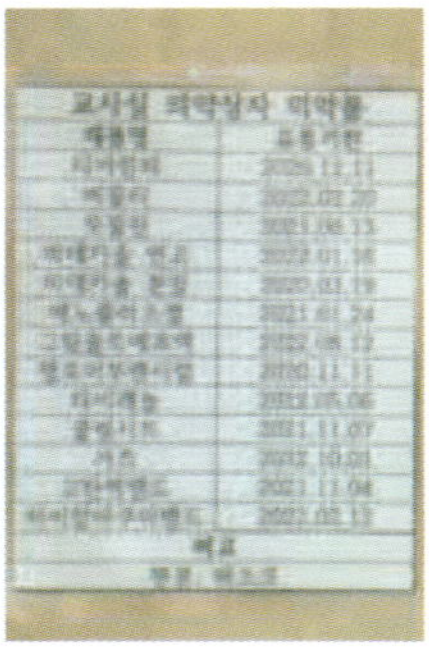

사용(유효)기간 관리

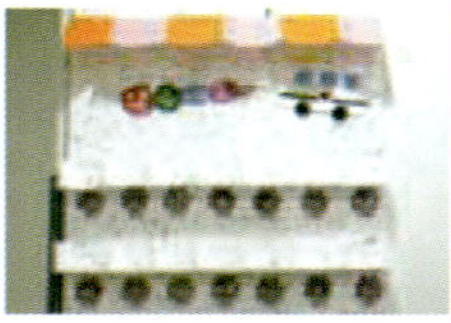

비상약품 투약함

실외용 비상약품 구비의 예

출처: 어린이집안전공제회(2019).

〈표 9-6〉 약품의 보관과 정리

	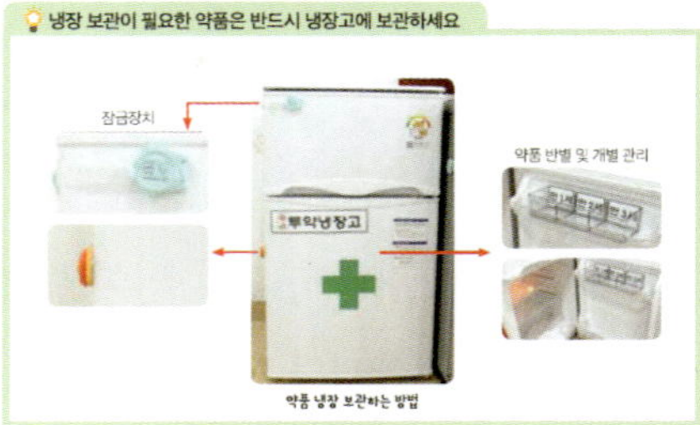
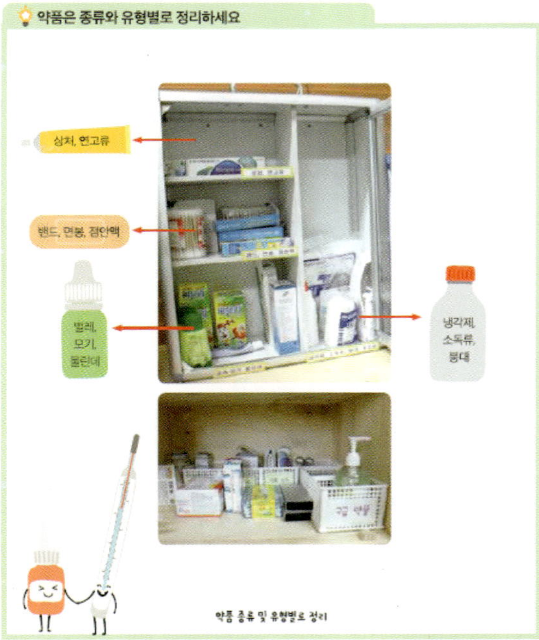	

출처: 어린이집안전공제회(2019).

2. 놀이

놀이 시간에 교사는 영유아의 자유로운 이동과 또래간의 상호작용을 격려한다. 특히 영아의 경우 동일 놀잇감을 여러 개 구비해 놓고 일대일로 상호작용할 수 있는 기회를 제공한다. 이는 각 영아의 놀이에 대한 만족도를 높임과 동시에 갈등의 소지를 줄이기 위함이다. 놀잇감을 소유하지 못할 시에 영아는 의사표현에 능숙하지 않고, 감정 처리에 서툴기 때문에 물거나 할퀴고, 미는 등의 행동으로 다른 영아를 다치게 할 수 있다.

바깥놀이를 통해 영유아는 몸으로 봄 · 여름 · 가을 · 겨울의 계절 변화를 경험하고, 관찰하며, 자연에 대해 알고 사랑하며 더불어 살아가는 방식을 알게 된다. 바깥놀이에는 놀이, 물 · 모래놀이, 산책, 텃밭 가꾸기 등이 있으며, 바깥에서 이루어지는 교사 주도의 대집단활동, 행사 등은 포함되지 않는다. 폭염, 한파, 미세먼지, 황사 등으로 바깥놀이를 진행할 수 없을 경우에는 실내 대체활동으로 진행하며, 영유아의 건강 상태가 좋지 않을 경우에는 바깥놀이를 짧게 하거나, 정적인 놀이를 할 수 있도록 한다.

영아는 여러 차례 바깥놀이를 하는 것이 좋다(류경희, 2013). 만 1세 미만 영아의 경우에는 주 3회 30분 이상 이루어지되, 베란다 등에서 일광욕을 하거나 외부 공기를 쐬는 것으로 진행할 수도 있다. 만 1, 2세 영아의 경우 매일 30분 이상, 만

3~5세 유아의 경우에는 매일 1시간 이상 운영한다(보건복지부, 한국보육진흥원, 2020).

또한 놀이는 영유아의 신체적 발달과 운동 능력을 발달시키는 것 외에도, 영유아로 하여금 긴장감을 해소하고 편안함을 느끼게 하여 영유아에게 건강한 삶을 영위하도록 한다. 교사는 구급약과 물 · 휴지 등을 준비하여 적시적소에 잘 활용한다.

3. 정리정돈

정리정돈은 개별적인 것과 전체적인 것으로 나눌 수 있다. 개별적인 정리정돈은 일과 중에 정해진 규칙에 따라 자기가 하던 놀이나 활동을 끝내고 다른 놀이로 이동할 때 앞서 했던 놀이와 교구와 자리를 정돈하는 것을 말한다. 이는 영유아가 다치는 것을 미리 방지하기도 한다.

영아는 정리정돈 시간을 잘 이해하기 어렵다. 이는 계속 놀고 싶은 영아 자신의 마음과는 상관없이 교사의 마음대로 치우라고 시키는 것으로 인식되기 때문이다. 교사는 영아의 마음을 읽어 주면서 다독여 주고 다음에 이어질 일과에 대하여 이야기해 주며, 일정한 시간에 정리정돈 시간을 운영한다.

전체적인 정리정돈은 모든 영유아가 동시에 참여하여 함께 정리정돈하는 것으로 보통 활동이나 집단 간식이 끝난 후 이루어진다. 정리시간에는 정리 음악이나 노래, 사인 등을 통해 미리 10분 전에 알림으로 시간적으로나 심적으로 여유를 가질 수 있도록 한다.

4. 활동

영유아는 개별적으로 혹은 소집단으로 활동할 수 있다. 대집단 활동은 영아의 경우 의도적인 대집단활동을 실시하지 않으며, 유아의 경우에도 필요한 경우에 최소한으로 실시한다(보건복지부, 한국보육진흥원, 2020). 교사는 영유아의 신체적인 건강을 증진하기 위하여 상시적으로 활용할 수 있는 신체 활동 자료를 제공해야 한다. 또한 영유아가 활동으로 인하여 심리적인 스트레스를 받지 않도록 주의를 기울이며, 영유아의 활동에 즐겁게 참여한다. 활동시간에 교사는 영유아의 정신 건강을 위하여 영유아의 의사결정을 반영하고 수용하여 자율성을 존중하도록 한다(엄상희, 2021).

5. 간식 및 점심

간식이나 점심시간은 영유아의 심신의 성장과 발달에 필요한 영양을 공급하고, 음식과 식생활에 관한 지식을 넓히며, 바른 식생활 태도를 기를 수 있는 시간이다. 영유아는 간식과 점심을 먹으며 먹는 즐거움과 함께 필요한 영양을 공급받아 건강하게 생활하게 된다. 또한 이를 통해 음식의 필요성을 이해하고 바른 식습관을 익히게 된다.

교사는 간식 또는 점심을 먹기 전, 먹을 때, 먹은 후 등 다양한 상황에서 지켜야 할 예절이나 바른 식생활 태도를 지킬 수 있도록 격려, 칭찬을 통해 지도한다. 영유아는 배가 고프면 짜증을 내기 쉽다. 그러므로 개별 영유아의 연령, 식습관, 식사량을 고려하여 편안하고 즐거운 마음으로 먹을 수 있도록 배려해야 한다.

영아의 경우 교사는 수유 시 영아를 안고 우유병을 잡아 주며 눈을 맞추고 대화를 한다. 또한 식사 시 새로운 음식에 대한 적응 시간을 충분히 주고, 영아의 먹는 속도를 고려하여 융통성 있게 지도한다. 월령이나 발달단계에 적합한 식사도구나 스스로 먹을 수 있는 기회를 제공한다. 올바른 식습관이 형성되도록 하며, 일괄적으로 밥을 국에 말아 제공하지 않도록 한다(보건복지부, 한국보육진흥원, 2020). 유아의 경우에는 연령 및 발달 수준에 따라 교사가 도움을 줄 것인지, 스스로 먹도록 할 것인지를 지도한다.

유아: 밥을 원하는 만큼 떠서 먹고 싶어요!
교사: 그럼 음식을 가져갈 때는 어떻게 해야 할까? 어떤 약속이 필요할까?
유아: 먹을 만큼 가지고 가기로 해요. 가져간 것은 다 먹도록 해요.
교사: 먹고 싶은 것만 가져가도 될까?
유아: 반찬은 다 가져가야 돼요. 골고루 먹어야 건강해지니까요.
교사: 좋아하지 않는 음식이라도 조금씩은 먹어 보도록 하자.
희수가 가지고 간 음식은 남기지 않고 먹도록 하자.

6. 낮잠 및 휴식

영유아에게 있어서 낮잠 및 휴식은 놀이와 활동으로 인해 쌓인 피로를 풀게 하고, 정서적으로 안정감을 갖게 하는 일상적인 활동이며, 이를 통해 건강이 회복될 수 있다. 또한 영유아로 하여금 활기차게 놀이와 활동에 참여하도록 도우며, 면역력을 높여 준다. 낮잠 및 휴식은 대체로 하루 일과 중 주로 점심시간 이후에 계획하지만 개별적인 상황에 따라 융통성 있게 적용할 수 있다. 교사는 개인기록 카드와 면담을 통하여 영유아의 잠자는 습관, 수면시간, 잠버릇, 깨어난 후의 정서 상태 등을 파악하여 낮잠 시간을 배려한다.

영유아는 낮잠 포함 10~12시간 정도 수면을 취해야 한다. 수면이 부족할 경우에는 면역력이 떨어져 질병에 걸리기 쉽다. 따라서 만 3세 이하의 영유아는 규칙적인 낮잠 시간을 계획하여 진행하며, 만 4~5세 유아의 경우 개인적인 욕구에 따라 필요시 낮잠 및 휴식 시간을 운영하도록 한다(보건복지부, 한국보육진흥원, 2020).

교사는 커튼 등으로 채광을 낮추고, 편안하고 조용한 음악을 틀어 주거나 책을 읽어 주어 영유아가 편안하게 낮잠을 잘 수 있는 환경과 분위기를 조성한다. 영유아가 낮잠 및 휴식을 취하는 시간 동안에 교사는 영유아의 잠든 상태나 자세를 살펴야 한다(류경희, 2013). 교사는 낮잠시간에 개인차에 따라 개별적으로 낮잠을 지도한다. 이를테면 오래 자거나 짧게 여러 번 자는 경우, 예민하여 작은 소리에도 깨는 경우, 애착물이 있어야 잠이 드는 경우 등에서 적절하게 대응한다. 기저귀를 하는 영아의 경우 교사는 영아가 낮잠을 자기 전 기저귀를 갈아 주면서 긴장감을 풀어 주고 쾌적하게 잘 수 있도록 한다. 낮잠 시에는 개인 침구(요와 이불)를 사용하며, 일정한 간격을 띄워 감기 등이 옮지 않도록 한다.

잠들지 못하거나 낮잠에서 일찍 깬 영유아는 다른 영유아를 방해하지 않도록 누워서 휴식을 취하거나 조용한 놀이를 하도록 지도한다. 영유아가 일어나면 서둘러 깨우기보다는 영유아를 안아 주는 등 영유아가 기분 좋게 일어나도록 하며, 자신의 에너지를 다시 회복할 때까지 기다려 준다.

〈표 9-7〉 영아돌연사(SUID) 예방 지침

영아돌연사증후군(Sudden Infant Death Syndrome: SIDS)

12개월 미만의 영아가 자는 동안에 갑자기 사망하는 현상으로, 사망 당시의 상황 및 현장조사, 또는 임상적 병력 분석, 사체부검 등 철저한 사후 검사에도 불구하고 사망의 원인을 찾을 수 없는 경우를 말한다.

① 아기를 재울 때는 등을 바닥으로 하여 바로 눕힌다.

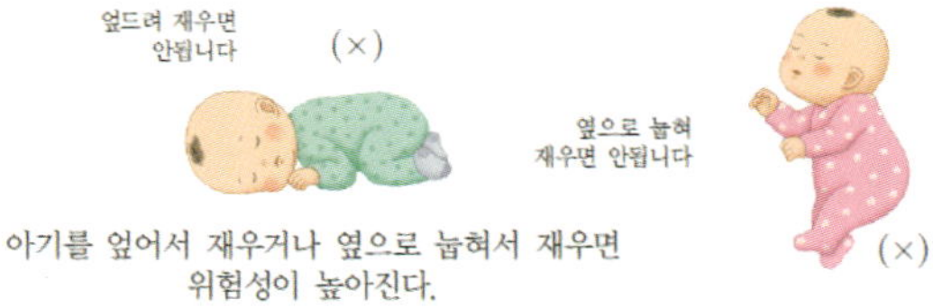

② 아기의 요나 침구 바닥은 단단한 것을 사용한다(푹신한 이불이나 쿠션, 소파 위 등은 위험함).

(×)

(×) (×)

③ 아기를 재울 때는 이불로 머리와 얼굴은 덮지 않는다.

목과 팔 부위에 구멍이 뚫린
안전한 덮개를 사용합니다.

아기의 등을 바닥으로 대고 발은
아기 침대 아래쪽에 닿게 한다.

④ 아기가 자고 있는 주변에서 부드러운 물건, 놀잇감, 느슨한 이불 등을 치운다.

(×)

(×)

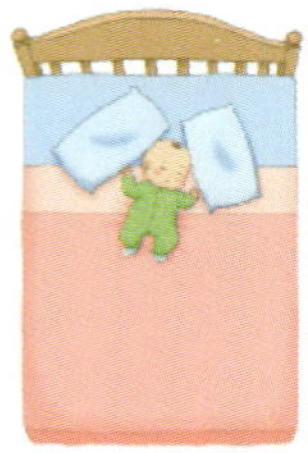
(×)

⑤ 아기가 자고 있는 동안 실내가 너무 덥지 않게 한다(실내온도 22~23℃ 권장).

⑥ 아기 주변에서는 흡연을 금한다.
※ 밖에서 피우는 담배연기가 창문 틈으로 들어오는 것도 막아야 함

⑦ 성인과 같은 침대를 사용하거나 바로 옆에서 자는 것을 금한다.

(×)

(×)

⑧ 침대 사용 시 다음과 같은 안정성 확인이 필요하다.
- 침대의 매트리스는 꼭 맞는 것으로 해서 아기가 침대와 매트리스 사이에 끼지 않도록 한다.
- 영아의 머리와 목이 구조물 틈새에 끼지 않도록 나사못, 돌출구조 등이 없어야 한다.
- 침대 창살의 간격으로 아기가 끼어들지 못하게 하며, 헐겁거나 부서져 있지 않도록 한다.

⑨ 낮잠을 잘 때의 방은 어둡지 않게 하여, 영아의 얼굴 표정을 살필 수 있어야 한다.
- 주 보육자의 위치에 맞추어서 천장에 거울을 달거나, 칸막이 문에 투명 강화 유리(투명 아크릴 등)를 설치할 수 있다.
- 커튼 등은 수면 시 사용할 수 있지만, 영아가 잠들면 얼굴 표정을 확인할 수 있도록 조치해야 한다.

출처: 보건복지부(2011).

7. 배변

배변은 영유아의 신체 및 정신 건강과 밀접한 관련이 있다. 따라서 영유아의 연령과 준비 정도, 개인차를 고려하여 배변 경험이 개별적으로 일관되게 이루어지도록 지도한다.

영아의 경우 기저귀 갈이 시 영아가 편안하도록 영아와 눈을 맞추고, 대화를 시도하며, 다리 주무르기 등을 통해 기저귀로 인한 부자연스러운 자세를 스트레칭해 준다. 배변훈련 시에는 괄약근의 신체적 성숙이 이루어지는 18개월 이후에 느긋하고 여유 있게 진행한다. 강압적인 배변훈련이 되어 영아가 스트레스를 받아 심리적으로 위축되지 않도록 유의한다. 영아가 배변 의사를 표현하고 시도하는 것에 대해 격려와 칭찬을 하며, 이를 통해 영아로 하여금 자신감을 갖도록 지도한다. 배변훈련에 개인차가 있으므로 긍정적인 배변 경험이 되도록 가정과 연계하여 일관되게 지도한다. 배변 실수의 경우 이를 편안하게 여기도록 수용하며, 점차로 영아 스스로 할 수 있도록 격려한다.

유아의 경우 놀이와 활동에 집중하다가 급하게 배변하는 일이 없도록 규칙적으로 화장실 지도를 한다. 이는 유아가 놀이에 몰두하고 있을 때 배변 욕구를 인식하지 못하기 때문이다. 교사는 유아의 표정이나 자세 등을 민감하게 파악하여(예: 두 다리를 꼬고 있는 것, 얼굴이 빨개지는 것 등) 화장실에 데려가도록 한다. 일정한 용변 시간을 모든 유아에게 맞출 수는 없으나 대체로 놀이를 마친 후, 점심식사 전, 낮잠 시간 전후에 화장실에 가도록 일과를 진행하며, 유아들에게 알려 준다. 배변은 가능한 한 아침의 일정 시간에 하도록 하고 낮잠 및 휴식하기 전, 견학 가기 전, 바깥놀이 나가기 전에 배변을 마치도록 한다(육아정책개발센터, 2007).

교사는 화장실 사용 시 유아의 준비 정도를 고려하여 도움을 제공한다. 유아가 배변 실수를 할 경우 유아가 수치감을 느끼지 않도록 혼내거나 부정적으로 평가하지 않고, 편안한 분위기에서 뒤처리를 할 수 있도록 도움을 제공한다. 유아의 속도에 맞추어 청결 습관 및 화장실 사용법을 익히도록 지도한다.

8. 귀가(하원)

귀가 시간에 교사는 영유아가 하루 일과를 마무리하고 즐거운 마음으로 보호자를 만날 수 있도록 정서적 지지를 해 주며, 다음 날 기쁜 마음으로 만나자는 인사말을 나눈다. 귀가 전 영유아의 소지품을 정리한다. 영유아의 얼굴과 손을 깨끗이 씻어 주고, 옷을 갈아입혀 주며, 머리카락을 단정하게 해 준다. 교사는 일부 영유아가 귀가할 때 남아 있는 영유아가 편안하고 안정된 분위기에서 시간을 보낼 수 있도록 일과를 진행한다.

하루 일과 중 특별한 일이나 영유아의 식사, 배변, 수면 등의 일상적인 건강과 정서 상태를 기록하여 부모로 하여금 자녀에 대해 파악할 수 있도록 배려한다. 또한 귀가 시에는 반드시 영유아의 부모나 대리인을 통해 안전하게 귀가시키며, 귀가 지도 후에는 영유아의 안전에 대한 책임이 보호자에게 있음을 사전에 알리는 것도 필요하다(이도레, 2016).

알림장은 영유아가 교육기관에서의 전반적인 하루 일과에 관한 내용을 나눌 수 있는 공간이다. 교사는 일과에서의 여러 상황, 다음 날 놀이 및 활동과 그에 따른 준비물 안내 등을 알림장에 기입하여 가정으로 보낸다. 부모는 교사에게 전할 사항을 작성해서 다음 날 영유아 교육기관으로 보낸다. 그러나 모바일 알림장은 이러한 모든 과정이 실시간으로 오간다. 부모는 자녀의 놀이나 활동사진을 보고 질문하거나 건의사항, 감사 인사 등을 댓글로 남긴다. 이를 보고 교사는 답글을 작성한다. 일반 서식의 알림장 〈표 9-8〉, 귀가동의서 〈표 9-9〉, 스마트폰 앱에서의 알림장과 식단표 및 귀가동의서의 예는 〈표 9-10〉과 같다.

〈표 9-8〉 일반 서식의 알림장

20　년　월　일　요일

가정에서			어린이집에서		
원아 상태	기분	좋음　보통　나쁨 (이유:　　　)	원아 상태	기분	좋음　보통　나쁨 (이유:　　　)
	건강	좋음　보통　나쁨 (이유:　　　)		건강	좋음　보통　나쁨 (이유:　　　)
	체온	열이 있음　많음　정상		체온	열이 있음　많음　정상
식사	저녁		식사	간식	
	간식			점심	
	아침			간식	
배변	저녁	안 했음　했음 (딱딱함　보통　설사)	배변	오전	안 했음　했음 (딱딱함　보통　설사)
	아침	안 했음　했음 (딱딱함　보통　설사)		오후	안 했음　했음 (딱딱함　보통　설사)
수면	시　분부터　시　분　까지		수면	시　분부터　시　분　까지 시　분부터　시　분　까지	
투약*	약의 종류		투약*	증상	
	약의 용량			약의 용량	
	투약 시간/횟수			투약 시간	
	의뢰자				
전달 내용			전달 내용		

* 가정에서 투약용 약을 가져온 경우에는 반드시 기록한다.
* 각 내용은 영유아의 연령에 따라 필요한 내용으로 기록한다.

출처: 한국보육진흥원(2016).

- 영유아의 귀가 시 귀가동의서에 제시한 보호자에게 인도하여 주십시오.
- 정해진 보호자 외 다른 사람에게 인계할 경우 사전에 반드시 연락을 취하겠습니다.
  ※ 우리 어린이집에서는 영유아를 성인 보호자에게 인계하는 것이 원칙입니다.
  다만, 보호자가 보육아동의 13세(중학생) 이상 형제·자매에게 인계를 희망하는 경우에는 예외적으로 가능하며, 이때 인계 후 발생하는 안전사고 등에 대한 책임은 보호자에게 있습니다(동의함 □).
- 등·하원방법: □ 보호자 동행　□ 차량(어린이집)
- 차량이용 시 등하원 시간: 등원(　시　분), 하원(　시　분)(필요시 기재)
- 부모 외 인계보호자: (필요시 기재)

출처: 보건복지부(2022).

〈표 9-9〉 귀가동의서

○○ 어린이집 귀가 동의서

반: ____________　　영유아 이름: __________________　　성별: 남, 여

위 영유아의 귀가 시 아래의 보호자에게 인도하여 주십시오.
아래의 보호자 이외의 다른 사람에게 인계할 때에는
사전에 반드시 연락을 취하겠습니다.

- 기　　간: 20　년　월　일 ~ 20　년　월　일 까지
- 귀 가 방 법: □ 도보　□ 자가　□ 통학버스　□ 기타
- 귀가요청시간:　시　분
  (20　년　월부터 00:00로 귀가시간 변경 요청)
- 보호자 이름 및 영유아와의 관계:

성명	관계	연락처(1)	연락처(2)	비고

※ 저희 어린이집에서는 부모님이 원하시더라도 영유아를 보호자 없이 혼자 귀가시키지 않습니다.

20　년　월　일

보호자　이름:　　　　(인)

○ ○ 어린이집

◎ 입소 전 반드시 부모가 작성하여 제출하고 어린이집은 이를 보관한다.
◎ 귀가사항의 변동이나 연락처가 바뀌는 경우 동의서를 다시 받아 두거나 수정하여야 한다.

출처: 중앙육아종합지원센터(2016).

〈표 9-10〉 스마트폰 앱에서의 알림장

<table>
<tr><th>알림장</th><th>식단표 및 귀가동의서</th></tr>
<tr><td rowspan="2">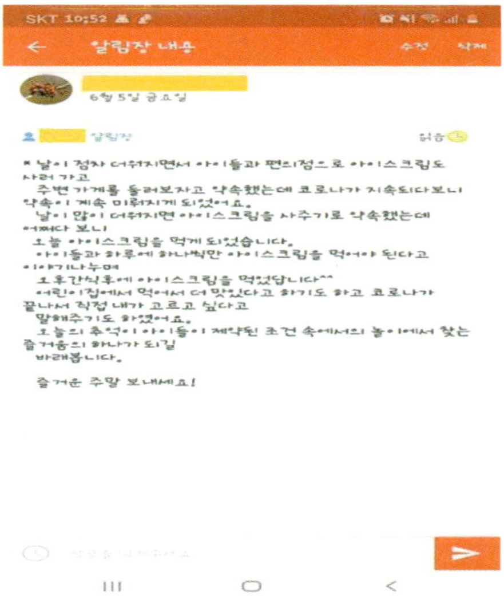
</td><td>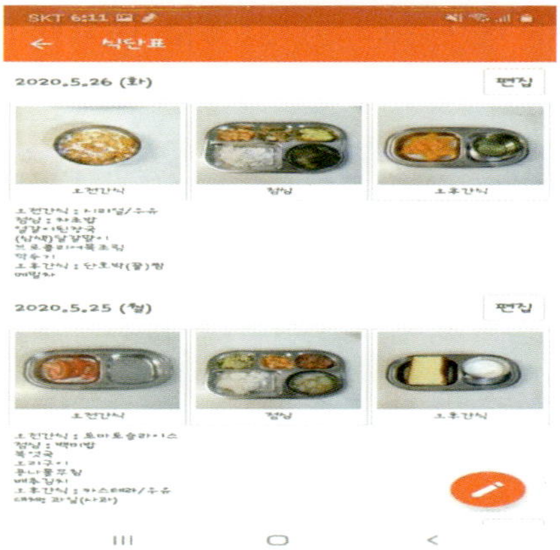
</td></tr>
<tr><td>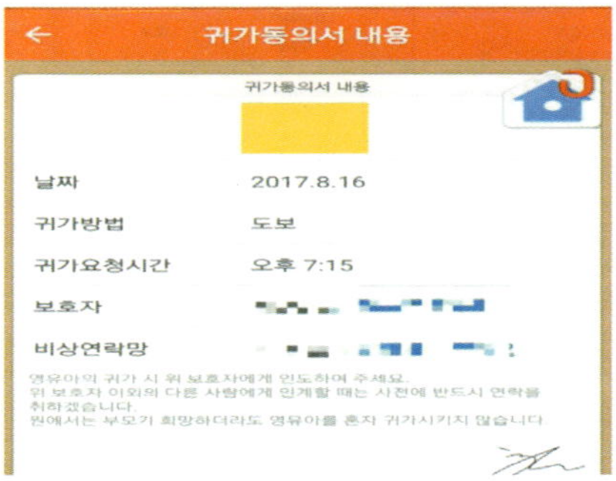
</td></tr>
</table>

출처: 안소연(2020).

생활기록부는 영유아 교육기관에서 영유아의 건강을 점검하고 관리하는 데 활용될 수 있다. 교사는 생활기록부에 영유아의 배변, 병력, 수면, 식사, 신체발달 상황 및 특징, 예방접종 등을 기록하여 영유아의 건강을 관리할 수 있다.

보호자 항목의 기타에는 부모를 제외한 기타 관계인 조부모, 형제자매, 친인척, 법정대리인 등을 기록한다. 병력정보에는 입소 전, 입소 후 해당 영유아의 병력 정보를 입력한다. 건강검진내역은 입력한 신장, 몸무게, 측정자(의원) 정보를 저장하며, 보호자가 개인정보 활용정보를 동의한 영유아의 몸무게, 신장을 기록한다. 영유아의 생활기록부 보존 기간은 5년이며, 건강검진정보동의서 등과 같은 어린이집의 증빙서류의 보존기관은 「공공기록물 관리에 관한 법률 시행령」 제26조 제1항(기록물의 보존 기간별 책정기준)에 준하여 3년으로 한다(보건복지부, 한국보건복지정보개발원, 2015). 영아 생활기록부는 〈표 9-11〉, 유아 생활기록부는 〈표 9-12〉, 영유아의 건강검진정보(키, 몸무게) 수집 · 이용 동의서와 개인정보 수집 · 이용 동의서는 〈표 9-13〉과 같다.

〈표 9-11〉 영아 생활기록부

생 활 기 록 부(영아)

1. 인적사항

어린이집명						
아동	이 름	(한글) (한자)	성 별	남·여		사진 (3×4㎝)
	생년월일		입·퇴소일	입소 퇴소		
	주 소		혈 액 형			
보호자	아동과의 관 계	부	모	기 타		
	이 름					
	전화번호					

2. 기본생활습관 및 발달상황

영역 \ 연령		0세	1세	2세
기본생활습관	수 면			
	배 변			
	식 사			
활동발달	신체운동			
	사회관계			
	의사소통			
	자연탐구			
	예술경험			

3. 출결상황

구분 \ 연령	0세	1세	2세
보육일수			
결석일수			
의 견			

4. 영유아 표준예방접종[1)]

대상전염병	백신종류 및 방법	접종차수	접종일자	접종기관
결핵	BCG(피내용)	1회		
B형간염	HepB	1차		
		2차		
		3차		
디프테리아 파상풍 백일해	DTaP	1차		
		2차		
		3차		
		4차(추가)		
폴리오	IPV	1차		
		2차		
		3차		
b형헤모필루스 인플루엔자	Hib	1차		
		2차		
		3차		
		4차		
홍역·유행성이하선염풍진	MMR	1차		
수두	Var	1회		
일본뇌염	JEV(사백신)	1차		
		2차		
		3차		
	JEV(생백신)	1차		
		2차		
인플루엔자	Flu	매년 접종		
장티푸스(24개월 이상부터)	주사용	고위험군에 한함		
A형간염	HepA	1차		
		2차		
폐렴구균	PCV(단백결합)	1차		
		2차		
		3차		
		4차		
	PPSV(다당질)	고위험군에 한함		
기타 임시예방접종 등		*명칭 기재*		
		명칭 기재		

1) 예방접종 도우미 사이트 참조

5. 건강진단

연 령	실시여부	실시일자	실시기관	비 고
0세				□ 영유아건강검진(차수: ____ 차) □ 영유아건강검진 외 □ 미실시(사유: ________, 고지 횟수·일자: ________)
1세				□ 영유아건강검진(차수: ____ 차) □ 영유아건강검진 외 □ 미실시(사유: ________, 고지 횟수·일자: ________)
2세				□ 영유아건강검진(차수: ____ 차) □ 영유아건강검진 외 □ 미실시(사유: ________, 고지 횟수·일자: ________)

※ 실시여부 표시 : 실시의 경우 ○, 미실시의 경우 ×
※ 비고 : 해당항목 체크 및 내역기재

6. 병력기록

병 명	질병발생 연월일 및 질병의 정도	
	입 소 전	입 소 후

7. 신체발달상황

구분 \ 측정시기								
신 장(㎝)								
몸 무 게(㎏)								
측 정 자								

비고: 18개월 미만의 영아는 2개월마다, 그 이상의 영아는 6개월마다 측정·기록한다.

기록관리자	

출처: 보건복지부(2022).

〈표 9-12〉 유아 생활기록부

생 활 기 록 부(유아)

(앞쪽)

1. 인적사항

어린이집명					
아동	이 름	(한글) (한자)	성 별	남·여	사진 (2.5×3㎝)
	생년월일		입·퇴소일	입소 퇴소	
	주 소		혈액형		
보호자	아동과의 관 계	부	모	형제 (자매)	기 타
	이 름				
	전화번호				

※ 비 고 : 보호자란 중 부모가 있을 경우 양자 모두 기재

2. 출결상황

구분＼연령	3세	4세	5세
보육일수			
결석일수			
의 견			

3. 신체발달상황

구분＼연령	3세	4세	5세
신 장(㎝)			
몸 무 게(㎏)			
측 정 자			

기록관리자

4. 영유아 표준예방접종

대상전염병	백신종류 및 방법	접종차수	접종일자	접종기관
디프테리아 파상풍 백일해	DTaP	5차(추가)		
폴리오	IPV	4차(추가)		
홍역유행성 이하선 염풍진	MMR	2차		
일본뇌염	JEV(사백신)	3차 4차(추가)		
인플루엔자	Flu	매년 접종		
장티푸스	주사용	고위험군에 한함		
기타 임시예방접종 등		*명칭 기재*		
		명칭 기재		

5. 건강진단

연령	실시여부	실시일자	실시기관	비 고
3세				□ 영유아건강검진(차수: ____ 차) □ 영유아건강검진 외 □ 미실시(사유: ________, 고지횟수 · 일자: ________)
4세				□ 영유아건강검진(차수: ____ 차) □ 영유아건강검진 외 □ 미실시(사유: ________, 고지횟수 · 일자: ________)
5세				□ 영유아건강검진(차수: ____ 차) □ 영유아건강검진 외 □ 미실시(사유: ________, 고지횟수 · 일자: ________)

※ 실시여부: 실시의 경우 O, 미실시의 경우 ×
※ 비 고: 해당항목 체크 및 내역기재

출처: 보건복지부(2022).

〈표 9-13〉 영유아의 건강검진정보(키, 몸무게) 수집 · 이용 동의서, 개인정보 수집·이용 동의서

영유아의 건강검진정보(키, 몸무게) 수집 · 이용 동의서(보건복지부, 한국보건복지정보개발원, 2015)

영유아의 건강검진정보(키,몸무게) 수집·이용 동의서

「영유아 보육법」 제31조 및 동법 시행규칙 제33조에 의거, 어린이집에서는 영유아의 건강관리를 위하여 건강검진결과를 보호자에게 제출토록 하고 있습니다.

이러한 보호자의 건강검진결과 통보서 제출에 따른 불편함을 해소하고자, 건강검진 정보연계(건강보험공단)를 통해 어린이집에 영유아의 건강검진 여부(차수, 일자)를 제공하고 있습니다. ('15.3월~, 건강검진결과 통보서 제출 불필요)

이와 관련하여, 영유아의 건강검진정보 중 키, 몸무게에 대한 개인정보 수집 · 이용에 동의할 경우, 정보연계를 통해 입소어린이집에 제공되어 생활기록부 등에 활용됩니다.

수집하는 개인정보	수집 및 이용목적
영유아 건강검진시 측정한 키, 몸무게 정보	입소어린이집에서의 영유아 건강관리

※ 귀하는 개인정보 수집 · 이용에 대한 동의를 거부할 권리가 있으며, 이 경우 입소어린이집에서는 해당 정보에 대한 확인이 불가합니다.

위 개인정보 (키, 몸무게 정보)에 대한 수집 · 이용에 동의합니다.

□ 동의함　　□ 동의하지 않음

년　월　일

아동명 (생년월일) :

신청인(보호자) :　(서명 또는 인)

OOOO어린이집 원장 귀하

개인정보 수집 · 이용 동의서 (교육부, 2020)

개인정보 수집·이용 동의서

○ 수집·이용 목적
- 유아지도 및 교육활동, 유치원생활기록부 및 출석부 입력, 유아 명부 및 비상연락망 작성, 유치원 SNS 서비스, 스쿨뱅킹
  ※ 진학 또는 전학 시 유치원생활기록부 송부 동의 포함

○ 수집 항목
- 반명, 성명, 집 전화번호, 보호자 휴대폰 번호
- 주민등록등본에 수록된 내용(유아 및 보호자의 생년월일, 주소 등)
- 입학원서에 수록된 내용(성별, 유아의 통학로 등)
- 유아의 유치원 교육활동 사진
- 이전 연령 유치원생활기록부 기재내용

○ 보유 및 이용 기간: 유아의 유치원 재학기간 및 유아가 전학할 경우 전입유치원에 유치원생활기록부를 송부할 때까지
※ 유치원생활기록부의 보유 기간: 준영구

○ 개인정보를 수집·이용하는데 대한 동의를 거부할 권리가 있으며 거부 시 유치원 교육활동 및 유치원생활기록부 관리 등에 지장이 초래될 수 있음
※ 수집한 개인정보는 정보주체의 동의 없이 수집한 목적 외로 사용하거나 제3자에게 제공되지 않으며 보유 및 이용기간 만료 이후에는 파기합니다.

개인정보 수집·이용에 동의하십니까?	□ 동의　□ 동의하지 않음

20 .　.　.

OO반　유아명:

※ 만 14세 미만 아동인 경우 반드시 법적대리인의 동의가 필요합니다.

법정대리인(보호자)　성명:　(인)
관계:

OO유치원장 귀하

유치원생활기록부는 「공공기록물 관리에 관한 법률 시행령」 제2조 제7호에 따른 전자기록생산시스템을 통해 전자적으로 생산 · 관리하여야 하며, 준영구 보존해야 한다. 유치원생활기록부는 개인정보에 대한 기록이므로 전자기록생산시스템 결재 정보에서 비공개, 공개제한 6호, 영구(직원 열람제한)로 결재한다. 유치원에서는 각종 재해 등의 비상사태에 대비하여 유치원생활기록부 서식에 맞게 전체 항목을 양면으로 출력하여 해당 유아가 졸업(또는 수료)한 후 5년 동안 유치원에 보존 · 관리한다. 5년이 지난 후에는 내부결재를 득한 후 폐기한다. 유치원이 폐원할 경우 생활기록부는 관할 교육지원청으로 이관하여 보존 · 관리한다(교육부, 2020).

인적사항, 학적사항, 신체발달상황은 입학 후 한 달 내에 작성하며, 나머지 기타 사항은 2학기 말까지 작성한다. 학년이 종료됨과 동시에 업무 포털의 전자기록생산시스템에 등록한다. 신체발달상황 작성 시 검사일은 연월일을 아라비아 숫자로 입력하며, 키와 몸무게는 아라비아 숫자로 소수 첫째 자리까지 입력한다. 건강검진에 대하여 작성 시에는 검진일은 건강검진을 시행한 연월일을 아라비아 숫자로 입력하고, 검진기관은 건강검진을 시행한 기관명을 한글로 입력하며, 특기사항란에는 유아의 건강이 유치원 생활에 영향을 미치는 내용이 있는 경우 보호자의 동의를 받아 입력한다. 유아발달상황 작성 시에는 유치원 교육과정에 제시된 신체운동 · 건강, 의사소통, 사회관계, 예술경험, 자연탐구 영역 등의 관찰 결과를 바탕으로 유아를 종합적으로 이해할 수 있는 문장으로 입력한다. 유치원생활기록부의 작성 · 관리를 위하여 학기 초에 유아의 보호자로부터 개인정보 수집 · 이용 동의서를 받는다.

〈표 9-14〉 유치원 생활기록부 기재 예시(2018년 입학, 2021년 졸업인 경우)

유치원생활기록부

> ***취학유예아를 적을 수 있는 칸이 필요한 경우 해당 칸에 마우스로 클릭하면 선이 활성화되므로 선을 그리고 내용을 입력하면 됨. 2.학적사항, 3.출결상황, 4.신체발달상황, 5.건강검진, 6.유아발달상황에도 추가 칸이 있음.

구분 \ 연령	3세	4세	5세	***	
수료·졸업대장번호			2020-98		사 진 (3.5cm×4.5cm)
반			채송화반		
담임 성명			박선영		

1. 인적사항

성명	홍길동	성별	남	생년월일	2014.03.04.
주소	경기도 성남시 분당구 야탑로OO, OO동 OO호(야탑동, △△아파트)				
	경기도 성남시 분당구 중앙공원로OO, OO동 OO호(서현동, △△아파트)				
가족상황	구분 \ 관계	부		모	
	성명	홍□□		김OO	
	생년월일	1985.06.02.		1985.04.16.	

2. 학적사항

연.월.일. \ 구분	내 용	특기사항
2018.03.02.	사랑초등학교병설유치원 3세 입학	
2018.07.02.	사랑초등학교병설유치원 3세 전출	
2018.12.12.	유아유치원 3세 전입	
2019.02.22.	유아유치원 3세 수료	
2020.02.21.	유아유치원 4세 수료	
2021.02.23.	유아유치원 5세 졸업	
졸업 후의 상황	OO초등학교 입학	

> ※ 학적사항은 입학부터 현재까지 누적하여 기록함

3. 출결상황

연령 \ 구분	수업일수	출석일수	결석일수	특기사항
3세				
4세				
5세	183	183	0	

4. 신체발달상황

연령 \ 구분	검사일	키(cm)	몸무게(kg)
3세			
4세			
5세	2020.03.23.	101.5	16.7

5. 건강검진

연령 \ 구분	검진일	검진기관	특기사항
3세			
4세			
5세	2020.03.25.	****소아청소년과 의원	

6. 유아발달상황 (성명: 홍길동)

연령	발달상황
3세	
4세	
5세	다양한 놀이 및 활동에 도전하고 주변 사람과 긍정적 관계를 맺으며 즐겁게 생활함. 퍼즐, 종이 접기 등 소근육을 이용하는 놀이를 할 때 높은 집중력을 보이며, 놀이 과정에서 나타나는 다양한 문제의 해결을 시도함. 교사 및 또래의 이름을 기억하고 부르며 다른 친구들의 놀이를 유심히 관찰하다 어려움이나 갈등이 생겼을 때 이를 해결해 주며 놀이에 참여함. 뛰어난 어휘구사력으로 자기 의사를 조리 있게 표현함.

출처: 교육부(2020).

토론 및 토의

교육기관에서 지내는 것은 영유아의 인권 중 발달권에 속하며, 교육기관에 보내지 않는 것은 교육적 방임이 될 수 있다. 그러나 코로나19와 같은 감염병이 유행할 때에는 영유아 교육기관에 보내는 것도 감염의 위험 요소로 인해 부담이 된다. 교사로서 영유아를 영유아 교육기관에 보내고 싶어 하지 않은 부모와의 적합한 상호작용에 대하여 논의하시오.

10장

질병관리

질병을 예방하고 질병이 발생한 환자를 조기에 발견해 치료를 가함으로써 심신의 기능장애를 최소한으로 머물게 하면서 치료로 이끌어 일상사회생활에 복귀시키고, 회복자에게는 필요한 간호와 관찰을 통하여 재발의 예방과 조기발견을 행하는 등, 이러한 모든 것을 총칭해서 질병관리라고 한다(대한간호학회, 1996). 이 장에서는 영유아와 교사의 질병관리에 대하여 살펴보고자 한다.

1. 영유아의 질병관리

1) 건강검진

(1) 예방접종 및 건강진단

영유아 교육기관의 원장은 영유아에 대하여 정기적으로 건강진단을 실시하는 등 건강관리를 해야 한다. 원장은 영유아의 건강진단(「영유아보육법」 제31조 및 같은 법 시행규칙 제33조, 「유아교육법」 제17조)을 매년 1회 이상 실시해야 한다. 건강검진 결과 치료가 필요한 영유아에게는 보호자와 협의하여 필요한 조치를 해야 한다. 다만, 보호자가 별도로 건강검진을 실시하여 검사 결과 통보서를 제출한 영유아에 대해서는 건강검진을 생략할 수 있다(「유아교육법」 제17조 제1항 · 제3항 및 「유아교육법 시행규칙」 제2조의6 제1항). 차수에 따른 영유아 건강검진 실시로 영유아 건강진단을 갈음하므로, 영유아 건강검진 마지막 차수를 전년도에 받았다면 올해도 건강검진을 한 것으로 갈음한다(보건복지부, 2022). 영아(0~만 2세)의 경우에는 신체계측 결과와 소아과의 예방접종증명으로 갈음할 수 있다(어린이집안전공제회, 2019). 영유아 교육기관의 원장이 건강검진을 실시하지 않은 경우에는 300만 원 이하의 과태료를 부과한다(「영유아보육법」 제56조 제2항 제3호, 「유아교육법」 제35조 제2항).

(2) 건강검진을 거부하는 보호자

영유아의 보호자가 건강검진 거부 시 원장은 건강검진에 대한 안내를 3회 이상 고지 · 안내해야 한다. 이렇듯 3회 이상 건강검진을 안내하고 건강검진 결과 통보서 제출을 요구하였음에도 보호자가 건강검진 거부 시 원장은 3회 이상의 안내 · 요구 사실을 확인할 수 있는 서류(보호자가 수신 확인한 가정통신문, 알림장, 키즈노트 등)를 보관하고 건강검진 실시 여부와 거부 사유를 생활기록부 등에 기록한다(보건복지부, 2022). 「영유아보육법」 개정에 따라 보호자에게 3회 이상 건강검진을 안내하고 건강검진 결과 통보서 제출을 요구한 경우는 건강진단 미이행으로 인한 과태료 부과대상에서 제외된다.

(3) 검진기관 및 검사항목

① 검진기관

검진기관은 「건강검진기본법」 제14조에 의해 영유아 검진기관으로 지정된 의료기관(보건소, 의원, 병원, 종합병원) 등에 방문하여 검진을 받아야 한다(같은 법에 의거 '10. 3. 22.부터 영유아의 경우 출장검진 불가). 검진기관은 영유아건강검진기관 교육과정에 따라 교육을 이수한 검진 담당 의사가 상근하는 종합병원, 병원, 의원, 보건소를 말한다(「건강검진기본법 시행규칙」 제4조 제2항 및 별표 3). 영유아 건강검진기관의 기준은 다음과 같다.

- 인력 기준: 의사, 간호사(의원인 경우에는 간호조무사로 갈음) 각 1인 이상
- 시설 및 장비 기준: 진찰실, 검진대기실, 신장계 및 체중계, 영아용 신장계 및 체중계, 시력검사표(그림 및 숫자), 발달선별검사 도구

② 검사항목

검사항목으로는 신체계측, 시력검사, 청력검사, 구강검사 등 영유아의 발달단계에 따라 필요한 항목을 검사하며 영유아건강검진 검사항목(「건강검진 실시기준」 제6조 제4항)에 준한다.

영유아건강검진 실시기준(건강검진실시기준 제6조 제4항 및 [별표 4])

- 검사항목: ① 문진과 진찰 ② 신체계측 ③ 발달평가 및 상담 ④ 건강교육 ⑤ 구강검진
- 검진주기: 총 8차에 걸쳐 검진
  ① 생후14~35일 ② 생후 4~6개월 ③ 생후 9~12개월 ④ 생후 18~24개월 ⑤ 생후 30~36개월 ⑥ 생후 42~48개월 ⑦ 생후 54~60개월 ⑧ 생후 66~71개월
  * 구강검진의 경우 4차, 6차, 7차에 포함되어 있으나, 검진기간은 12개월로 연장됨 (4차는 18개월~29개월, 6차는 42개월~53개월, 7차는 54개월~65개월까지 검진 가능)
  ※ 「건강검진 실시기준」(보건복지부 고시 제2020-313호, 2020. 12. 24. 일부개정 시행)
  ※ 원장은 보호자가 영유아 건강검진을 받을 수 있도록 안내 · 협조(검진비: 무료)
  - 영유아 검진 결과 발달장애가 의심되어 정밀평가가 필요하다고 판정받은 의료급여수급권자, 건강보험료 부과금액 하위 30% 이하인 자에 대하여 평균 20만 원의 정밀 검사비 지원(주소지 관할 보건소에 문의)

〈표 10-1〉 시기별 건강검진 항목

검진 시기	검진 항목	검진 방법
1차 (생후 14~35일)	문진 및 진찰	문진표, 진찰, 청각 및 시각문진, 시각검사
	신체계측	키, 몸무게, 머리둘레
	건강교육	영양, 수면, 안전사고 예방
2차 (생후 4~6개월)	문진 및 진찰	문진표, 진찰, 청각 및 시각문진, 시각검사
	신체계측	키, 몸무게, 머리둘레
	건강교육	영양, 안전사고 예방, 영아돌연사증후군
3차 (생후 9~12개월)	문진 및 진찰	문진표, 진찰, 청각 및 시각문진, 시각검사
	신체계측	키, 몸무게, 머리둘레
	발달평가 및 상담	검사도구에 의한 평가 및 상담
	건강교육	영양, 안전사고 예방, 구강
4차 (생후 18~24개월)	문진 및 진찰	문진표, 진찰, 청각 및 시각문진, 시각검사
	신체계측	키, 몸무게, 머리둘레
	발달평가 및 상담	검사도구에 의한 평가 및 상담
	건강교육	영양, 안전사고 예방, 대소변 가리기
	구강검진(생후 18~29개월)	문진표, 진찰, 구강보건교육 등
5차 (생후 30~36개월)	문진 및 진찰	문진표, 진찰, 청각 및 시각문진
	신체계측	키, 몸무게, 머리둘레, 체질량지수
	발달평가 및 상담	검사도구에 의한 평가 및 상담
	건강교육	영양, 안전사고 예방, 전자미디어 노출
6차 (생후 42~48개월)	문진 및 진찰	문진표, 진찰, 청각 및 시각문진, 시력검사
	신체계측	키, 몸무게, 머리둘레, 체질량지수
	발달평가 및 상담	검사도구에 의한 평가 및 상담
	건강교육	영양, 안전사고 예방, 정서 및 사회성
	구강검진(생후 42~53개월)	문진표, 진찰, 구강보건교육 등
7차 (생후 54~60개월)	문진 및 진찰	문진표, 진찰, 청각 및 시각문진, 시력검사
	신체계측	키, 몸무게, 머리둘레, 체질량지수
	발달평가 및 상담	검사도구에 의한 평가 및 상담
	건강교육	영양, 안전사고 예방, 개인위생
	구강검진(생후 54~65개월)	문진표, 진찰, 구강보건교육 등
8차 (생후 66~71개월)	문진 및 진찰	문진표, 진찰, 청각 및 시각문진, 시력검사
	신체계측	키, 몸무게, 머리둘레, 체질량지수
	발달평가 및 상담	검사도구에 의한 평가 및 상담
	건강교육	영양, 안전사고 예방, 취학 전 준비

출처: 국민건강보험관리공단(2021).

〈표 10-2〉 건강검진 문진표(생후 66~71개월) 예 ① 아니요 ②

• 시각

1	눈동자의 위치가 이상합니까?	① ②
2	정면(앞에 있는 사물)을 볼 때 늘 얼굴을 돌려 옆으로 쳐다보거나 고개를 기울이고 보는 편입니까?	① ②
3	책/TV/물건 등에 너무 가까이 다가가서 보거나 찡그리고 봅니까?	① ②
4	아이의 한쪽 눈을 가리고 보게 했을 때 두 눈의 시력이 서로 다르다고 느껴집니까?	① ②

• 청각

1	대부분의 모음과 자음을 맞게 발음할 수 있습니까?	① ②
2	작은 소리로 하는 말을 잘 이해합니까?	① ②
3	다른 사람들과 쉽게 말로 대화할 수 있습니까?	① ②
4	어른이 하는 말을 정확히 따라 할 수 있습니까?	① ②
5	부모 또는 친척 중에 어려서부터 청각장애를 가진 사람이 있습니까?	① ②

• 안전사고 예방 교육

1	아이가 자전거나 인라인 스케이트를 탈 때마다 헬멧, 관절보호대를 사용합니까?	① ②
2	아이 혼자 길을 건너 다닌 적이 있습니까?	① ②
3	아이를 승용차에 태울 때 보조의자에 앉히고 안전띠를 매어 줍니까? (승용차가 없는 경우 ③)	① ② ③
4	화재 발생 시 신고하는 번호를 아이가 알고 있습니까?	① ②
5	놀이터에서 아이를 혼자 놀게 하고 다른 일을 하십니까?	① ②

• 영양 교육

1	아이가 아침 식사는 꼭 하는 편입니까? ① 그렇다 ② 매일은 아니지만 대체로 그렇다 ③ 아니다	① ② ③
2	일주일 동안 가족이 함께 하는 저녁 식사는 몇 번입니까? ① 1~2회 ② 3~4회 ③ 5회 이상	① ② ③
3	아이가 칼슘이 함유된 유제품(우유, 플레인 요구르트, 치즈 등 포함)을 자주 먹습니까?	① ②

4	간식은 주로 언제 먹습니까? ① 간식을 먹지 않는다 ② 식사 사이 ③ 자기 전이나 늦은 시간 ④ 시간이 정해져 있지 않다	① ② ③ ④
5	간식으로 주로 어떤 음식을 먹습니까? (해당되는 곳에 모두 표시하십시오.) ① 당분이 첨가된 음료(예: 과일주스, 탄산음료, 스포츠음료 등) ② 기름진 음식, 혹은 달거나 짠 음식(예: 패스트푸드, 인스턴트식품 등) ③ 해당 없음	① ② ③
6	아이가 하루에 1시간 이상 땀이 날 정도의 신체활동(놀기, 운동 등)을 합니까?	① ②

• 취학 전 준비교육

1	아이가 스스로 좋은 행동과 나쁜 행동을 판단할 수 있습니까?	① ②
2	하고 싶거나 먹고 싶거나 갖고 싶은 것을 참고 기다릴 수 있습니까?	① ②
3	다른 아이들과 잘 어울려 놉니까? (예: 아이가 친구와 놀면서 양보할 줄 압니까?)	① ②
4	어린이집이나 유치원의 수업 시간 동안 한 자리에 앉아 있을 수 있습니까?	① ②
5	어른의 지시를 따르고 부모님이나 선생님이 정해 준 규칙을 지키는 것이 가능합니까?	① ②
6	어린이집이나 유치원에 갈 때 보호자와 떨어지기가 힘듭니까?	① ②
7	대소변을 보고 본인이 혼자서 처리할 수 있습니까?	① ②
8	도움이 필요할 때 다른 사람에게 도움을 요청할 수 있습니까?	① ②
9	자고 일어나는 시간이 규칙적입니까?	① ②

유치원의 장은 유아에 대하여 건강검사를 해야 한다(「학교보건법」 제7조 제1항). 유아의 건강검사는 신체의 발달상황, 건강조사, 정신 건강 상태 검사 및 건강검진으로 구분된다(「학교건강검사규칙」 제3조 제1항 및 제12조).

• 신체의 발달상황은 키와 몸무게를 측정하여 검사한다(「학교건강검사규칙」 제4조 제1항).
• 건강조사는 병력, 식생활 및 건강생활 행태 등에 대해서 실시해야 한다(「학교건강검사규칙」 제4조의2 제1항).
• 정신건강 상태 검사는 설문조사 등의 방법으로 한다(「학교건강검사규칙」 제4조의3 제1항 전단).
• 건강검진은 척추, 눈 · 귀, 콧병 · 목병 · 피부병, 구강, 병리검사 등에 대하여 실시한다(「학교건강검사규칙」 제5조 제1항).

(4) 영유아 건강검진의 절차

국민건강보험공단은 대상자에게 건강검진표를 미리 송부하고 건강검진 실시방법 · 절차 등을 안내해야 한다. 이 경우 지역가입자에게는 각 세대에 통보하는 보험료고지서에 이를 수록하여 안내할 수 있다(「건강검진 실시기준」 제9조 제1항).

건강검진 대상자의 보호자는 건강검진표와 본인임을 확인할 수 있는 증명서 등을 지참하고, 검진기관에서 건강검진을 받는다(「건강검진 실시기준」 제9조 제3항). 건강검진 대상자의 보호자는 검진 실시에 앞서 검진기관의 안내에 따라 영유아 건강검진 문진표, 영유아 구강검진 문진표, 한국 영유아 발달선별검사(K-DST) 등을 작성해 제출한다(「건강검진 실시기준」 제9조 제6항, 별지 제4호부터 제4호의8까지의 서식 및 별지 제5호부터 제5호의3까지의 서식).

(5) 건강검진 결과의 통보

영유아건강검진 및 구강검진을 실시한 검진기관은 건강검진 대상자의 보호자에게 결과통보서를 직접 교부해야 하며, 전산오류, 기기고장 등 부득이한 경우에는 우편, 이메일, 모바일 등으로 통보할 수 있다(「건강검진 실시기준」 제10조 제2항, 별지 제8호부터 제8호의 7까지의 서식 및 별지 제9호부터 제9호의 3까지의 서식).

이에 따라 검진기관이 영유아 건강검진 결과를 전산출력물 등을 이용하여 수기로 기재할 경우에는 신체계측란에 영유아 건강검진 연령별 · 성별 성장도표를 편집하여 인쇄하고, 나이와 성별을 확인한 후 정확하게 기재해야 한다(「건강검진 실시기준」 제10조 제3항 및 별지 제10호 서식).

검진기관은 검진결과 건강을 위협하는 요인이나 질병을 의심할 수 있는 요인 등이 발견된 영유아에 대해서는 상담 또는 전문 의료기관의 의뢰 등 필요한 조치를 취해야 한다(「건강검진 실시기준」 제11조 제1항).

(6) 건강검진 결과에 대한 조치

건강검진 후 치료를 요하는 영유아에 대하여 보호자와 협의하여 필요한 조치를 해야 한다(「영유아보육법 시행규칙」 제33조 제4항). 감염성 질환에 감염된 것으로 밝혀지거나 의심되는 영유아는 영유아 교육기관으로부터 격리 치료하도록 조치해야 한다(「영유아보육법 시행규칙」 제33조의2). 가정 내 격리 치료 시 불가피한 사유로 보호자가 직접 해당 영유아를 돌보기 곤란한 경우에는 여성가족부의 아이돌봄지원사업 중 질병 감염 아동 특별지원서비스를 이용하도록 안내한다.

단, B형바이러스는 공동생활 공간에서 일상적인 접촉을 통해 타인에게 감염의 가능성이 없으므로 B형 간염바이러스 보균자로 판명된 영유아의 경우 격리대상이 아니다. 또한 잠복결핵감염자는 결핵에 해당하는 임상적, 방사선학적 또는 조직학적 소견이 없으며, 결핵균 검사에서 음성으로 확인된 자로 격리대상이 아니다. 해당 질환자가 등원 제한 및 별도의 규제나 불이익을 받지 않도록 각별히 주의해야 한다(보건복지부, 2022).

원장은 해당 영유아가 재등원하는 경우 증상 또는 감염력이 소멸됨을 증명하는 의사소견서 또는 진단서 제출 요구가 가능하며, 원장은 영유아에 대한 건강진단 실시 관련 증빙서류 등을 비치하여 건강관리에 철저를 기하여야 한다. 특히 원장은 영유아의 건강진단 실시 여부를 어린이집 생활기록부에 기록하여 관리해야 한다.

〈표 10-3〉 건강진단

연령	실시 여부	실시 일자	실시기관	비고
0세				□ 영유아건강검진(차수: ______ 차) □ 영유아건강검진 외 □ 미실시(사유: ______, 고지 횟수·일자: ______)
만 1세				□ 영유아건강검진(차수: ______ 차) □ 영유아건강검진 외 □ 미실시(사유: ______, 고지 횟수·일자: ______)

연령	실시 여부	실시 일자	실시기관	비고
만 2세				□ 영유아건강검진(차수: ________ 차) □ 영유아건강검진 외 □ 미실시(사유: ____________, 고지 횟수·일자: ____________)
만 3세				□ 영유아건강검진(차수: ________ 차) □ 영유아건강검진 외 □ 미실시(사유: ____________, 고지 횟수·일자: ____________)
만 4세				□ 영유아건강검진(차수: ________ 차) □ 영유아건강검진 외 □ 미실시(사유: ____________, 고지 횟수·일자: ____________)
만 5세				□ 영유아건강검진(차수: ________ 차) □ 영유아건강검진 외 □ 미실시(사유: ____________, 고지 횟수·일자: ____________)

※ 실시 여부 표시: 실시의 경우 ○, 미실시의 경우 ×
※ 비고: 해당항목 체크 및 내역 기재

(7) 건강주치의제도

① 추진 목적

건강주치의제도의 추진 목적은 지역사회 보건소 및 의료기관의 재능기부를 활용하여 질환 조기발견, 질병 예방교육, 예방접종 및 정기 건강검진 등을 통해 영유아의 건강증진을 도모하는 데에 있다.

② 영유아 교육기관과 의료기관 간 협약 체결

지방자치단체에서는 지역의사회 등 의료단체와 긴밀히 협의, 주치의제에 참여할 의료기관 파악 및 관련 정보 제공 등 의료기관-영유아 교육기관 간 협약체결을 지원하고 독려한다.

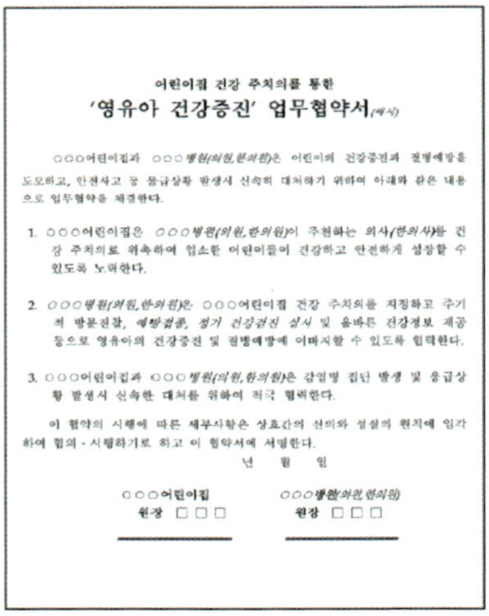

어린이집 건강 주치의를 통한

'영유아 건강증진' 업무협약서(예시)

○○○어린이집과 ○○○병원(의원,한의원)은 어린이의 건강증진과 질병예방을 도모하고, 안전사고 등 응급상황 발생시 신속히 대처하기 위하여 아래와 같은 내용으로 업무협약을 체결한다.

1. ○○○어린이집은 ○○○병원(의원,한의원)이 추천하는 의사(한의사)를 건강 주치의로 위촉하여 입소한 어린이들이 건강하고 안전하게 성장할 수 있도록 노력한다.

2. ○○○병원(의원,한의원)은 ○○○어린이집 건강 주치의를 지정하고 주기적 방문진찰, 예방접종, 정기 건강검진 실시 및 올바른 건강정보 제공 등으로 영유아의 건강증진 및 질병예방에 이바지할 수 있도록 협력한다.

3. ○○○어린이집과 ○○○병원(의원,한의원)은 감염병 집단 발생 및 응급상황 발생시 신속한 대처를 위하여 적극 협력한다.

이 협약의 시행에 따른 세부사항은 상호간의 신의와 성실의 원칙에 입각하여 협의 · 시행하기로 하고 이 협약서에 서명한다.

년 월 일

○○○어린이집 원장 □□□

○○○병원(의원,한의원) 원장 □□□

건강주치의제 협 약 서

출처: 어린이집안전공제회(2019).

③ 협약 이행 시 영유아 교육기관의 역할

영유아 교육기관에서는 보호자의 의견을 수렴하고, 접근성 등을 고려하여 의료기관(주치의) 선정 및 상호협약 체결을 권고한다. 영유아에 대한 일관성 있고 효율적인 건강관리를 위해 영유아 건강검진 · 예방접종 및 일반 진료 등은 가급적 협약 체결 의료기관을 이용하도록 부모에게 안내한다.

④ 협약 이행 시 의료기관(주치의)의 역할

의료기관(주치의)에서는 질병예방을 위한 영유아 · 교직원 교육을 실시하고 의료법 등 관련 법령 규정 범위 내에서 영유아에 대한 건강검진, 예방접종 등 진료서비스를 제공한다. 영유아 교육기관의 안전사고 발생 시 적절하고도 신속한 대응 체계에 대한 자문을 제공한다.

2) 질병관리

(1) 영아산통

영아산통은 '배앓이'라고도 한다. 영아산통은 뚜렷한 원인이 밝혀진 바 없으나 영아의 장에 가스가 많이 차고 이것이 잘 배출되지 않는 것과 연관이 있다. 이에 대한 건강지도를 살펴보면 다음과 같다.

- 수유는 가슴에 비스듬히 안아서 하도록 한다.
- 젖병 꼭지의 구멍 크기를 수유 중 공기가 많이 들어가지 않도록 조절한다.
- 조제유를 소량씩 자주 충분한 시간 동안 천천히 먹이도록 한다.
- 수유 후에는 등을 아래에서 위로 쓸거나 토닥토닥하여 트림(공기 배출)을 시킨다.
- 긴장된 상황을 만들지 않도록 한다.
- 영아의 배를 따뜻하게 해 주고 부드럽게 마사지한다.
- 영아산통이 우유 알레르기로 일어날 수 있으므로 조제유를 바꾼다.

(2) 제대 탈장

제대 탈장은 장기의 일부가 배꼽륜을 통해 복근을 뚫고 돌출한 것으로, 신생아나 영아에게 흔하게 나타나고 성인에게도 나타날 수 있다(출처: 삼성서울병원). 영아가 울 때 돌출이 더욱 커지며 만 3~5세경에 자연 소실되나 계속 남아 있거나, 장기에 의해 꽉 끼거나 막힌 경우, 직경 1.5cm 이상인 경우, 통증이 있는 경우에는 수술한다. 이때, 돌출 부위에 테이프를 붙이거나 복부를 잡아당겨 돌출을 편평하게 하는 것은 피부자극을 유발하고, 테이프 아래쪽 세균이 번식하여 감염이 발생되므로 하지 않도록 한다.

(3) 머리흔들림증후군

뇌는 두개골의 보호를 받고 있는데, 머리가 심하게 흔들리면 두개골 속에서 뇌가 요동을 하기 때문에 뇌에 멍이나 부종, 출혈을 유발하는 원인이 된다. 이러한 경우 영아는 피부가 창백하거나, 평소에 비해 불안정하며, 늘어져 있으면서 우유를 잘 먹지 않는다. 심한 경우 호흡곤란을 일으키고, 경기나 발작이 일어나며, 구토가 유발된다. 또한 뇌성마비나 실명 혹은 사망에 이르기도 한다. 이에 대한 건강지도를 살펴보면 다음과 같다.

- 이러한 증상이 나타날 때에는 즉시 병원을 방문하여 뇌의 이상 유무를 확인하고 뇌손상으로 인한 피해를 최소화한다.
- 부모와 교사의 분노에 대한 감정조절(심호흡, 자극 피하기, 관심 바꾸기, 용서를 통한 해소, 글쓰기 · 낙서를 통한 자기감정 표출 등)과 갈등 해결을 잘 해나가는 것이 중요하다.

(4) 젖병충치

젖병충치는 혀의 상부에 있는 윗니가 당분에 노출되는 시간이 길어 윗니에서 흔히 발생하며, 초기에는 치아에 흰 반점이 나타나다가 점차 진행되면 치아 손상이 일어난다. 충치로 인해 유치가 일찍 빠지는 경우 영구치가 나올 공간이 확보되지 않아 후에 부정교합의 발생 가능성이 커진다. 이에 대한 건강지도를 살펴보면 다음과 같다.

- 취침 전에는 물 이외에 어떤 것도 주지 않는다.
- 주스는 컵에 담아 먹이도록 한다.
- 칫솔질 교육과 함께 불소 첨가물 제공, 정기적인 치과검진을 실시한다.

(5) 기생충 감염(요충증)

감염된 영아의 손을 통해 음식물과 함께 입으로 요충알이 유입되며, 감염된 영아의 손이 닿는 옷, 침구, 음식, 변기 시트 등에 오염되어 전파된다. 밀집된 환경에서 전파속도가 매우 빠르므로, 적극적인 예방관리가 매우 중요하다. 이에 대한 건강지도를 살펴보면 다음과 같다.

- 구충제 복용과 함께 요충 전파를 예방한다.
- 손가락을 빨지 않도록 한다.
- 요충은 열에 약하므로 영아의 손이 닿는 침구, 타월, 잠옷, 속옷은 세탁 시 삶도록 하며, 손 씻기를 철저히 한다.
- 교실 내에 요충감염자가 있으면 교실에서 함께 생활하는 모든 사람은 물론이고, 요충감염자의 가족 모두가 치료를 받도록 한다.

(6) 아토피성 피부염

아토피성 피부염은 피부가 가렵고 염증이 생기는 질환이다. 연령에 상관없이 발생하지만 주로 생후 18개월 이내의 영아에게서 흔히 발생한다. 가족력이 있는 경우가 있거나 자극원에 노출된 경우에 악화될 수 있다.

아토피성 피부염은 영아기에 시작되는 대표적인 알레르기성 질환으로, 극심한 가려움증(소양증)과 습진성 피부병변이 특징적으로 나타난다. 영아기에 아토피성 피부염을 앓은 경우에는 성장과정에서 또 다른 알레르기 질환인 천식, 알레르기성 비염으로 진행될 수 있다.

아토피성 피부염의 원인은 아직 완전히 밝혀지지 않았으나 음식이나 환경에 의해 발생하는 알레르기 반응인 경우가 많다. 그 예로는 특정 음식물, 피부 건조, 집먼지와 진드기, 화학섬유로 된 의복이나 침구, 더위, 발한, 정신적 스트레스, 애완동물의 털 등이 있다.

아토피성 피부염 환아의 60% 이상은 만 1세 이전에, 30% 정도는 만 1~4세 사이에 증상이 나타난다. 아토피성 피부염의 증상은 그 정도가 다양하나, 대체적으로 붉은 발진과 심한 가려움증이 나타나고, 피부가 점점 두꺼워진다. 보통 신체의 특정 부위에 발생한다. 영아에게 나타나는 아토피성 피부염은 주로 얼굴과 목에 발생하는 경향이 있다. 영아가 기어 다니기 시작하면 무릎과 팔꿈치에 생긴다. 유아에게는 주로 팔꿈치 안쪽과 팔목, 그리고 무릎 뒤쪽에서 발생한다.

영유아는 가려움을 참지 못하고 발진 부위를 긁는 경우가 많다. 이로 인해 세균에 감염되어 염증은 더 심해지고 진물이 나는 수포들이 생긴다. 간혹 아토피성 피부염의 심한 합병증으로 단순포진에 걸리면 발생하는 포진상 습진이 나타나기도 하고, 수포가 넓게 퍼지는 발진과 발열을 동반하기도 한다(서울대학교병원). 이에 대한 건강지도를 살펴보면 다음과 같다.

- 소양증 완화를 위하여 약물(항히스타민제)을 투여한다.
- 건조하면 소양증이 심해지므로 적절한 습도를 유지한다. 피부보습을 위하여 미지근한 목욕물에 하루 4회 이상 몸을 담근다. 1회에 10~20분간 몸을 담갔다가 나오는 방법을 사용한다.
- 여러 가지 음식물이 함유된 캔으로 된 음식물은 주지 않는다.
- 딸기, 토마토, 오렌지, 귤은 만 1세까지 먹이지 않는다.
- 새우, 생선, 조개, 요구르트, 치즈, 밀가루 등은 만 2세까지는 먹이지 않는다.
- 모유 수유 시 어머니는 견과류를 섭취하지 않도록 한다.
- 손톱을 짧게 자르고, 손을 자주 씻겨 준다. 목욕 후 3분 이내에 의사의 처방에 따라 목욕용 오일과 크림 같은 피부 완화제를 사용한다.
- 부드러운 면으로 된 옷을 입힌다.
- 땀과 더위는 소양증을 악화시키므로 환경을 시원하게 하고 옷을 얇게 입힌다.
- 비누, 세제, 섬유유연제, 향수, 물휴지, 파우더 등은 소양증을 자극하므로 제한한다.

- 애완동물을 가까이 하지 않는다.
- 휴식을 취하게 해 준다.
- 아토피성 피부염이 아주 심한 경우에는 입원해서 치료받기를 권한다.

(7) 천식

천식은 기도의 일시적인 협착에 의해 호흡 곤란이 발생하고, 발작적으로 기침을 하는 질환이다. 알레르기원에 의한 기도 과민반응으로, 기관지 폐쇄 증상이 동반되는 과민성 면역장애 질환이다. 모든 연령에서 발생하나 80% 이상이 만 6세 미만에서 가장 흔하고 남아에게서 흔히 발병한다.

원인은 유전적 요인과 환경적 요인이 있다. 환경적 요인에는 꽃가루나 곰팡이, 집먼지진드기, 동물의 털이나 비듬 같은 물질에 대한 알레르기원, 호흡기 감염, 담배연기, 환경오염물질 등이나 심한 운동, 찬 공기나 찬 음식에의 노출, 향수나 페인트 냄새 등이 있다. 간혹 우유나 땅콩, 계란 같은 특정 음식이 천식을 유발하며, 어떤 경우에는 정신적 스트레스가 더 심한 발작을 일으키기도 한다.

증상으로는 기침, 천명(숨을 내쉴 때 좁아진 기도로 공기가 나올 때 나는 일종의 잡음), 호흡곤란(호흡수 증가, 콧구멍 확대, 흉부 함몰, 청색증, 안절부절), 술통 모양의 가슴 등이 있다. 이에 대한 건강지도를 살펴보면 다음과 같다.

- 신체 활동 30분 전에 흡입용 기관지 확장제를 투여한다.
- 신체활동 중에 발작이 일어나면 신체 활동을 멈추고 약물을 투여한다.
- 교사는 호흡근육 강화를 시켜 줌으로써 도움을 줄 수 있다. 이에는 비눗방울 불기, 탁구공 빨대로 불기, 풍선 불기, 티슈를 벽에 대고 입으로 바람을 불어 티슈가 바닥으로 떨어지지 않도록 하기 등이 있다(김태임, 김혜금, 최용득, 2012).

(8) 중이염

중이염은 중이에 염증이 생겨 귀에 통증을 일으키는 병을 말한다. 만 8세 미만의 영유아와 아동이 많이 걸린다. 영유아는 중이와 인후를 연결하는 유스타키오관이 가늘고 쉽게 막히기 때문에 중이염이 자주 발생한다. 귀 안에 염증이 생기면 유스타키오관을 막게 되고 그 결과 중이에 수액이 가득해지면 다시 세균에 감염된다. 만 4세 이하 영유아 약 5명당 1명은 매년 중이염을 경험한다. 중이염은 부모가 흡연을 하는 영유아에게서 더 많이 발생한다. 특히 영유아가 많이 모여 있는 곳에서 발생하기가 더 쉽다.

중이염은 몇 시간에 걸쳐 증상이 빠르게 진행된다. 아주 어린 영아의 경우 통증이 어디서 발생하는지 잘 모르고 열과 구토가 유일한 증상일 수 있다. 나이가 조금 많으면 증상이 좀 더 명확해진다. 이통(귀의 통증)이 나타나며, 귀를 당기거나 문지르면 통증이 생긴다. 또한 중이염이 발생한 귀에 일시적으로 청각장애가 나타난다. 중이염을 치료하지 않으면 고막이 파열되고, 통증은 사라지지만 피와 고름이 나오게 된다. 이에 대한 건강지도를 살펴보면 다음과 같다(서울대학교병원).

- 영유아의 귀에서 진물이 나오거나 귀의 통증이 몇 시간 이상 지속되면 의사에게 진찰을 받도록 한다.
- 세균에 감염되었을 경우 의사의 처방에 따라 항생제를 복용하도록 한다.
- 의사의 처방에 따른 진통제를 투여하여 통증을 완화시킨다.
- 적절한 치료를 받으면 보통 며칠 이내에 증상이 사라진다.
- 고막이 천공된 경우에는 몇 주 후에 회복되지만 중이 안에 있는 수액이 사라질 때까지 3개월 이상 청각장애가 생기는 경우도 있다.

(9) 수두

수두는 전염성이 강한 발진성 감염질환으로 수두환자의 90%는 영유아 시기에 발생한다. 발생 초기일수록 전염성이 강하고, 딱지가 생기면 전염되지 않는다. 수두는 수두-대상포진 바이러스(varicella-zoster virus)에 의한 감염으로 발생하며, 잠복기간은 2~3주, 보통 13~17일이고, 주 전파경로는 환자의 인두분비물(침)에 의한 비말감염이다. 또한 수포의 진물과 직접적인 접촉을 통해서도 전파되며, 늦은 겨울과 초봄에 유행한다.

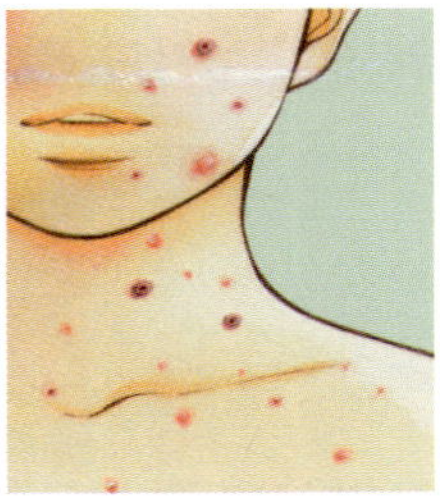

증상은 감염 후 13~17일 후에 나타나기 시작하며, 급성의 발열로 시작되고 피부발진은 매우 가려우며, 주로 몸통, 두피, 얼굴에 발생한다. 몇 시간 동안은 반점, 3~4일간의 수포(물집)기를 거쳐 7~10일 내에 가피(딱지)를 남기고 호전된다. 수포는 먼저 가슴, 배 등 몸통 부위에 나타나고, 차차 얼굴과 어깨, 나중에는 팔과 다리로 퍼져 나가는 연속적인 과정을 거치면서 단계별로 변화(반점 → 구진 → 수포 → 농포 → 가피)하고, 동시에 여러 단계의 수포가 공존하는 특징이 있다. 또한 수포는 노출 부위보다는 두피, 겨드랑이, 구강이나 상기도 점막, 결막 등과 같이 가려진 부위에 더 많이 발생하는 경향이 있다. 이에 대한 건강지도를 살펴보면 다음과 같다.

- 열이 있을 때는 타이레놀을 투여한다. 이때 아스피린은 레이증후군(Reye's syndrome: 뇌와 간에 병변이 생기면서 여러 증상이 발생하는 질환. 심한 구토, 경련, 혼수, 사망)을 유발할 가능성이 있기 때문에 사용하지 않는다.
- 수포는 매우 가렵기 때문에 긁어서 2차 감염이 발생하는 것을 막기 위해 손톱을 짧게 자르고 부드럽게 정리한다.
- 가려움증이 심하면 칼라민 로션을 바르고, 전분을 물에 풀어 바르거나 전분 목욕을 하는 것이 도움이 된다.
- 잠복기는 10~21일 정도이며, 수두환자는 모든 피부 병변에 딱지가 생길 때까지 전염력이 있으므로, 집단 발병 방지를 위하여 영유아 교육기관에 등원하지 않는다(보건복지부, 대한소아과학회, 2011).

(10) 풍진(Rubella)

루벨라는 라틴어로 '빨갛다'는 의미로 붉은 반점이 생긴다는 것을 뜻한다. 풍진은 풍진 바이러스(Rubella Virus)에 의한 감염으로 발생하며, 발진이 있는 동안 미열이 동반되는 전염력이 높은 감염성 질환이다. 전파 경로는 주로 감염된 사람이 기침하거나 말할 때 튀어나오는 작은 비말로 전파되고, 그 외에도 분변, 소변, 혈액에 의해서도 전파된다.

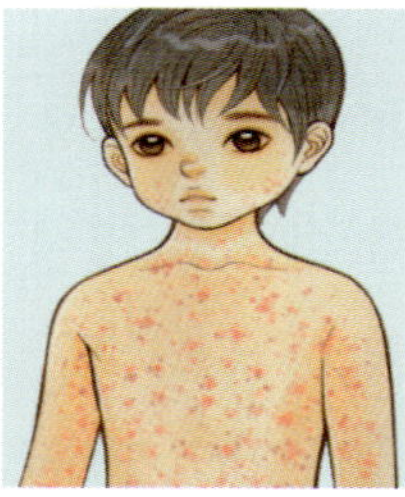

전염성이 있는 기간은 발진이 나타나기 5일 전부터 5일 후까지이며, 겉으로 증상이 나타나지 않은 경우에도 전염력이 있다. 늦가을과 봄에 주로 유행한다. 14~21일의 잠복기가 있으며, 1~5일 전부터 미열, 두통, 권태감, 비염이나 결막염 증상이 나타난다. 발열은 2~3일간 계속되며, 귀 뒤, 목 뒤, 후두부의 림프절이 커지고 아파하며 이어 발진이 나타난다. 처음에는 연분홍색의 구진(피부가 약간 솟아오름)이 얼굴에 나타나고, 이어 2~3시간 내에 머리, 팔, 몸통 등의 온몸에 급속히 퍼진다. 예방은 생후 12~15개월에 기본접종, 4~6세에 추가 접종하며, 마스크를 사용하여 비말 전파를 차단한다.

(11) 홍역

홍역은 홍역 바이러스에 의한 감염으로 발생하며 전염성이 강하여 감수성 있는 접촉자의 90% 이상이 발병한다. 발열, 콧물, 결막염, 홍반성 반점, 구진이 복합적으로 나타나며 질병 특유의 점막진을 특징으로 한다. 한번 걸린 후 회복되면 평생 면역을 얻게 된다. 잠복기는 10~12일이며, 전구기와 발진기 동안 비인두 분비물이나 혈액, 소변에 바이러스가 존재한다.

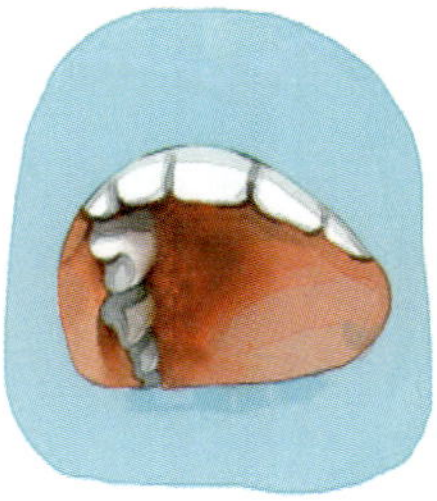

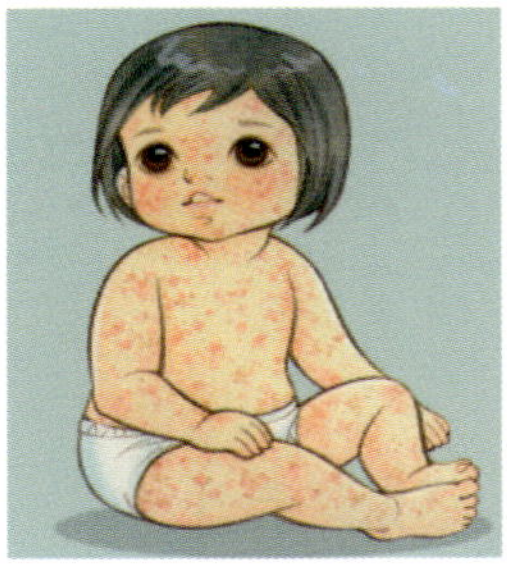

출처: 보건복지부, 대한소아과학회(2011).

전구기는 전염력이 가장 강한 시기로 3~5일간 지속되며 발열, 기침, 콧물과 결막염 등의 증상이 나타난다. 결막염은 코플릭 반점(Koplik spot)이 출현하기 전에 나타나고 이어 1~2일만에 발진이 나타난다. 코플릭 반점은 진단적 가치가 있는 것으로, 첫째 아랫니 맞은편 구강 점막에 나타난다. 코플릭 반점은 작은 점막으로 둘러싸인 회백색의 모래알 크기의 작은 반점이며, 12~18시간 내에 소실된다.

발진기는 코플릭 반점이 나타나고 1~2일 후에 시작하는데 홍반성 구진 형태의 발진이 목의 외상부, 귀 뒤, 이마의 머리선 및 뺨의 뒤쪽에서부터 생기며, 그 이후 첫 24시간 내에 얼굴, 목, 팔과 몸통 위쪽, 2일째에는 대퇴부, 3일째에는 발까지 퍼진다. 발진은 나타났던 순서대로 소실된다. 콧물, 발열, 기침은 점점 심해져 발진이 가장 심할 때 최고조에 달한다. 발진 출현 후 2~3일째 증상이 가장 심하고 이어 24~36시간 내에 열이 내리고 기침도 적어진다.

발진이 소실되면서 갈색을 띠게 되고 작은 겨 껍질 모양으로 벗겨지면서 7~10일 내에 소실되는데 이 시기에 합병증이 잘 생긴다. 영유아에게는 중이염, 기관지 폐렴, 설사 및 구토 등의 위장관 증상이 나타나기도 한다. 이에 대한 건강지도를 살펴보면 다음과 같다.

- 합병증이 없는 경우에는 특수 요법은 없고 기침, 고열에 대한 대증요법을 시

행하며, 충분한 수분공급이 이루어지도록 한다.

- 예방은 생후 12~15개월과 4~6세에 홍역 예방 접종을 실시해야 하며, 예방 접종을 하지 못한 영유아가 홍역 환자와 접촉한 경우 영유아의 연령, 면역 상태에 따라 면역 글로불린을 맞거나 백신을 접종해야 한다(대한소아청소년과학회).

(12) 유행성이하선염

유행성이하선염은 유행성이하선염 바이러스(Mumps virus)에 의한 감염으로 발생하는 급성 유행성 감염병으로 급성열성질환이다. 침샘 중에서 특히 귀밑샘인 이하선을 침범하여 타액선이 비대해지고 동통을 특징적인 소견으로 한다.

예방접종이 보편화되면서 발생 빈도가 급격히 감소하였으며, 늦겨울이나 봄에 잘 발생한다. 잠복기는 약 2~3주간(최대 25일)이며 30~40%는 증상이 없다. 타액선 비대와 동통이 특징적인 소견이며, 대부분 이하선(귀밑샘)을 침범한다. 처음에는 한쪽에서 시작하여 2~3일 후에는 양쪽이 붓게 되지만 환자의 약 25%에서는 한쪽만을 침범하기도 한다. 이하선 비대는 1~3일째 최고에 달하며, 3~7일 이내에 점차 가라앉는다.

감염 경로는 침의 비말 감염(기침을 하거나 대화 도중에 나온 자잘한 것들과 함께 병원균이 방출되어 그것이 공기와 함께 호흡기로 흡입됨으로써 감염되는 것)에 의하여 전파되며, 가장 전염성이 높은 시기는 타액선 비대 1~2일부터 붓기 시작된 후 5일까지이다. 이에 대한 건강지도를 살펴보면 다음과 같다.

- 유행성이하선염은 대증요법을 시행한다.
- 충분한 휴식과 안정을 취하며, 전염성이 있기 때문에 부은 것이 가라앉을 때까지 격리한다.
- 통증이 심할 때는 진통제를 복용하고, 병변 부위에 냉습포 등을 한다.

- 예방은 생후 12~15개월과 만 4~6세 때 접종하며, MMR(홍역, 풍진, 유행성이하선염) 예방접종을 통해 예방할 수 있다(서초구 보건소).

(13) 수족구병

수족구병이란 바이러스 감염으로 손, 발, 입안에 수포성 발진이 특징적으로 발생하는 질환으로 주로 만 4세 이하의 영유아에게 많이 발생한다. 수족구병은 장바이러스의 일종인 콕사키A 바이러스 또는 엔테로바이러스 71의 감염이 그 원인이며 주로 침, 타액, 체액 또는 배설물의 직접 접촉에 의해 감염된다.

수족구병의 증상으로는 입에 수포가 발생한 지 1~2일 후에 손과 발에 수포가 발생하며, 이와 함께 열, 인후통, 식욕부진 등의 동반 증상이 나타날 수 있다. 처음 2~3일 동안 증상이 가장 심하고 대부분 7일 안에 자연 회복된다. 뇌막염, 뇌염, 심근염 등의 합병증 발생 가능성이 있다. 이에 대한 건강지도를 살펴보면 다음과 같다.

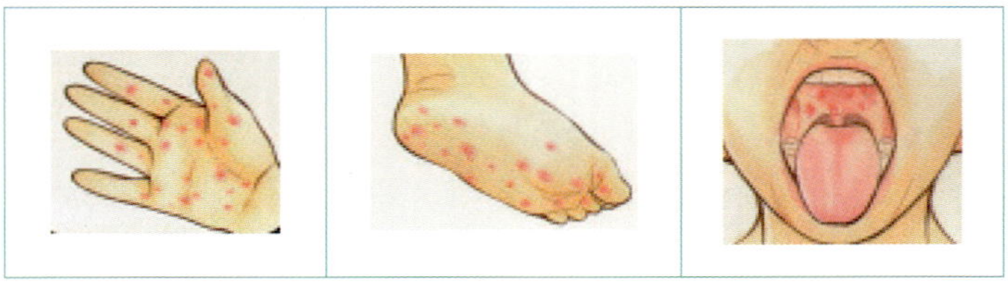

출처: 보건복지부, 대한소아과학회(2011).

- 수족구병은 특별한 치료법이 없으며, 대증요법을 시행한다.
- 열을 조절하고 입안을 청결히 유지하도록 하며, 증상이 심한 급성기에도 가능한 조금씩 자주 물과 음식을 섭취할 수 있도록 하는 것이 좋다. 그러나 과일주스는 산성이므로 구강 궤양을 악화시킬 수 있어 피한다.
- 수족구병은 별도의 예방 백신이 없다. 따라서 침, 타액, 체액 또는 배설물의 접촉에 의한 바이러스 감염을 피하기 위해 올바른 손 씻기를 생활화하고 놀잇감, 교구 등의 청결을 유지하도록 한다(서울삼성병원).

2. 교직원의 질병관리

1) 건강검진

(1) 교직원의 신규채용

교직원 신규채용 시 채용신체검사서에 따르며(공무원 채용신체검사서 준용가능), 그 외 「국민건강보험법 시행령」 제25조에 의한 일반건강검진으로 대신한다. 교사는 비사무직근로자에 해당되어 연 1회 건강검진실시 대상이며(「국민건강보험법 시행령」 제25조 제3항), 영양사, 조리사, 조리원, 배식인력은 「식품위생법」 제40조 제1항 및 동법 시행규칙 제49조에 의한 건강진단(장티푸스, 폐결핵, 전염성 피부질환)으로 대신한다.

(2) 재직 시 건강진단

원장은 교직원에 대해 1년에 한 번 이상 건강진단을 실시해야 한다(「영유아보육법」 제31조 제1항 본문 및 「영유아보육법 시행규칙」 제33조 제1항). 원장이 건강검진을 실시하지 않은 경우에는 300만 원 이하의 과태료가 부과된다(「영유아보육법」 제56조 제2항 제3호).

학교보건법

[시행 2021. 3. 23.] [법률 제17954호, 2021. 3. 23. 타법개정]

제13조(교직원의 보건관리) 학교의 장은 제7조 제1항에 따른 건강검사 결과 필요하거나 건강검사를 갈음하는 건강검진의 결과 필요하면 교직원에 대하여 질병 치료와 근무여건 개선 등 필요한 조치를 하여야 한다.

※ 여기서 "학교"란 「유아교육법」 제2조 제2호, 「초 · 중등교육법」 제2조 및 「고등교육법」 제2조에 따른 각 학교를 말한다(학교보건법 제2조의2). 또한 "유치원"이란 유아의 교육을 위하여 이 법에 따라 설립 · 운영되는 학교를 말한다(「유아교육법」 제2조 제2호).

출처: 법제처 국가법령정보센터.

(3) 건강진단 항목

건강진단 항목은 「국민건강보험법」 제52조, 「국민건강보험법 시행령」 제25조 제5항 및 「의료급여법」 제14조 제2항에 따라 보건복지부장관이 고시하는 기준에 따르되, 보육교직원의 건강진단 항목에는 결핵 등 감염성 질환에 관한 항목이 포함되어야 한다(「영유아보육법 시행규칙」 제33조 제2항).

일반건강검진 검사항목(건강검진실시기준 제6조 제1항)

① 문진과 진찰 ② 신체계측, 혈압측정, 시력 · 청력 측정 ③ 흉부방사선 촬영, 요검사, 혈액검사 ④ 구강검진 ⑤ 건강위험평가 ⑥ 인지기능장애 검사 ⑦ 1차 검진 결과 상담

(4) 교직원의 건강진단 및 조치

원장은 건강진단의 결과나 그 밖에 의사의 진단 결과, 감염병에 감염 또는 감염된 것으로 의심되거나 감염될 우려가 있는 사람 및 「감염병의 예방 및 관리에 관한 법률」 제2조 제15호의2에 따른 감염병 의심자에 해당하는 교직원에 대해서는 완치 시까지 격리, 휴직 등의 근무 제한 조치를 할 수 있다(「영유아보육법」 제32조 제2항 및 「영유아보육법 시행규칙」 제33조의2). 교직원이 잠복결핵감염 판정 시 치료를 권고하며, 결핵의심 판정을 받은 경우 질병관리청 결핵정책과의 결핵진료지침 4판에 근거하여 배양검사 기간(3~8주) 동안 격리 조치한다. 원장은 교직원에 대한 건강진단 실시 관련 증빙서류 등을 비치하여 건강관리에 철저를 기하여야 한다.

감염성 질환 예방

- 감염성 질환 전파방법에 대해 가족 및 보호자, 교사 등에게 교육한다.
- 식사 전후, 기침이나 재채기 후, 화장실 사용 후, 외출에서 돌아온 후, 동물을 만진 후, 타인과 신체접촉을 한 후 등에는 철저히 손을 씻는 습관을 기른다.
- 신선한 공기를 접할 수 있도록 실내공기를 자주 환기시킨다.
- 놀잇감, 교구, 실내와 실외 공간에 대한 청소 및 소독은 정기적으로 실시한다.
- 부모나 교사를 대상으로 감염 전파를 감소시키는 방법 등에 대해 교육하고, 예방접종의 중요성, 예방접종을 지속적으로 하는 것 등이 얼마나 중요한지를 지도한다.

2) 교사의 건강 유해 · 위험요인

교사의 건강 유해 · 위험요인에는 환경 요인, 작업조건 요인, 건강문제 요인, 사고 관련 요인이 있다(고용노동부, 안전보건공단, 2017).

(1) 환경 요인

영유아 교육기관에서 기준을 초과하는 사례가 빈번한 오염물질은 이산화탄소(CO_2), 미세먼지(PM10), 휘발성유기화합물(VOC), 포름알데히드(HCHO), 부유세균으로 나타났다. 실내 공기오염 물질의 주 발생원인 미세먼지(PM10)는 주로 영유아의 신체활동으로 발생하고, 이산화탄소(CO_2)는 주로 영유아 및 시설종사자 등 재실자의 호흡에서 발생하며, 휘발성유기화합물(VOC)과 포름알데히드는 영유아 교육기관의 건축자재, 가구류 및 교육용품에서 주로 발생한다. 그리고 부유세균은 재실자의 호흡과 음식물 조리 및 섭취 등 미생물 성장에 유리한 온도, 습도, 영양분이 충족되는 조건(청소 및 유지관리 미흡)에서 발생한다.

이러한 환경에서 일하는 교사는 비염과 같은 질병에 노출되기 쉬우므로 충분한 환기가 필요하다. 자연환기가 어려운 경우 공기청정기 등 기계 환기 설비를 설치하여 충분한 환기량을 확보하는 것이 좋다. 또한 공기 질의 위생 점검을 상 · 하반기에 각각 1회 이상 실시하여야 한다. 휘발성유기화합물, 포름알데히드의 경우 함유량이 적거나 없는 친환경 가구나 용품의 사용으로 실내공기 오염물질 배출원의 근원적 제거가 이루어지도록 한다.

학교보건법

[시행 2021. 3. 23.] [법률 제17954호, 2021. 3. 23. 타법개정]

제2조(정의) 이 법에서 사용하는 용어의 뜻은 다음과 같다. 〈개정 2008. 3. 21., 2012. 1. 26., 2012. 3. 21., 2016. 2. 3., 2020. 10. 20.〉

2. "학교"란 「유아교육법」 제2조 제2호, 「초 · 중등교육법」 제2조 및 「고등교육법」 제2조에 따른 각 학교를 말한다.

제4조의2(공기 질의 유지 · 관리 특례) ① 학교의 장은 제4조 제2항에 따른 공기 질의 위생 점검을 상 · 하반기에 각각 1회 이상 실시하여야 한다.

② 학교의 장은 제4조 제2항 및 제3항에 따라 교사 안에서의 공기 질을 측정하는 장비에 대하여 교육부령으로 정하는 바에 따라 매년 1회 이상 정기적으로 점검을 실시하여야 한다. [본조신설 2019. 4. 2.]

제4조의3(공기정화설비 등 설치) 학교(「고등교육법」 제2조에 따른 학교는 제외한다)의 장은 교사 안에서의 공기 질 관리를 위하여 교육부령으로 정하는 바에 따라 각 교실에 공기를 정화하는 설비 및 미세먼지를 측정하는 기기를 설치하여야 한다. [본조신설 2019. 4. 2.]

출처: 법제처 국가법령정보센터.

(2) 작업조건 요인

영유아 교육기관 환경은 영유아에게 맞춰져 있어 교사는 영유아의 눈높이에 맞춰 몸을 낮추어 활동함으로써 부자연스러운 작업자세로 일하게 된다. 교사의 근로는 업무 수행 중 사고와 손상, 수면장애, 심혈관 질환, 정신 건강 문제, 근골격계 질환의 위험을 높일 수 있으며, 이로 인해 업무수행 능력이 감소할 수 있다. 따라서 자주 스트레칭을 해 주는 것이 좋다.

교사 직무수행 시 작업자세 관리

- **스트레칭**
  - 영유아의 눈높이에 맞춰 몸을 낮추어 씻기거나 식이를 보조하는 등 부자연스러운 작업자세를 유지하게 되므로, 이로 인한 신체 부담 및 근골격계질환을 예방할 수 있도록 업무시작 전, 중, 후 스트레칭을 실시한다.

- **영유아나 중량물을 들어 올릴 때**
  - 영유아를 안아 올릴 때에는 무게중심을 낮추고 몸을 밀착한 후, 허리가 아닌 다리 힘으로 안아 올린다.
  - 중량물은 무리한 인력 취급 및 운반을 지양하고 운반대차 등 보조 운반 기구를 활용한다.
  - 혼자 들기 무거운 물건, 부피가 큰 물건, 긴 물건 등은 단독 작업을 지양하고 동료교사와 공동으로 작업한다.

- **성인용 시설 이용**
  - 교구 제작 및 서류작업 등 영유아를 직접적으로 돌보지 않는 업무를 수행할 때에는 반드시 성인용 시설을 이용하도록 한다.

- **차량 지도**
  - 영유아와 동승 전후에 간단한 스트레칭을 한다.
  - 승하차시 영유아가 장난이나 과도한 행동을 하지 않도록 교육한다.
  - 영유아를 들어 올릴 때는 자세를 낮추고, 무릎을 약간 굽히고 몸을 밀착시켜 안아 들어 올린다.
  - 영유아를 안아 올릴 때 허리를 굽히거나 비틀지 말고 다리 힘으로 들어 올린다.

출처: 고용노동부, 안전보건공단(2017).

(3) 건강문제 요인

교사는 반복적인 동작을 계속적으로 수행하는 작업, 무리한 힘의 사용, 불편한 자세 등으로 인해 목, 어깨, 허리, 손목과 손 부위의 근골격계 질환이 발생할 수 있다. 교사 직무수행 시 작업자세를 적절하게 취함으로써 근골격계 질환을 예방해야 한다.

〈표 10-4〉 근골격계질환의 사례와 대처 방법

사례	대처 방법
• 19개월 된 영아를 씻긴 후 안고 일어나다가 허리를 삐끗하는 부상을 당함	• 영아를 들어 올릴 때에는 무게중심을 낮추고 몸을 밀착시켜 안음 • 영아를 안기 전후 스트레칭 실시 • 평소 허리강화 운동 시행
• 영유아를 안아서 차에 태우다 빗길에 미끄러지면서 넘어지지 않으려고 무릎에 무리하게 힘을 주다 부상당함	• 무게중심을 낮추고 몸을 밀착하여 안아 줌 • 비, 눈 등 악천후 시에는 보조교사를 추가하여 안전한 탑승을 도움 • 사고사례 교육 실시

출처: 고용노동부, 안전보건공단(2017).

교사는 식사시간 중에 주의 부족으로 인해 영유아에게 안전사고가 발생하는 것을 예방하고자 빠른 시간 안에 식사를 끝마치거나 식사를 거르는 등 규칙적인 식사를 하지 못하는 경우가 많다. 이러한 불규칙한 식사 습관은 위염, 위궤양을 유발할 수 있다. 그러므로 교사는 규칙적이고 안정적으로 식사하도록 하여야 한다.

교사는 영유아를 지도하며 목소리를 내야 하기 때문에 성대결절 등 목 부위의 질환이 발생할 수 있다. 이를 예방하기 위해 교사는 휴식을 충분히 취하고 수분 섭취에 신경을 써야 하며, 입보다는 코로 호흡하고, 힘 주어 말하거나 노래하기 등을 삼간다.

교사의 경우 영유아를 지속적으로 관찰하고, 사고를 예방해야 하기 때문에 요의를 느껴도 담당 학급 및 영유아 곁을 떠나거나 자리를 비우기가 어려워 참는 경우가 많다. 잦은 바깥놀이 및 체험활동으로 인해 영유아를 지도·관리하는 등의 외출이 잦으며, 이는 자연스러운 배뇨활동을 방해한다. 급성 방광염의 증상은 빈뇨(하루 8회 이상 소변을 보는 증상), 요절박(강하고 갑작스런 요의를 느끼면서 소변이 마려우면 참을 수 없는 증상), 배뇨 시 통증, 배뇨 후에도 덜 본 것 같은 느낌 등과 같은 방광 자극 증상이 특징적으로 나타난다. 하부 허리 통증 및 치골 상부 통증이 발생할 수 있고 혈뇨와 악취가 나는 혼탁뇨가 동반되기도 한다(고선옥, 김경신, 임경례, 한성민, 2021). 따라서 교사는 수분을 충분히 섭취하고, 적절한 배뇨를 통해 방광염을 예방할 수 있다.

(4) 사고 관련 요인

교사는 영유아를 돌보며 급히 움직이다가 미끄러지거나 넘어지기도 하고, 청소를 위해 책장을 옮기다가 발이 끼기도 한다. 수업을 위한 교구 제작 도중 칼이나 가위에 손이 베이거나 글루건에 의해 화상을 입기도 하며, 교실 천장이나 벽에 모빌 등을 설치하려고 의자나 책상 위에 올라갔다가 추락하기도 한다. 또한 차량 통원 과정에서 크고 작은 사고가 빈번히 발생하기도 한다.

〈표 10-5〉 **교사가 기관에서 다치는 사례**

종류	발생과정	예방 대책
끼임	• 교실 청소 중 영유아가 갑자기 문을 닫아 손가락이 문에 끼어 부상	• 손 끼임 방지장치 설치 후 작업 • 영유아가 없을 때나, 다른 장소에 있는 경우 청소 실시 • 사고사례 교육 실시
	• 영유아를 태운 후 차문을 닫는 순간 교사의 손가락이 문틈에 끼어 부러지는 부상 입음	• 영유아의 착석을 확인한 후 한손은 손잡이를 잡고, 한손은 차문을 닫기 • 손가락 끼임 주의 표지판 부착 • 사고사례 교육 실시
충돌	• 아침체조를 위해 둥근 대형으로 일어서기와 고개 숙이기를 반복하다 교사가 영유아의 머리에 정면으로 부딪혀 부상당함	• 체조 시 충분한 공간 확보 • 체조에 대한 충분한 교육 실시 • 사고사례 교육 실시
	• 영유아가 갑자기 뛰어와서 안기자 뒤로 넘어져 어깨와 허리를 교실 바닥에 심하게 부딪혀 부상당함	• 정기적인 안전교육을 실시하여 영유아의 주의를 환기시킴 • 영유아를 들 때는 무리한 자세를 피하고 하체를 이용하여 듦 • 사고사례 교육 실시
추락	• 차에서 내리던 중 뒤에 있던 유아가 앞에 유아를 미는 바람에 쓰러지는 유아를 안은 채 차문 밖으로 떨어져 부상	• 차량 승하차 시 과도한 행동이나 장난을 금지하도록 교육 • 차량 정차할 때까지 자리에서 일어나지 않도록 교육 • 사고사례 교육 실시

종류	발생과정	예방 대책
	• 교실 천장에 모빌을 달려고 미끄럼틀 위로 올라가 작업을 하다가 추락하는 사고를 당함	• 안전한 구조의 고정식 사다리 사용 • 2인 1조로 작업 실시 • 사고사례 교육 실시
화상	• 교실에서 바자회에 전시할 영유아의 작품들을 붙이기 위해 글루건을 사용하다가 글루건에서 나온 액이 흘러내려 화상을 당함	• 보호 장갑 및 보호앞치마 등 적절한 보호구를 착용하도록 함 • 글루건 미사용 시에는 전원을 차단 • 사고사례 교육 실시
넘어짐	• 욕실에서 영아를 씻긴 후 영아를 안고 나오다 중심을 잃고 미끄러지며 영아를 안은 상태로 넘어져 부상당함	• 욕실 바닥에 미끄럼 방지 매트 설치 또는 스티커 부착 • 무게중심을 낮추고 몸을 밀착하여 안아 줌 • 미끄럼 주의 경고표지 부착
베임	• 커터 칼로 폼 보드를 자르려 강하게 힘을 주다가 칼날이 앞으로 튕겨지며 손가락을 베이는 부상당함	• 보호 장갑 착용 • 칼날은 필요한 만큼만 빼서 사용 • 사고사례 교육 실시

출처: 고용노동부, 안전보건공단(2017).

토론 및 토의

교사의 근골격계 질환의 사례를 들어 보고, 그에 따른 예방에 대하여 논의하시오.

11장

응급처치

응급처치는 위급한 대상자의 생명을 구하는 일이며, 대상자의 상태에 적합한 응급처치는 대상자의 정상화에 기여할 수 있다. 특히 영유아는 스스로 자신의 건강과 안전을 관리하기 어려우므로 위험한 상황에 노출되기 쉽다. 따라서 영유아 교육기관의 교사는 상황별 응급처치에 대하여 익혀두어야 하며, 위급한 상황에 침착하게 대응하여야 한다.

1. 응급처치의 개념

1) 응급처치의 개념

응급처치는 질병이나 손상으로 인해 생명이 위급하고 긴박한 상황에 처해 있는 대상자에게 행해지는 즉각적이고 임시적인 처치를 말한다. 영유아 교육기관에서는 영유아의 건강과 안전을 위하여 환경을 조성하고, 주의를 기울여 영유아를 돌본다고 하여도 예기치 않은 응급상황이 발생할 수 있다. 특히 찢어짐이 가장 빈번하고, 찰과상, 타박상, 치아손상, 골절, 탈구, 삠, 화상, 베임, 호흡곤란, 안구손상,

이물질 삼킴 등이 빈번하게 발생한다. 이때 교사는 질병이나 사고에 침착하게 대처하는 것이 필요하다. 따라서 교사는 위급한 건강문제를 지닌 영유아가 전문적인 치료를 받을 때까지 생명과 질병, 손상 등이 더 악화되지 않도록 응급처치에 관련한 지식과 실제를 배우고 익혀야 한다.

2) 응급처치와 관련법

(1) 응급의료기관에 이송

영유아 교육기관의 장은 영유아에게 질병 · 사고 또는 재해 등으로 인하여 위급 상태가 발생한 경우 즉시 응급의료기관에 이송하여야 한다(「영유아보육법」 제31조 제2항, 「유아교육법」 제17조의3). 영유아 교육기관의 장이 응급조치를 하지 않은 경우 300만 원 이하의 과태료를 부과한다(「영유아보육법」 제56조 제2항 제3호, 「유아교육법」 제35조 제2항).

(2) 비상약품 비치

영유아가 접근할 수 없는 안전한 장소에 응급조치를 위한 비상약품 및 간이 의료기구 등을 비치한다(「영유아보육법 시행규칙」 제9조 제1항 및 별표 1). 응급 상황을 대비하여 인근의 소방서, 경찰서, 병원 등의 응급전화번호 등을 눈에 잘 띄는 곳에 비치해 둔다. 구급상자는 약물사고를 예방하기 위해 유아의 손이 닿지 않는 곳, 교사가 편리하게 이용할 수 있는 곳에 비치해 두도록 한다(교육부, 2015).

(3) 보건실

영유아 교육기관에는 원아의 응급처치 등이 신속히 이루어질 수 있도록 보건실이 설치되어 있어야 한다. 영유아 교육기관의 설립자 · 경영자는 보건실을 설치하고 학교보건에 필요한 시설과 기구(器具) 및 용품을 갖추어야 한다(「학교보건법」 제3조).

보건실의 설치기준

- 보건실의 위치는 원아의 응급처치 등이 신속히 이루어질 수 있도록 이용하기 쉽고 통풍과 채광이 잘되는 장소여야 한다(「학교보건법 시행령」 제2조 제1항 제1호).
- 보건실의 면적은 66제곱미터 이상이어야 하나 교육부장관, 특별시 · 광역시 · 특별자치시 · 도 또는 특별자치도 교육감은 원아의 수 등을 고려하여 원아의 건강관리에 지장이 없는 범위에서 그 면적을 완화할 수 있다(「학교보건법 시행령」 제2조 제1항 제2호).
- 보건실에는 다음의 시설과 기구(器具) 및 용품을 갖추어야 한다(「학교보건법 시행령」 제2조 제2항).
  - 원아의 건강관리와 응급처치 등에 필요한 시설과 기구 및 용품
  - 학교환경위생 및 식품위생검사에 필요한 기구

(4) 보건교육의 실시

교육부장관은 「유아교육법」 제2조 제2호에 따른 유치원의 모든 유아를 대상으로 심폐소생술 등 응급처치에 관한 교육을 포함한 보건교육을 체계적으로 실시해야 한다(「학교보건법」 제9조의2 제1항 전단). 또한 유치원의 장은 매년 교직원을 대상으로 심폐소생술 등 응급처치에 관한 교육을 실시해야 한다(「학교보건법」 제9조의2 제2항).

(5) 응급처치 시 알아 두어야 할 법적인 문제

응급처치 시 알아 두어야 할 법적인 문제에는 동의, 유기, 과실, 의무, 비밀유지 등이 있으며, 교사는 이에 대하여 숙지해야 한다.

첫째, 동의이다. 동의는 응급처치를 하기 전 부상자의 허락이나 동의를 구하는 것을 말한다.

둘째, 유기이다. 유기는 응급환자를 위험한 상황에 그대로 방치하거나 응급처치를 받을 수 있도록 필요한 처치를 취하지 않고 처치를 그만 둘 경우를 가리킨다.

셋째, 과실이다. 과실은 법적으로 인정된 치료기준을 벗어난 응급처치를 실시함으로써 부상자의 질병이나 손상 상태를 악화시켰을 때를 말한다.

넷째, 의무이다. 의무는 일반적인 치료기준을 준수하는 것을 의미한다. 직장에

서 의무가 요구되는 경우 직장규칙에 따라 응급처치자로 지정된 사람은 사고 현장에 있을 경우 응급처치를 수행할 의무가 있다. 또한 공무원, 공공시설 및 스포츠시설의 안전요원, 운동선수 및 코치, 영유아의 부모, 영유아 교육기관의 교사, 보건교사, 택시 기사 등은 응급처치를 해야 할 의무가 있다.

다섯째, 비밀유지이다. 비밀유지는 응급처치를 수행하면서 알게 된 대상자의 병력, 질병, 및 상해 정도 또는 처치하면서 알게 된 어떠한 정보도 비밀을 유지해야 하며 다른 사람과 공유해서는 안 된다.

이 외에도 선한 사마리아인 법(The Good Samaritan Law)이 있다. 선한 사마리아인 법은 위험하고 긴박한 상황에 처한 사람을 구해 주지 않은 행위를 처벌하는 법으로, 고통받는 사람을 기꺼이 도와주도록 격려하는 법이다. 즉, 본인이 특별한 위험에 처하지 않음에도 불구하고, 응급사항이나 위험에 처한 타인을 구조하지 않고 외면한 사람에게 징역 또는 벌금을 부과하는 법으로, 이 법을 시행하는 나라에는 미국, 독일, 일본, 프랑스 등이 있다. 우리나라는 선한 사마리아인 법이 간접적으로 도입된 것으로 볼 수 있는 응급의료에 관한 법률이 있다.

응급의료에 관한 법률(약칭: 응급의료법)

[시행 2021. 4. 8.] [법률 제17203호, 2020. 4. 7., 타법개정]

제5조(응급환자에 대한 신고 및 협조 의무)

① 누구든지 응급환자를 발견하면 즉시 응급의료기관 등에 신고하여야 한다.

② 응급의료종사자가 응급의료를 위하여 필요한 협조를 요청하면 누구든지 적극 협조하여야 한다.

제5조의2(선의의 응급의료에 대한 면책) 생명이 위급한 응급환자에게 다음 각 호의 어느 하나에 해당하는 응급의료 또는 응급처치를 제공하여 발생한 재산상 손해와 사상(死傷)에 대하여 고의 또는 중대한 과실이 없는 경우 그 행위자는 민사책임과 상해(傷害)에 대한 형사책임을 지지 아니하며 사망에 대한 형사책임은 감면한다.

제14조(구조 및 응급처치에 관한 교육) ① 보건복지부장관 또는 시·도지사는 응급의료종사자가 아닌 사람 중에서 다음 각 호의 어느 하나에 해당하는 사람에게 구조 및 응급처치에 관한 교육을 받도록 명할 수 있다. 〈개정 2019. 1. 15.〉

14. 「유아교육법」 제22조 제2항에 따른 교사

15. 「영유아보육법」 제21조 제2항에 따른 보육교사

〈표 11-1〉 부모동의 및 조사서

부모동의 및 조사서

○○어린이집에서는 영유아보육법 및 시행규칙, 사업지침 등에 따라 다음의 내용에 대하여 보호자의 동의를 받아 진행 여부를 결정하고자 합니다. 구체적인 내용을 확인하시고 해당 내용에 동의여부를 빠짐없이 체크해 주시기 바랍니다.

〈영유아 기본 정보〉

<table>
<tr><td>성명</td><td colspan="2">(남/여)</td><td>반 이름</td><td></td></tr>
<tr><td>주소</td><td colspan="2"></td><td>생년월일</td><td></td></tr>
<tr><td rowspan="3">보호자</td><td>성명</td><td>영유아와의 관계</td><td colspan="2">연락처</td></tr>
<tr><td></td><td></td><td colspan="2"></td></tr>
<tr><td></td><td></td><td colspan="2"></td></tr>
</table>

응급조치 및 귀가동의

구분	처리내용
응급 처치	–응급상황 발생 시 위의 보호자에게 연락하여 주십시오. –필요시 119구조대에 연락하여 ◻ 기관지정 의료기관(　　　　)이나 ◻ 보호자 지정 의료기관(　　　　)으로 수송해 주십시오.
귀가 동의	–위 영유아의 귀가 시 위의 보호자에게 인도하여 주십시오. –정해진 보호자 외 다른 사람에게 인계할 경우 사전에 반드시 연락을 취하겠습니다. ※ 우리 어린이집에서는 영유아를 성인 보호자에게 인계하는 것이 원칙입니다. 다만, 보호자가 보육아동의 13세(중학생) 이상 형제·자매에게 인계를 희망하는 경우에는 예외적으로 가능하며, 이때 인계후 발생하는 안전사고 등에 대한 책임은 보호자에게 있습니다(동의함 ◻). –등·하원방법: ◻ 보호자 동행 ◻ 차량(어린이집) –차량이용 시 등하원 시간: 등원(시 분), 하원(시 분) (필요시 기재) –부모 외 인계보호자: (필요시 기재)

○○○○년 ○○월 ○○일

영유아명: 　　　　보호자 성명: 　　　㊞

출처: 보건복지부(2022).

〈표 11-2〉 응급처치동의서

반이름		생년월일	
성 별	남 여	성 명	

○ ○ ○에게 응급상황 발생 시 다음의 절차에 따라 응급처치를 하는 것에 동의합니다.

20 . .
부 모 : ○ ○ ○ (서명 또는 인)

〈응급처치 절차〉

1. 사고 발생 시 가장 먼저 부모님께 연락합니다.
   (시간/기간) (전화번호) 어머니와는
   ________동안에 ________로 연락됩니다.
   ________동안에 ________로 연락됩니다.
   아버지와는
   ________동안에 ________로 연락됩니다.
   ________동안에 ________로 연락됩니다.

2. 부모님과 신속하게 연락되지 않을 경우, 부모님이 정해 주신 다음의 연락처로 연락드립니다.
   (이름) (전화번호)
   ① _______ 는 _______ 로 연락할 수 있습니다.
   아동과의 관계 _______
   ② _______ 는 _______ 로 연락할 수 있습니다.
   아동과의 관계 _______

3. 필요한 경우 119 구조대에 연락할 것이며(어린이 집에서 지정하는 의료기관이나, 부모님이 정하신 _______ 의료기관)으로 응급수송할 것입니다.

4. 의료기관 수송 후에는 다음의 건강보험 관련 정보를 주어 신속하게 치료받을 수 있도록 합니다.
   건강보험 종류 _______
   번호 _______
   기관 _______

출처: 중앙육아종합지원센터(2016).

2. 응급처치의 실제

1) 심폐소생술

심폐소생술이란 갑작스러운 심정지로 인하여 폐와 심장의 활동이 멈췄을 때 요구되는 응급처치를 말한다. 심폐소생술의 목적은 심장 및 뇌, 그 외의 장기에 신속하게 산소를 공급하여 본래의 기능을 회복하는 데 있다. 본문에서 살펴볼 연령 구분에 따른 심폐소생술에는 만 1세 이하 영아, 만 1세 이상~만 8세 이하 영유아와 아동, 성인의 심폐소생술이 있다.

응급상황 시 행동요령

- **발견 및 심정지 확인**
  - 의식과 호흡이 없으면 심정지에 준하는 처치가 필요하다.
  - 무의식 또는 무호흡이 의심되는 경우는 발견 즉시 양손으로 몸통을 부드럽게 자극하거나 발바닥을 자극하여 의식, 호흡 및 반응 여부를 신속하게 판단한다.
- **도움 요청**
  - 주위에 소리를 쳐서 상황을 알리고 도움을 요청한다.
- **응급의료체계 활성화**
  - 첫 번째 발견자는 즉시 심폐소생술을 시작한다.
  - 다른 목격자는 응급의료체계에 신고한다.

〈표 11-3〉 영유아의 흉부압박 부위

만 1세 이하 영아의 흉부압박	만 1세 이상~만 8세 이하 영유아의 흉부압박
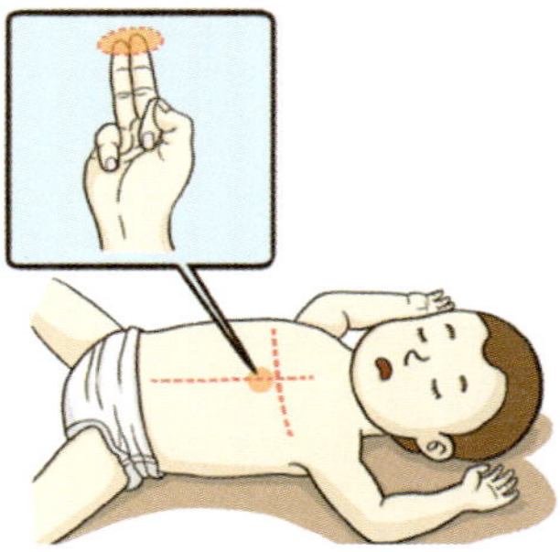	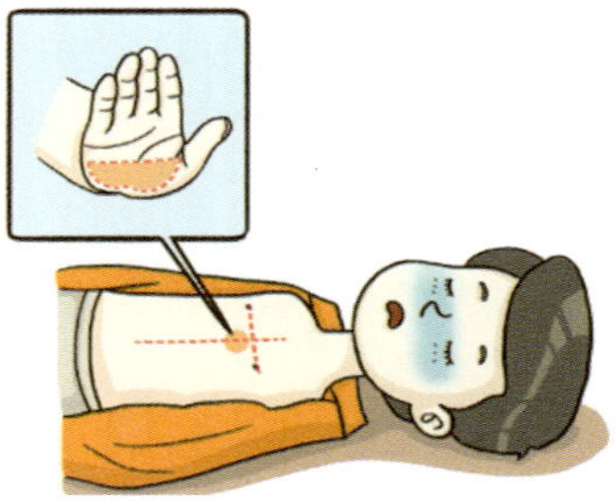

출처: 중앙응급의료센터.

(1) 만 1세 이하 영아의 심폐소생술

신생아의 경우 태어난 직후 질식으로 인한 심정지가 가장 흔하며, 만 1세 미만 영아의 경우 영아돌연사증후군, 기도 폐쇄가 심정지 원인이 된다. 주변에 도움을 요청할 만한 사람이 없을 경우 심폐소생술을 1분간 실시한 후 119에 도움을 요청한다. 그 이유는 만 1세 이하 영아의 경우 호흡정지가 먼저 발생한 후 산소 부족으로 심장이 정지되는 경우가 많기 때문이다. 영아는 목이 짧고 굵기 때문에 기도 개방 시 유의해야 하며, 입속에 차지하는 혀의 크기가 체표면적상 성인보다 크기 때문에 쉽게 기도폐쇄 증상이 일어날 수 있다. 만 1세 이하 영아와 체중이 10kg이하인 만 2세 영아의 심폐소생술 실시 순서는 다음과 같다.

① 의식 확인 및 119 신고

영아를 얼굴이 하늘을 향하도록 바로 눕힌 후 발바닥을 가볍게 자극하여 반응(의식)이 있는지 확인한다. 주변 사람들 중 한 사람을 지목하여 119 호출을 요청한다. 의식이 없는 경우 혀가 뒤로 말리면서 기도가 막힐 수 있으므로, 부드럽게 영아의 이마를 뒤로 젖히고 턱을 들어 올려 기도를 유지한다.

119 응급의료상담자에게 알려주어야 할 내용

- 응급상황이 발생한 위치(영유아 교육기관 이름, 교실 · 보육실의 이름, 도로나 거리 이름 등)
- 응급상황의 내용(무의식, 무호흡, 심장발작, 자동차 사고 등의 안전사고)
- 도움이 필요한 환자의 숫자와 상태
- 환자에게 시행한 응급처치 내용(심폐소생술 등)
- 필요한 도움 등

출처: 어린이집안전공제회(2019).

② 가슴압박(30회)

영아를 딱딱한 바닥에 눕힌다. 압박할 위치는 양쪽 젖꼭지 부위를 잇는 선 중앙의 바로 아래 흉골과 만나는 지점이다. 검지와 중지 또는 중지와 약지 손가락을 모은 후 첫마디 부위를 영아의 흉골 부위에 접촉시킨다. 처치자의 손가락은 영아의 흉골이 맞닿은 부위와 수직이 되게 위치한다. 1분당 100회 이상의 속도로 30회 압박하되 도중에 중단하는 일이 없도록 하며, 이때 깊이는 1.5~2.5cm 정도이다.

③ 인공호흡(2회)

한 손으로 귀와 바닥이 평행할 정도로 턱을 들어 올리고, 다른 손으로 머리를 뒤로 젖힌다. 영아의 입과 코에 동시에 대고 숨을 2회 천천히 불어넣는다. 숨을 불어넣을 때 호흡의 양은 아주 적은 양으로 영아의 가슴이 상승하는지 관찰하면서 불어넣는다.

④ 무한반복

119 구급대원의 도착 시까지 가슴압박과 인공호흡을 30:2 비율로 반복한다. 심폐소생술을 지속하는 동안 영아가 스스로 숨을 쉬거나 움직임이 명확할 때 심폐소생술을 중단할 수 있다. 119 구급대원 도착 후 병원으로 이송한다.

(2) 만 1세 이상~만 8세 이하 영유아와 아동의 심폐소생술

영유아의 심정지 원인은 질식, 추락, 기타 외상에 의한 것이 대부분이며, 숨을 잘 쉬지 못하는 각종 질환이다.

① 의식 확인 및 119 신고

영유아를 얼굴이 하늘을 향하도록 바로 눕힌 후 어깨를 가볍게 두드리면서 반응(의식)이 있는지 확인한다. 반응 확인 후 주변 사람들 중 한 사람을 지목하여 119 호출을 요청한다. 주변에 아무도 없으면 심폐소생술을 1분간 실시한 후 119에 도움을 요청한다. 영유아의 이마를 뒤로 젖히고 턱을 들어 올려 기도 확보 후 눈으로 가슴의 상승을 확인하고, 귀로 호흡음을 듣고, 뺨으로 호흡음을 느낀다.

② 가슴압박

대상 영유아 옆에 무릎을 꿇고 앉아서 양쪽 젖꼭지 사이의 정중앙 바로 아래 부위에 손목 가까운 손바닥을 대고 압박한다. 1분당 100회 속도로 30회 압박하되 도

중에 중단하는 일이 없도록 하며, 처치자의 어깨에서 팔목까지 곧게 편 상태에서 흉부가 2.5~3.5cm 정도 들어가도록 압박을 가한다. 영유아에 따라 한 손, 또는 두 손을 사용해서 압박하며, 영유아의 경우 처치자의 체중을 실어 압박하지 않도록 주의한다.

③ 인공호흡

한 손으로 턱을 들어 올리고, 다른 손으로 머리를 뒤로 젖혀 기도를 개방시킨다. 머리를 젖힌 손의 검지와 엄지로 코를 막은 뒤 영유아의 입에 숨을 2회 천천히 불어넣는다. 숨을 불어넣을 때 영유아의 가슴이 상승하는지 관찰한다.

④ 무한반복

119 구급대원의 도착 시까지 가슴압박과 인공호흡을 30:2 비율로 반복한다. 심폐소생술을 지속하는 동안 영유아가 스스로 숨을 쉬거나 움직임이 명확할 때 심폐소생술을 중단할 수 있다. 119 구급대원 도착 후 병원으로 이송한다.

〈표 11-4〉 심폐소생술

<table>
<tr><th>만 1세 이하</th><th>만 1세 이상~만 8세 이하</th></tr>
<tr><td>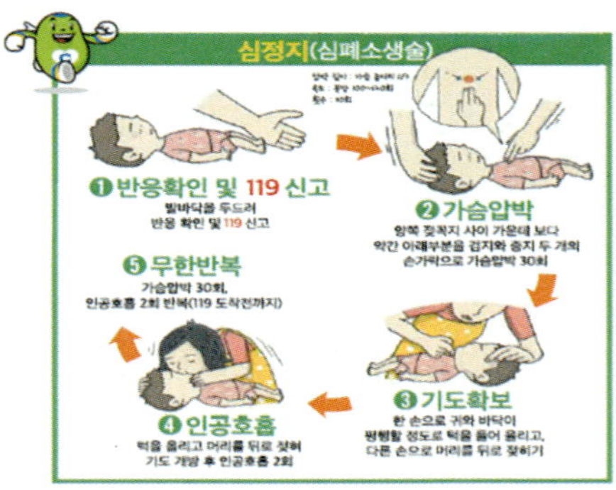</td><td></td></tr>
</table>

출처: 어린이집안전공제회.

(3) 성인의 심폐소생술

영유아 교육기관에는 성인인 교직원이 있고, 행사 시 부모가 있으며, 이들 중에는 임신부가 있을 가능성이 있다. 그래서 성인의 응급처치를 익히는 게 필요하다.

① 의식 확인

환자의 양 어깨를 두드리며 말을 걸고 눈과 귀로 심정지 및 무호흡 유무를 확인한다.

② 도움 및 119 신고 요청

환자의 반응과 호흡이 없을 경우 주변 사람 중 한 사람을 꼭 집어서 119 구급대에 신고를 부탁한다.

③ 흉부압박점 찾기

환자의 가슴선 중앙에 손바닥을 올려놓고 그 위에 다른 손을 겹쳐 손가락으로 끼어 잡는다. 이때 손가락이 가슴에 닿지 않도록 유의한다.

〈표 11-5〉 성인의 흉부압박 부위

출처: 중앙응급의료센터.

④ 흉부(가슴) 압박하기

분당 100~120회 속도로 약 5cm의 깊이로 30회 압박한다. 압박 시 양팔을 쭉 편 상태에서 체중을 실어 환자의 몸과 수직이 되게 눌러야 한다.

⑤ 인공호흡

머리를 젖히고 엄지와 검지로 환자의 코를 잡아 막는다. 코를 막고 처치자의 입을 완전히 밀착하여 약 1초 동안 2회 숨을 천천히 불어넣는다. 너무 빨리, 세게 불어넣게 되면 위장 속으로 공기가 들어가 내용물이 역류되어 오히려 기도가 막힐 수 있다. 인공호흡이 어려울 경우 흉부압박을 지속적으로 시행한다.

⑥ 흉부압박과 인공호흡의 반복

10초 이상 흉부압박이 중단되지 않아야 하며, 환자가 회복되거나 119 구급대원이 현장에 도착할 때까지 30회의 흉부압박과 2회의 인공호흡을 반복해서 시행한다.

2) 기도폐쇄

기도폐쇄의 이물질로는 혈액, 고기 덩어리와 떡 등과 같은 음식물, 구토물, 동전, 놀잇감에 달려 있는 작은 부속품, 사탕, 젤리, 땅콩, 포도, 풍선 조각 등이 있다. 실례로 만 3세 유아가 교육기관에서 제공된 꿀떡으로 인해 사망에 이른 경우가 있다. 그러므로 음식물은 조리과정에서 작게 잘라 제공하여야 한다. 또한 영아에게 제공되는 놀잇감의 경우 직경 3.5cm 이상이어야 한다.

이와 같은 이물질로 인해 혀 또는 후두개가 이완되어 기도가 막히게 된다. 이때 영유아는 두 손으로 목 부분을 쥐면서 기침을 하려고 하며, 목 부분에서 심한 천명음('쌕~쌕' 하는 소리)이 들릴 수 있다. 또한 얼굴이 파랗게(청색증) 변한다. 기도가 완전히 폐쇄된 경우에는 3~4분 이내 의식을 잃게 되고, 4~6분이 경과하면

뇌세포의 영구적인 손상이 발생하여 생명이 위험에 빠질 수 있으므로 빠른 시간 내에 응급처치를 시행해야 한다(대전광역시 소방본부).

영유아가 울고 기침을 할 수 있다는 것은 의식이 있으면서 호흡곤란이 심하지 않은 경우이다. 이러한 부분 기도폐쇄의 경우에는 스스로 센 기침을 하도록 해서 이물질이 제거되도록 돕는다. 점차로 의식이 없어지거나 울지 못하거나 호흡곤란이 심한 완전 기도폐쇄의 경우에는 119 구급대에 신고한 후 응급처치를 실시한다.

(1) 만 1세 이하 영아의 하임리히법

만 1세 이하 영아와 체중이 10kg 이하인 만 2세 영아는 체표면적에 비해 간의 크기가 커서 손상의 위험이 크므로 성인에서와 같이 명치 부분을 압박하는 하임리히법을 사용하지 않고 등 두드리기와 가슴 누르기를 실시한다. 이는 폐를 하방에서 압박하여 폐내압을 높여 그 압력으로 이물질이 튀어나오게 하기 위함이다. 또한 눈으로 확인되고 꺼낼 수 있다는 판단이 설 때에는 환자의 입속을 훑어 내듯이 한다. 하지만 이는 신중히 처리해야 하고, 자칫 이물질을 기도 내로 깊게 넣을 수 있으므로, 직접 입안을 보지 않은 채 손가락을 입에 넣어 훑어 내지 않도록 주의한다.

① 영아의 가슴보다 머리를 낮게 하여 얼굴이 아래로 가도록 영아를 팔에 엎어 놓고 한 손으로 영아의 머리와 목을 받친다.

② 다른 손의 손바닥 끝부분, 즉 손목 가까운 부위로 영아의 견갑골(어깻죽지) 사이를 강하게 아래에서 위로 밀어내듯 치는 동작을 1초에 1회 정도의 속도로 5회 두드린다.

③ 등 두드리기 5회 후에도 이물질이 제거되지 않았을 경우, 영아의 머리와 목을 지지하면서 얼굴이 위로 향하도록 몸을 돌린 후 처치자의 대퇴부(허벅지 부위) 위에 영아를 마주 보도록 눕힌다.

④ 한 손으로 영아의 머리와 목, 등을 받치고, 영아의 머리가 가슴보다 낮게 위치하도록 한다. 영아의 양쪽 젖꼭지 사이의 중간 약간 아랫부분에 다른 손의

손가락 두 개를 대고 빠르게 5회 누른다.

⑤ 등 두드리기와 가슴 누르기를 2~3회 반복하며 이물질이 나올 때까지 계속한다. 구급차를 기다리는 동안 이물질을 제거하는 노력 끝에 이물질이 제거되고 호흡을 하게 되면 조이는 부분의 옷을 느슨하게 풀어 숨을 편안히 쉴 수 있도록 한다.

〈표 11-6〉 등 두드리기와 가슴 누르기의 부위

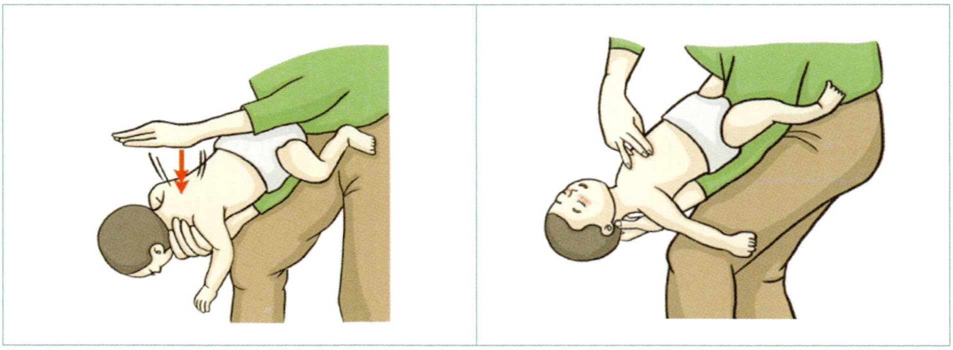

출처: 중앙응급의료센터.

(2) 만 1세 이상~만 8세 이하 영유아의 하임리히법

만 1세 이상~만 8세 이하 영유아의 상태를 체크하고, 119 구급대에 신고한 후 등 압박 5회와 가슴압박 5회를 진행한다. 2~3회 반복하며 이물질이 나올 때까지 계속한다. 구급차를 기다리는 동안 이물질을 제거하는 노력 끝에 이물질이 제거되고 호흡을 하게 되면 조이는 부분의 옷을 느슨하게 풀어 숨을 편안히 쉴 수 있도록 한다.

① 만 1세 이상~만 8세 이하 영유아의 경우 처치자의 무릎 위에 엎드리게 하고, 머리가 가슴보다 낮게 위치하도록 머리를 처치자의 무릎 밑으로 위치하게 한 다음 영유아를 단단히 잡고 어깻죽지 사이를 손바닥으로 여러 번 세게 두드린다.

② 등 두드리기 후에도 이물질이 제거되지 않았을 경우, 앙와위(가슴과 배를 위로하고 반듯이 누운 상태)에서 횡격막을 향해서 급격히 밀어 올린다.

귀와 코, 눈에 이물질이 들어갔을 때

영유아는 호기심이 많아서 코나 귀, 그리고 입에 이물질을 넣는 경우가 종종 있다. 귀와 코, 눈에 이물질이 들어갔을 때의 응급처치는 다음과 같다.

• 귀 안에 이물질이 들어갔을 때

- 영유아는 작은 나사못이나 콩 같은 것을 귀 안에 넣는 경우가 있다. 이물질이 외이도의 입구 근처에 있을 때와 외이도의 안쪽 벽과 고막을 다치지 않게 할 확신이 없다면, 가까운 병원으로 이송한다.
- 영유아의 귀에 벌레가 들어갔을 때는 따뜻한 올리브오일이나 베이비오일 등을 귀에 넣으면 흘러나온다. 넣을 때의 포인트는 귓볼을 약간 뒤로 당기면서 비스듬히 위쪽 방향으로 잡아당기는 것이다. 이렇게 하면 외이도관이 늘어나서 쉽게 들어간다. 이 방법으로도 제거되지 않을 때는 병원으로 이송한다.

• 코에 이물질이 들어갔을 때

- 영유아를 안정시킨다.
- 이물질이 들어간 반대 방향의 코와 입을 막고 코를 세게 푼다.
- 코를 풀어도 나오지 않거나, 코를 풀 수 없을 경우에는 치료가 가능한 병원으로 이송한다.
- 콩과 같은 식물이나 씨앗은 습기로 인해 커지거나 부서지기 쉬우므로 빠르게 병원으로 이송한다.

• 눈 안에 이물질이 들어갔을 때

눈을 가리고 나서 가능한 한 빨리 가까운 병원의 응급실이나 안과의사에게 데리고 간다. 눈동자 안에 깊이 들어갔을 때, 금속조각, 눈의 검은자위(각막 부분–착색 부분)의 미세한 조각 등의 이물질이 영유아의 눈에 들어갔을 때는 무리하게 제거하려 하지 말고, 손상된 눈을 가리고 병원 처치를 받도록 한다. 이 외에 다른 이물질(눈꺼풀 안쪽의 미세한 먼지와 속눈썹)이 들어갈 경우의 응급처치 요령은 다음과 같다.

- 흰자위 아래위 눈꺼풀 안쪽에 작은 이물질이 보일 때는 젖은, 깨끗한 거즈의 모서리와 무균 면봉을 써서 제거한다.
- 밖에서 전혀 보이지 않을 때는 눈썹을 잡고 위 눈꺼풀을 아래 눈꺼풀 있는 곳까지 끌어당겨 잠시 그대로 둔다. 그렇게 하면 이물질을 제거할 수가 있다.
- 영유아에게 아래를 보도록 하고, 위 눈꺼풀을 잡아 바깥쪽 아랫방향으로 끌어당긴다.
- 무균 면봉을 위 눈꺼풀의 위쪽에 얹어서 윗 눈꺼풀을 만다.
- 이물질이 보이면 깨끗한 거즈의 모서리를 사용해서 제거한다.

이상과 같은 처치로 제거되지 않을 때는 티끌이 들어간 쪽의 눈을 가볍게 덮어서 즉각 안과처치를 받도록 한다.

출처: 건강백과

(3) 성인 응급처치

환자가 의식이 있을 경우에는 기침을 유도하며, 지속적으로 기침을 해도 이물질이 배출되지 않을 때에는 즉시 119로 연락한다. 의식이 없을 경우에는 119에 신고한 후 하임리히법을 실시한다.

① 환자의 등 뒤에서 양팔로 허리를 감싼다.
② 처치자는 오른손으로 왼 주먹을 감싸 잡고 명치(가슴과 배가 만나는 경계선의 한가운데에 오목하게 들어간 곳)에 댄다.
③ 빠르게 위로(후상방향) 밀쳐 올린다. 단, 임신부나 비만환자는 상복부가 아닌 흉부를 압박한다.
④ 이물질이 밖으로 나올 때까지 계속한다.

3) 출혈

의학용어백과에서 정의하는 출혈은 혈액이 혈관 밖으로 유출되는 현상을 말하며, 체외로 유출되는 경우를 외출혈, 조직이나 체강으로 유출되는 경우를 내출혈이라고 한다. 통상적으로 외출혈을 출혈이라고 한다.

출혈이 있을 경우 호흡과 맥박이 빨라지고 호흡이 곤란해지며, 피부가 창백해지고 체온이 떨어진다. 또한 동공이 확대되고 구토가 발생하며, 갈증을 느끼면서 불안감을 갖게 된다. 일차적으로는 상처 부위를 심장보다 높게 올려 준다. 출혈이나 상처의 종류에 관계없이 응급처치는 동일하다. 지혈이 가장 우선적이고 중요한 처치 방법이다(강원도소방본부).

① 처치자는 감염으로부터 보호받기 위하여 의료용 장갑을 낀다. 의료용 장갑이 없으면 거즈를 몇 장 겹치거나 비닐 랩, 비닐봉지 그 밖에 방수되는 물질 등

을 사용할 수 있다. 다른 방법이 없는 경우를 제외하고는 맨손으로 상처 부위를 만지지 않는다. 부상자 스스로 상처 부위를 직접 압박하게 할 수도 있다.

② 옷을 벗기거나 잘라서 상처 부위를 드러내어 출혈이 되는 곳을 찾는다.

③ 소독거즈나 깨끗한 천(손수건, 타월, 깨끗한 헝겊)으로 상처 부위를 완전히 덮고 손가락이나 손바닥으로 직접압박을 한다. 피가 순환되지 않을 정도로 압박 붕대를 단단하게 감지 않도록 한다. 거즈나 천을 덮어서 압박을 하면, 압박이 골고루 가서 대부분의 경우 직접압박을 하면 지혈된다. 출혈 부위에 압박을 가하되 너무 약하게 누르지 말고 같은 힘으로 계속하여 압박한다. 단, 눈의 상처나 이물이 박혀 있는 상처 그리고 두개골 골절의 경우에는 직접압박을 하지 않는다.

〈표 11-7〉 **지혈**

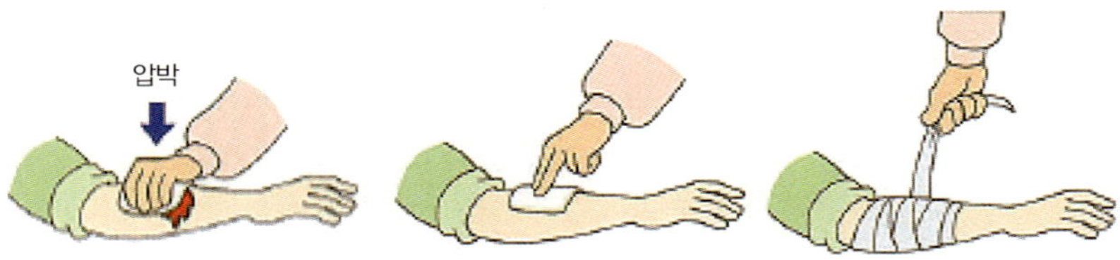

출처: 서울종합방재센터.

④ 지혈에 사용된 드레싱은 제거하지 않는다. 새 드레싱을 그 위에 다시 덮어 사용한다. 지혈대를 사용하지 않는다. 지혈대가 필요한 경우는 거의 없으며, 지혈대를 잘못 사용하면 신경조직이나 혈관을 손상시킬 수 있으며 팔이나 다리에 괴사를 초래할 수 있으므로 일정한 시간마다 지혈대를 풀어서 괴사를 방지하는 것이 중요하다. 그러나 지혈대를 꼭 사용해야 할 경우는 폭이 넓고 평평한 것을 사용한다. 밧줄이나 철사와 같이 폭이 좁은 것은 절대 사용하지 말아야 한다.

⑤ 10분 이내에 출혈이 멈추지 않는다면 압박의 강도가 약했거나 압박 부위가 잘못된 것이다. 압박 부위를 넓히고 강도를 더 세게 하여 다시 10분 동안 압

박한다.

⑥ 팔이나 다리에서 출혈이 있을 경우 압박을 가하면서 동시에 상처 부위를 심장보다 높게 들어 올려 혈액의 흐름을 줄인다. 상처 부위를 심장보다 높이면 중력의 작용으로 피가 심장에서 팔다리로 흐르는 것이 어려워진다. 그러나 상처 부위를 높이는 것만으로는 출혈이 멈추지 않으므로 압박을 함께 실시한다.

⑦ 출혈이 멈추고 처치가 끝나면 반드시 손을 비누로 깨끗이 씻는다.

코피

- 비출혈이라고 불리며 코에서 피가 나는 것을 말한다.
- 습관적으로 코를 후비는 행동은 영유아에게 가장 흔한 비출혈의 원인이다. 콧구멍으로 피를 흘리거나 목으로 넘어가 입으로 피를 뱉는 경우도 있다. 코피가 날 경우 코를 파거나 코를 푸는 행동을 포함하는 모든 코를 만지는 행위를 하지 않도록 한다.
- 부상자의 혈압을 낮추고, 지혈을 위해 기대어 앉게 한다. 기대어 앉기 힘든 어린 영아의 경우 옆으로 눕히도록 한다.
- 머리를 앞으로 숙여 혈액이 목으로 넘어가지 않고 콧구멍으로 흘러나올 수 있게 한다. 누워 있거나 뒤로 젖히는 것은 숨 쉬는 길을 막아 위험하다. 코피가 목 뒤로 넘어가게 되면 질식하거나 메스꺼움, 구토 등을 일으킨다. 구토할 수 있으므로 입안의 피는 삼키지 않고 뱉도록 한다.
- 코를 압박할 때 코의 딱딱한 뼈가 끝나는 곳을 두 손가락으로 5분간 서서히 압박한다. 코 안을 둘로 나누는 벽인 비중 벽에는 혈관이 많이 모여 이곳을 지혈하는 것이다.
- 거즈나 탈지면으로 코를 막는다. 휴지는 코 안에 달라붙어 감염 등 상처에 자극을 줌으로 삼간다. 10분 정도 눌렀는데 멈추지 않으면 위치를 바꾸어 3번 정도 해 보고 병원으로 이송한다.
- 이마부터 코에 걸쳐서 젖은 수건이나 천에 싼 얼음주머니를 올려 지혈을 돕는다. 코를 풀거나 후비면 코피가 다시 날 수 있다.
- 병원으로 가야 할 경우는 다음과 같다.
  - 입으로 피를 토할 때
  - 얼굴이 창백해질 때
  - 코가 자주 막히면서 코피가 자주 날 때
  - 코피가 나면서 몸의 다른 곳에서도 출혈이 있을 때
  - 머리를 부딪친 후에 코피를 흘릴 때
  - 의식이 흐려질 때
  - 너무 많은 피를 흘렸을 때
  - 식은땀을 흘릴 때

4) 상처

상처란 피부가 찢어져 피가 나는 경우를 말한다. 개방성 상처를 가진 사람은 출혈과 감염의 우려가 있다. 개방성 상처에는 찰과상, 열상, 절상, 자상, 결출상 등 여러 가지가 있다.

〈표 11-8〉 상처 세척과 보호

상처 세척	상처 보호
• 흐르는 물로 상처를 씻는다. 상처는 반드시 세척해서 감염을 예방한다. 상처 세척으로 다시 출혈이 시작될 수도 있으나 반드시 실시해야 하는 절차이다. 출혈이 심하면 확실히 멈출 때까지 압박붕대를 매어 둔다. • 처치자는 비눗물로 손을 잘 씻고 가능하면 의료용 장갑을 낀다. • 상처를 씻는다. • 가벼운 상처의 경우(열상, 절상의 경우) 깨끗한 물로 씻는다. • 마실 수 있는 깨끗한 물로 상처를 세척한다. 그릇에 담겨 있는 물보다는 흘러내리는 물로 직접 상처 부위를 대고 세척해야 한다. • 감염 가능성이 높은 상처(동물에게 물린 상처이거나 매우 더럽고 너덜너덜한 상처 혹은 찔린 상처)일 때는 병원에 가서 상처 세척을 한다. • 병원에 한 시간 내에 갈 수 없는 경우에는 가능한 상처를 깨끗이 세척한 후 이송한다. • 세척으로 제거되지 않는 이물질은 핀셋으로 제거한다. • 더러운 찰과상이거나 그 밖의 깨끗하게 세척되지 않은 상처는 흉이 남을 수도 있다.	• 봉합이 필요하지 않은 작은 상처는 항생연고를 얇게 바른다. 항생연고는 병균을 많이 죽일 수 있으며, 알레르기 반응이 거의 없다. • 상처를 덮을 때는 소독 드레싱을 사용한다. 반창고로 상처를 직접 덮어서는 안 된다. 왜냐하면 상처를 그대로 두거나 드레싱을 하였을 때보다 세균 감염 기회가 많아지기 때문이다. • 드레싱과 붕대는 응급처치에 사용되는 물품으로, 드레싱은 상처에 대서 지혈을 하고 오염을 막는다. 붕대는 드레싱을 그 자리에 고정시켜 주는 역할을 한다. • 드레싱을 뗄 경우 따뜻한 물로 딱지를 부드럽게 하면 쉽게 뗄 수 있다. 드레싱을 바꾸려다가 딱지가 떨어지면 상처가 아무는 속도가 느려지고 감염의 위험성이 커진다.

출처: 강원도소방본부.

(1) 찰과상

찰과상은 긁힌 것과 같이 피부의 표피층만 다친 경우를 말하며, 출혈이 없거나 있어도 소량에 불과하다. 찰과상은 대개 통증이 있는데 이는 신경의 말단이 피부와 함께 벗겨졌기 때문이다. 흔히 이물이 박혀 있을 수 있고, 상처 부위가 크거나 이물질이 상처 안으로 들어가면 감염될 수 있다. 영유아의 경우에는 영유아 간 갈등 및 다툼의 상황에서 빈번하게 발생하며, 머리나 얼굴에 손상을 입는 경우가 많다. 찰과상의 응급처치는 다음과 같다.

① 상처 부위를 흐르는 물에 5분 정도 깨끗이 씻는다. 모래와 같은 작은 조각은 핀셋을 사용하여 제거한다.
② 상처를 소독하고 멸균 거즈나 깨끗한 천 등으로 상처를 보호한다.

(2) 열상

열상은 상처의 가장자리가 톱니 꼴로 불규칙하게 생긴 상처를 가리키는 것으로, 피부 조직이 심하게 찢겨지는 것을 말한다. 얼굴은 0.5cm, 그 외의 부위는 1cm이상인 경우 봉합이 필요하다. 열상의 응급처치는 다음과 같다.

① 출혈 부위를 멸균 거즈나 깨끗한 천 등으로 세게 눌러 지혈한다.
② 상처 오염 시에는 지혈 후 흐르는 물에 상처 부위를 깨끗이 씻는다.
③ 소독약을 발라 주고 멸균 거즈, 일회용 밴드 등으로 덮어 준다.
④ 지혈되지 않고 상처가 심한 경우 상처 부위를 압박하여 붕대로 고정한 후 병원으로 이송한다.

(3) 자상

자상은 손톱이나 못, 나뭇가지처럼 날카로운 것, 칼에 찔린 상처를 말하며, 주로 상처가 깊고 좁기 때문에 피부의 내부 조직에까지 상처가 생긴다. 자상의 상처 부위는 작아 보이지만 감염의 위험은 높다. 상처의 원인이 되는 물체가 꽂혀 있기도 한다. 자상은 찔린 정도에 따라 응급처치가 다르다.

① 가시처럼 가볍고 작은 것에 찔린 경우, 핀셋이나 족집게 등으로 상처에 박힌 물질을 빨리 뽑아내야 통증도 없고 치료도 쉽다. 그러나 상처를 찌른 것이 깊이 박힌 경우 억지로 빼내려 해서는 안 된다. 박혀 있는 물질이 지혈을 해 주기 때문이다.

② 야외의 경우 적절한 세정이나 소독을 하기 어려우므로 가능하면 뽑아내지 않는다. 깊이 박힌 경우 빨리 병원으로 이송해야 한다. 녹슨 못에 찔린 경우는 파상풍의 위험이 있으므로, 찔린 깊이에 상관없이 병원에서 깨끗하게 소독을 해야 안전하다.

파상풍

어릴 때부터 기본 예방주사를 맞아야 한다. 그 후 5~10년마다 추가접종을 하면 충분히 면역 체계를 유지할 수 있다. 파상풍 추가접종이 필요한 사람은 다음과 같다.

- 파상풍 예방접종을 전혀 하지 않은 사람으로 상처를 입었을 경우, 예방접종과 추가접종을 즉시 해야 한다.
- 과거에 예방접종을 하였으나 지난 10년간 추가접종을 하지 않은 경우
- 상처가 불결하고 추가접종을 한 지 5년이 넘은 사람
- 파상풍 예방주사는 상처를 입은 지 72시간 이내에 맞아야 효과가 있다.
- 파상풍 호발 창상인 경우(오염 및 조직이 많이 상한 창상)에는 추가접종뿐만 아니라 파상풍 항체 주사를 맞아야 되는 경우가 있다.

출처: 강원도소방본부.

(4) 절상

절상은 종이에 베었거나 수술시 절개 부위와 비슷한 상처를 말하며, 보통 가장자리가 매끄럽다. 상처의 깊이, 위치 그리고 크기에 따라 출혈량이 달라진다. 절상 사고의 응급처치는 감염예방과 압박에 의한 지혈이다.

① 절상사고를 당하면 우선 환부의 상태를 확인한다.

② 환부가 오염되지 않았다면 곧바로 지혈을 한다. 만약, 환부에 더러운 이물질이 있으면 수돗물이나 생수로 씻은 다음 지혈을 한다.

③ 지혈은 피가 나는 자리를 누르는 직접압박법을 쓴다. 우선, 상처 부위에 거즈를 대고 부드럽게 압박해 지혈을 한다. 그래도 피가 계속 새어 나올 경우 거즈를 떼지 말고 그 위에 덧대 주는 것이 요령이다.

④ 지속적인 압박을 가할 수 있도록 붕대를 감아 준다. 상처를 치료하는 과정에도 계속 압박을 가해 출혈을 막아 줘야 한다. 만약 직접압박법으로도 출혈이 멈추지 않으면 환부를 심장보다 높게 해 간접 지혈을 한 후 즉시 병원으로 이송한다.

(5) 타박상

타박상은 부딪혀서 모세혈관이 터져 멍이 든 상태를 말한다. 타박상은 영유아가 입는 상처 중에 가장 흔하며, 붉은색에서 검푸른색이나 자줏빛으로 변한다. 타박상의 응급처치는 다음과 같다.

① 다친 부위를 심장보다 높은 위치에 두고 얼음주머니, 차가운 팩 등으로 냉찜질을 한다.

② 48시간 후에는 혈액이 재흡수되는 것을 돕기 위하여 1일 3회 10분씩 온찜질을 한다.

③ 근육이나 뼈에 손상이 있는 경우 부종과 통증이 지속되므로 병원으로 이송하여 치료를 받는다.

(6) 결출상

결출상은 살이 찢겨져 떨어진 상태로 늘어진 살점이 상처 부위에 붙어 있기도 하고 완전히 떨어져 나가기도 하는 상처를 말하는데, 이런 경우 출혈이 심하다. 만약 살이 떨어지지 않고 붙어 있다면 제자리에 펴놓는다. 이 상처는 주로 귀, 손가락, 손에 잘 생긴다.

5) 쇼크

쇼크란 산소를 함유한 혈액이 인체의 각 부분에 충분히 전달되지 않아서 발생하는 순환의 기능장애를 말한다. 모든 부상은 어느 정도 순환계에 영향을 주므로 응급처치자는 항상 부상자의 쇼크에 대비하고 처지를 해야 한다. 쇼크를 이해하는데 필요한 순환계의 3요소는 펌프(심장기능), 배관(혈관기능), 배관을 통해 흐르는 적절한 양의 액체(혈액기능)이다. 이 세 가지 요소 중 어느 하나라도 손상을 입게 되면 조직 내 혈액이 손실되어 쇼크를 일으킨다. 쇼크의 증상으로는 호흡과 맥박이 빨라지고, 불안, 긴장, 초조감 등 의식 상태의 변화를 보일 수 있다. 또한 피부, 입술, 손톱이 창백하고 차가워지거나 축축해질 수 있으며, 메스꺼움이나 구토를 할 수 있다.

(1) 쇼크 환자를 눕히는 방법

① 쇼크 환자의 일반적인 자세는 다리를 20~30cm 정도 올린다. 침대나 들것의 다리를 들어 올리지 않는다. 이러한 경우 호흡에 지장을 주고 두뇌로부터 나오는 혈류가 늦춰져서 뇌가 부어오른다.

② 심한 부상이나 뇌졸중의 경우, 머리 쪽을 올려준다.

③ 의식이나 반응이 없는 부상자, 구토하는 부상자 등은 왼쪽으로 눕힌다. 임신 말기(7개월 이상) 환자는 대정맥을 압박하지 않도록 왼쪽 옆으로 눕힌다.

④ 가슴부상 환자, 호흡장애환자, 심장환자는 반쯤 앉은 자세를 취하게 한다.

⑤ 목이나 척추 손상이 의심되거나 다리 골절 환자는 바닥에 수평으로 반듯하게 눕힌다.

(2) 응급처치

① 생명을 위협하는 부상이나 다른 심한 부상을 치료한다.

② 부상자를 똑바로 눕힌다.

③ 부상자의 다리를 20~30cm 정도로 올려 주면 다리에 있던 피가 심장으로 돌아가게 된다. 부상자의 다리를 30cm 이상 들어 올리지 않는다. 30cm 이상 높아지면 복부 내 장기가 횡격막을 밀기 때문에 호흡에 지장을 준다.

④ 담요나 옷을 바닥에 깔고 부상자를 덮어 주어 체온 손실을 막는다.

⑤ 환자에게 먹을 것이나 마실 것을 주지 않는다. 매스꺼워지거나 구토를 일으켜 구토물이 폐로 들어갈 수 있을 뿐 아니라, 수술 시 합병증의 원인이 될 수 있다. 그러나 환자의 입술에 깨끗한 헝겊을 물에 적셔 촉촉하게 해 주어 입이 마르지 않게 할 수 있다.

6) 곤충, 동물, 사람에 의한 손상

영유아는 곤충, 동물을 동화책으로 접하면서 경계심 없이 접근하게 된다. 따라서 안정성이 확보되는 것이 중요하다.

(1) 벌에 쏘였을 때

영유아가 바깥놀이를 비롯하여 현장견학, 숲 놀이와 산책 등과 같은 야외활동을 할 때에는 긴 옷, 외투, 장갑, 모자 등을 착용하여 벌에 쏘일 수 있는 부분을 최소화하는 것이 중요하다. 특히 달콤한 사탕이나 음료수 같은 간식을 가지고 가지 않는 것이 바람직하다. 교사 역시 향수, 화장품, 헤어스프레이, 밝은 옷을 삼간다. 특히 말벌의 색에 대한 공격력을 보면 검은색, 갈색, 빨간색, 초록색, 노란색 순이다. 그러므로 이러한 색을 피해야 한다. 벌에 쏘였을 때의 응급처치는 다음과 같다.

① 침이 박힌 피부 주위를 딱딱한 카드 등으로 피부를 긁어 내듯 하여 즉시 침을 제거한다. 박힌 침에서 2~3분 동안 독이 계속 나오기 때문이다. 집게, 핀셋, 손가락을 이용하여 침의 끝부분을 집어서 제거할 경우 독주머니를 짜는 행위가 되어 벌침 안에 남아 있는 독이 몸 안으로 들어갈 수 있다.

② 감염 방지를 위해 쏘인 부위를 비누를 사용하여 깨끗이 씻는다.

③ 베이킹파우더나 암모니아수와 같은 알칼리성 제제로 산성인 꿀벌의 독을 중화시켜 가려움과 부종을 줄인다.

④ 독이 흡수되는 것을 줄이기 위해서, 그리고 통증을 해소하고 부기를 막기 위해서 냉찜질을 한다. 독을 가진 여러 종류의 벌레는 사람을 쏘거나 물어 버림으로써 중독을 유발시킬 수 있다.

⑤ 통증이나 부기가 계속되면 병원으로 이송한다. 전신성 과민반응이 나타날 경우 질식할 가능성이 있으므로 입으로 아무것도 먹이지 않도록 한다.

벌침 찾기	벌침 제거	통증(부종) 완화
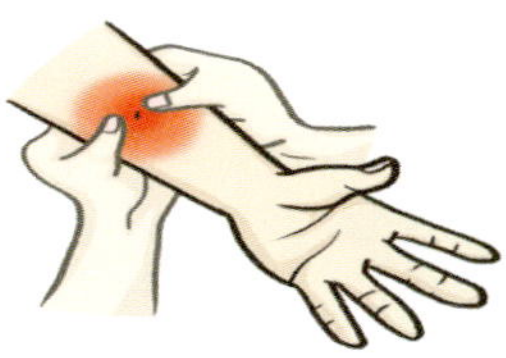	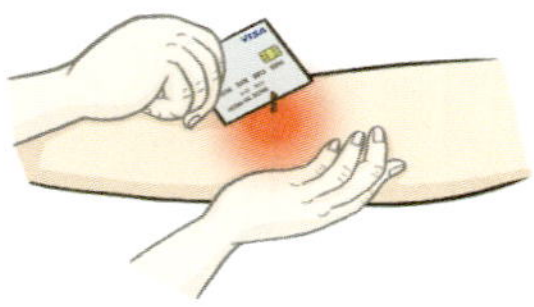	

출처: 중앙응급의료센터.

(2) 모기나 벌레에 물렸을 때

모기나 벌레에 물렸을 때에는 물린 부위를 비누로 흐르는 물에 깨끗이 씻은 후 가려움증을 낮추어 주는 칼라민 로션 등을 바른다. 또한 염증이 진정되고 불쾌감 해소에 좋도록 냉찜질을 10~15분 해 준다.

(3) 개나 고양이에게 물렸을 때

개의 침에는 60여 종의 세균이 존재하여 광견병과 같은 심각한 감염을 일으킬 수 있다. 광견병은 광견병에 걸려 중추신경계에 이상이 생기면 물을 무서워한다고 하여 '공수병'이라고 알려져 있다. 감염 경로는 광견병 바이러스에 감염된 야생동물(너구리, 여우, 박쥐)이나 사육동물(개, 고양이 등)에 물리거나, 감염된 동물의 타액을 통해 전파된다. 개에 물렸을 때의 응급처치는 다음과 같다(서울종합방재센터).

① 광견병이 있을 수 있으므로 개나 고양이에게 물리면 일단 그 동물을 가둬 두고 10일 동안 관찰한다.
② 비누로 상처를 5~10분간 깨끗이 씻고 압력이 약한 물로 즉시 헹군다.
③ 직접압박을 하거나 물린 부위를 들어 올려서 지혈을 한다.
④ 상처를 소독된 거즈나 깨끗한 패드로 덮고 붕대를 감는다.
⑤ 의사의 치료를 받고 필요시 광견병 예방 주사를 맞는다.

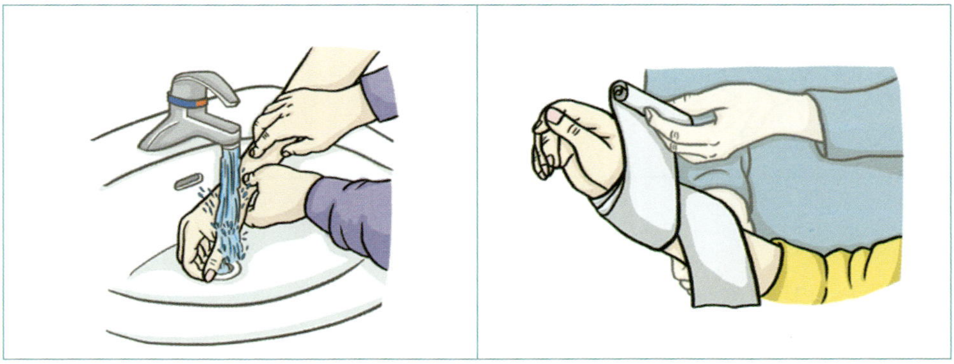

출처: 중앙응급의료센터.

(4) 뱀에 물렸을 때

뱀에 물렸을 때의 응급처치는 다음과 같다.

① 뱀에 물렸을 때의 상처 자국을 보고 독사 여부를 확인한다. 머리가 삼각형이고 물린 앞쪽에 두 개의 이빨 자국이 있으면 독사에게 물린 경우이다.

출처: E-GEN.

② 영유아를 안정시킨 뒤 움직이지 않게 한다.
③ 물린 자리는 비누를 사용하여 깨끗한 물에 부드럽게 씻어 준다.
④ 물린 자리를 소독한다.
⑤ 뱀에 물린 경우 구토와 복통, 의식 저하가 발생할 수 있으므로 환자에게 입으로 음식과 음료수 등 그 어떤 것도 주지 않아야 한다.
⑥ 독사에게 물린 경우 물린 곳에서 5~10cm 위를 적당한 압력으로 묶어 독이 퍼지지 않게 한다. 입으로 흡입하여 독을 제거하는 행위는 입을 통하여 독이 체내로 흡수될 수 있고, 입안의 각종 세균에 의한 물린 상처 부위의 2차 세균 감염의 위험성으로 인하여 삼가야 한다.
⑦ 몸을 고정시키고 손상 부위를 심장보다 낮게 하여 신속하게 병원으로 이송한다.

(5) 사람에게 물렸을 때

사람의 구강 내에는 입으로 물 때 옮겨질 수 있는 아주 다양한 균이 산재해 있다. 사람이 다른 사람을 물어서 피부가 손상되면 개나 고양이에게 물렸을 때보다 감염이 더 잘 된다. B형 간염에 걸린 사람에게 물렸을 때는 감염의 위험이 존재한다. 사람에게 물렸을 때의 응급처치는 다음과 같다(보건복지부, 대한소아과학회, 2011).

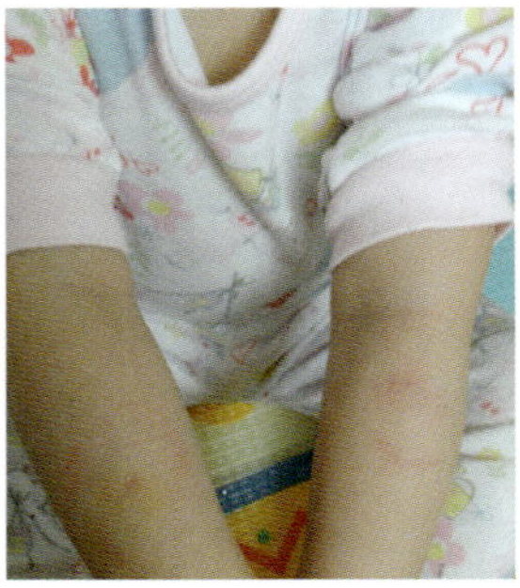

① 사람에게 물렸을 때 만약 피부에 상처가 없다면 비누와 물로 깨끗이 씻는 것 외에 다른 조치가 필요하지 않다.
② 피부에 상처가 났다면 비누와 물로 깨끗이 씻고 난 후 사고 일지에 기록을 한다.
③ 의사의 진료를 통해 발생할 수 있는 감염을 치료하여야 한다.

7) 골절과 탈구, 삠

(1) 골절

골절이란 외력(외부의 힘)에 의해 뼈가 부러지는 것을 의미하며 뼈의 연속성이 완전하게, 혹은 불완전하게 깨져서 끊어진 상태를 말한다. 영유아는 발목과 몸의 균형능력 등이 미숙하기에 놀이 시 손가락, 발가락, 팔꿈치, 발목 등에 골절이 생길 수가 있다. 골절이 되면 통증이 있으며, 체액과 혈액이 손상 부위로 스며들어 부종이 발생한다. 골절의 응급처치는 다음과 같다.

① 영유아를 안정시킨다.
② 영유아를 움직이지 않게 하고 119 구급대에 도움을 요청한다. 영유아의 다친 곳을 건드리거나, 옮김으로 인해 부러진 뼈끝이 신경, 혈관 또는 근육을 손상케 하거나 피부를 뚫어 복잡골절이 되게 하는 일이 없도록 한다.

③ 구급대원이 도착하기 전 골절 부위를 부목으로 고정한다. 부목 고정이 반드시 필요한 이유는 부러진 팔다리가 흔들리거나 꺾여 골절된 뼈의 날카로운 끝 부분이 주위에 있는 근육, 혈관, 신경 등의 연부 조직에 2차 손상을 주기 때문이다. 또한 부목 고정은 통증을 줄여 주고, 쇼크 등과 같은 합병증을 감소시키며, 환자의 이송과 병원에서의 방사선 촬영을 용이하게 할 수 있다(국가건강정보포털).

<table>
<tr>
<td>

• 주위에서 찾을 수 있는 부목 재료
- 모포
- 신문
- 우산
- 종이 상자
- 지팡이
- 천
- 책
- 판자

</td>
<td>

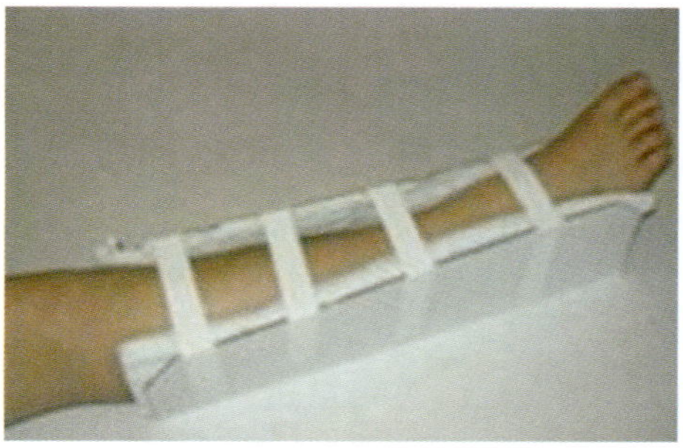

출처: 국가건강정보포털.

</td>
</tr>
</table>

④ 출혈이 있을 경우 부드럽게 눌러 지혈한다.

손가락 절단

문틈에 영유아의 손가락이 끼인 경우에 손가락 절단이 일어날 수 있다. 손가락 절단 시 응급처치는 다음과 같다.

① 영유아를 편한 자세로 눕힌다.
② 출혈 부위를 눌러 지혈 후 출혈 부위를 심장보다 높게 한다. 이때 접합 수술 시 방해가 되므로 지혈제는 뿌리지 않는다.
③ 절단 부위를 깨끗한 거즈로 싼 후 비닐주머니에 넣어 밀봉한다.
④ 밀봉된 주머니를 얼음이 채워진 비닐봉지에 담아 보관하되, 이때 절단 부위가 얼음에 닿아 조직이 손상되면 접합수술을 할 수 없으므로 얼음에 닿지 않도록 주의한다.
⑤ 빠른 시간 내에 병원으로 이송한다.

(2) 탈구

탈구는 관절을 형성하는 뼈들의 이탈 및 이로 인한 조직들의 파열을 말한다. 영유아의 경우 갑자기 팔을 잡아당기거나, 과격한 동작 시 손가락, 어깨, 팔꿈치, 팔목 등의 부위에 탈구가 일어날 수 있다. 이때 탈구 부위의 통증, 부종 등의 증상을 보인다. 탈구의 응급처치는 다음과 같다.

① 영유아를 안정시킨다.
② 영유아를 움직이지 않도록 부목을 대고 119 구급대에 도움을 요청한다.
③ 탈구 부위에 냉찜질을 해 준다.
④ 탈구된 관절의 손상과 영구적인 상해를 입힐 수 있으므로 탈구 부위를 주무르거나, 원위치로 밀어 넣으려고 하지 않는다.

치아가 빠졌을 때

치아가 빠졌을 때 응급처치는 다음과 같다.
① 손상된 치아의 윗부분을 잡고 차가운 우유나 식염수에 담아 최대한 빠르게 치료가 가능한 병원으로 이송한다. 이때, 손상된 치아의 뿌리 부분을 잡지 않도록 유의하며, 알코올이나 수돗물 혹은 휴지에 치아를 돌돌 말아 보관하지 않도록 한다.
② 출혈이 있을 경우 깨끗한 거즈로 꾹 눌러 지혈한다.

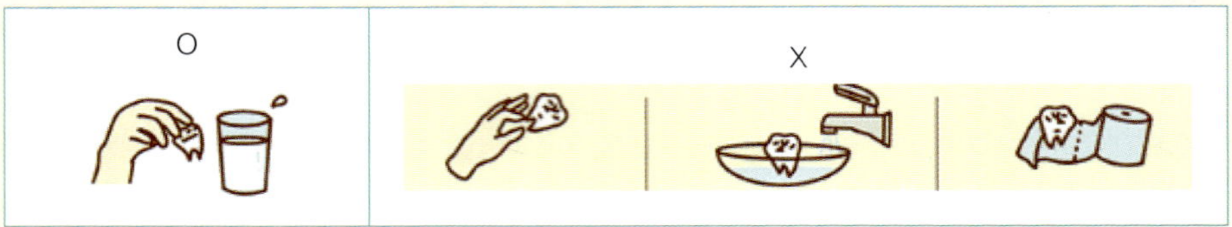

출처: 어린이집안전공제회(2021a).

(3) 삠

삠(염좌)은 관절의 운동이 허용된 범위를 벗어나 인대가 다치는 것을 말한다. 주로 발가락, 발목, 손가락, 손목 등에 발생한다. 특히 뛰어내리는 행동을 반복하거나, 바깥놀이 시 미끄럼틀에서 착지할 때 발목을 삐는 일이 발생할 수 있다. 따라서 미끄럼틀 하단 바닥이 패인채로 굳어 있지 않도록 모래나 톱밥 등을 보완하도록 한다. 삐었을 때의 응급처치는 다음과 같다.

① 부상 부위를 면이나 천 등으로 받친 뒤 붕대 등으로 고정한다.
② 다리의 경우 부상 부위를 담요나 베개 등으로 받쳐 높게 유지한다.
③ 부종 및 통증 감소를 위해 부상 부위를 냉찜질한다.

삠	응급처치		
	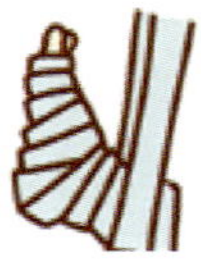		

출처: 어린이집안전공제회(2021a).

8) 화상

화상은 주로 열에 의해 피부와 피부 부속기에 생긴 손상을 의미한다. 화상의 약 90% 정도가 뜨거운 액체나 물건, 화염, 일광 등에 의해 생긴다. 전기화상이나 화학물질에 의한 경우 심각한 후유증을 남길 수 있다. 영유아는 소리와 냄새 등의 화학적 변화를 가까이에서 보고 싶어 하는 욕구가 강하다. 이로 인해 자칫 위급한 상황에 놓일 수 있다.

영유아 교육기관에서는 글루건, 스팀 청소기, 정수기, 커피 등으로 인해 발생할 수 있다. 따라서 정수기의 고온 부분에는 반드시 잠금장치를 하고, 급·간식은 배식 전에 충분히 식혀야 하며, 글루건이나 커피 등은 영유아의 공간이 아닌 교사실이나 교사휴게실 등에서 관리를 하도록 한다.

화상은 조직 손상의 깊이에 따라 표피층만 손상된 경우를 1도 화상, 표피 전부와 진피의 대부분을 포함한 손상을 2도 화상, 표피, 진피의 전층과 피하 지방층까지 손상된 경우를 3도 화상으로 구분한다(국가건강정보포털). 화상의 응급처치는 다음과 같다.

피부의 구조

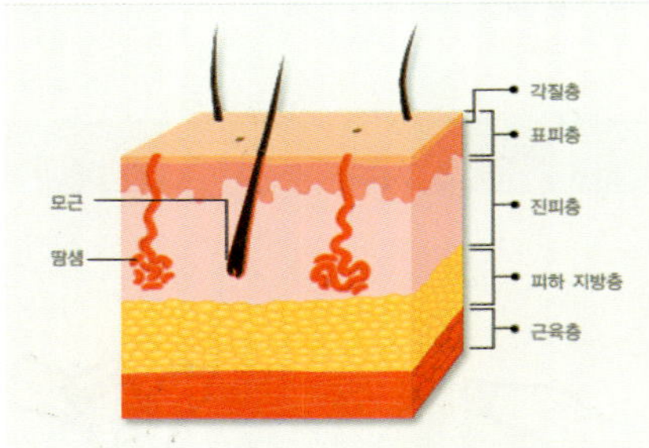

1도 화상

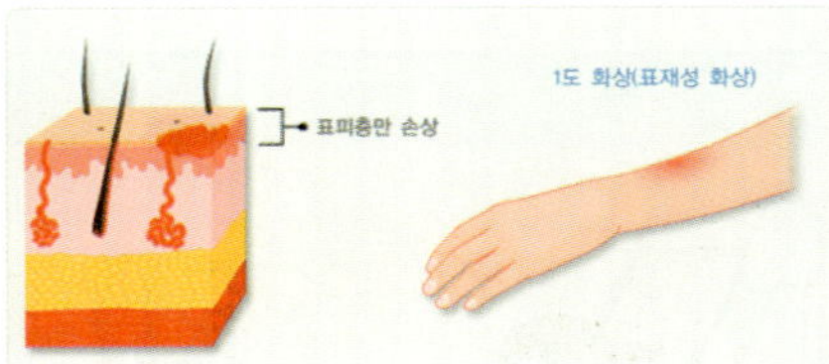

2도 화상

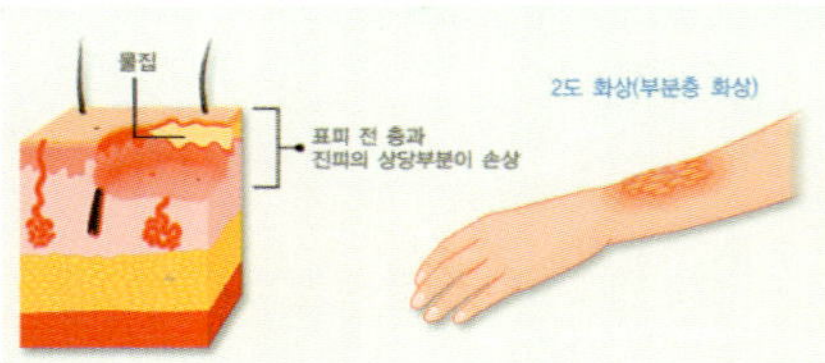

2도 화상

출처: 보건복지부, 대한의학회.

① 화상 부위나 그 위쪽을 둘러싸고 있는 반지, 시계, 팔찌 등을 제거한다. 옷은 억지로 벗기거나 떼어 내지 말고 가위 등을 이용하여 자르거나 물수건으로 적신 후 조심스럽게 떼어 낸다.

② 차가운 물로, 부드러운 수압으로 20분 이내로 화기를 식혀 준다. 차가운 물에 오랜 시간 담그고 있으면 냉기 때문에 통증이 있으므로 찬물에 넣었다 뺐다 하면서 열기를 지속적으로 제거해 준다.

③ 물집이 생긴 경우 억지로 터트리지 않는다.

④ 화상 부위에 아무것도 바르지 않고, 멸균 거즈나 차가운 물에 적신 깨끗한

천 등으로 화상 부위를 감싼 후 병원으로 이송한다.

9) 식중독과 약물중독

(1) 식중독

상한 음식물을 먹음으로써 생기는 중독 상태, 즉 발열, 구토, 설사, 복통, 발진 등의 증상이 나타난다. 식중독의 응급처치는 다음과 같다.

① 식중독의 발병 여부는 섭취된 세균의 독성과 수에 달려 있고 일반적으로 소화기 질환에 의한 증상과 식중독에 의한 증상의 구별이 어렵다.
② 119 구급대에 신고하고, 환자를 신속히 병원으로 이송한다.

(2) 약물중독

약물중독 환자에서는 구토, 호흡곤란, 복통, 발한, 의식장애, 경련 등이 나타난다. 약물중독의 응급처치는 다음과 같다.

① 의식을 확인하고 기도를 유지한다.
② 만일 환자가 의식이 없으면 호흡과 맥박을 확인한다.
③ 중독물질을 복용하였을 때는 우유와 물을 마시게 하여 중독물질을 회석시키거나 구토를 유발시킨다.
④ 단, 환자가 의식이 없거나 경련이 있을 경우에는 구토를 시키지 않도록 한다.
⑤ 중독 가능성이 있는 약물, 화학물질, 약병 등을 수거하여 비닐 팩에 담아 병원으로 가져간다.
⑥ 약물 복용에 의한 중독환자는 복용 초기에 신속한 약물 제거가 환자의 생명을 구하는 지름길이다.

10) 교통사고

교통사고란 「도로교통법」 제2조의 규정에 따른 도로에서 차의 교통으로 인하여 발생한 사고 중 인적 피해를 수반하는 사고를 말한다. 도로교통공단(2021)의 자료에 의하면 2020년도 어린이 교통사고의 월별 현황은 6월(11.3%)과 5월(10.7%)에 많이 발생했다. 이는 활동이 많은 시기에 더욱 주의가 요구됨을 생각해 볼 수 있다. 영유아가 자동차의 앞과 뒤에서 놀이할 수 있으므로 통학차량 운행 시 더욱 주의를 기울여야 한다. 교통사고 시 카시트나 안전벨트 미착용 시에 심한 상해가 일어날 수 있으므로 안전벨트 착용을 잘 지키도록 해야 한다. 교통사고의 응급처치는 다음과 같다.

① 부상자의 주변이 안전한지 확인한다.
② 부상자의 상태를 살핀 후 119 구급대에 도움을 요청한다.
③ 기도확보를 한다.
④ 부상 부위에 대하여 응급처치를 시행한다. 출혈 시에는 출혈 부위를 거즈나 수건 등으로 눌러 지혈을 하고, 호흡과 맥박이 없을 때에는 119 구급대원이 올 때까지 심폐소생술을 한다. 쇼크가 왔을 때에는 부상자의 다리를 30cm 정도 들고, 체온이 떨어지지 않도록 담요 등으로 덮어준다.

11) 익수

물에 잠겨서 호흡곤란이 유발되는 것을 익수라고 한다. 영유아기에 익수 사고가 많이 일어나는 곳은 욕조이며, 이 외에도 야외물놀이 장소에서 익수사고가 일어날 수 있다. 익수의 응급처치는 다음과 같다.

① 신속하게 익수자를 안전한 곳에 대피시키고, 119 구급대에 도움을 요청한다. 바다 등의 야외물놀이 장소의 경우에는 튜브와 같이 물에 뜨는 물체를 던진 후 막대나 로프를 이용하여 끌어당긴다.

② 익수자를 딱딱하고 평평한 곳에 반듯하게 눕힌다. 이때 머리, 목, 몸을 동시에 눕힌다.

③ 의식이 없는 경우 한 손으로 이마를 짚고 다른 손의 손가락 끝으로 턱을 들어 올려 기도를 열고 10초 동안 호흡을 확인한다.

④ 호흡이 있는 경우에는 옆으로 눕히고, 호흡이 없는 경우에는 심폐소생술을 시행한다.

⑤ 경추 손상이 의심되는 경우에는 반드시 머리와 목이 움직이지 않도록 경추고정과 함께 응급처치를 해야 한다. 목뼈의 손상이 없는 경우, 환자가 구토를 하면 구토물이 폐 안으로 들어갈 수 있어 이를 방지하고 기도를 확보하기 위해 얼굴을 한쪽으로 돌린다.

⑥ 의식이 없는 경우 익수자의 등이나 복부를 눌러 물을 빼려는 시도는 오히려 심폐소생술을 지연시킬 수 있다. 또한 위 속의 내용물이 역류하여 올라가면 기도유지가 되지 않아 숨을 못 쉬게 될 수 있으며, 이러한 구토물로 인하여 2차적 손상이 생길 수 있다.

토론 및 토의

응급처치 시 알아 두어야 할 법적인 문제에 대하여 고찰해 보고, 이 중 선한 사마리아인 법의 필요성에 대하여 논의하시오.

12장

영아 건강교육의 활용

이 장에서는 영아가 튼튼한 몸과 안정된 정서를 바탕으로 자신을 소중히 여기며, 일상에서 건강한 생활을 실천하고, 위험한 상황에서 자신을 보호하는 경험을 통해 건강한 사람으로 성장해 갈 수 있도록 하는 실제를 담았다.

1. 0~만 1세 영아

1) 만 1세 미만 영아

1. 입을 닦아요	
활동목표	침이 묻은 입가를 닦아 깨끗함을 느낀다.
4차 표준보육과정 요소	기본생활 〉 건강하게 생활하기 〉 도움을 받아 몸을 깨끗이 한다.
가. 활동 자료	가제 수건

<table>
<tr><td>나. 활동 방법</td><td>1. 영아의 입가에 침이 흘러내리면 교사가 가제 수건으로 닦아 준다.
– ○○이 입에 침이 흘러내렸구나.
– 선생님이 가제수건으로 입을 닦아 줄게.
– 아이, 깨끗해졌네.

2. 영아의 얼굴에 묻은 것을 가제 수건에 물을 묻혀 닦아 준다.
– ○○이 얼굴에 뭐가 묻었네.
– 선생님이 물을 묻힌 수건으로 닦아 줄게.
– ○○이 얼굴이 깨끗해졌네.</td></tr>
<tr><td>다. 참고사항</td><td>1. 침을 닦거나 사용한 가제 수건을 수시로 새것으로 교체하여 세균 번식에 노출되지 않도록 한다.
2. 가제 수건을 개별적으로 사용하여 감염의 우려가 생기지 않도록 한다.
</td></tr>
</table>

<table>
<tr><th colspan="2">2. 선생님에게 안겨 우유를 먹어요</th></tr>
<tr><td>활동목표</td><td>교사가 안아 주며 수유할 때 정서적으로 안정감을 가지고 우유(모유)를 먹는다.
교사에게 애착을 형성한다.</td></tr>
<tr><td>4차 표준보육과정 요소</td><td>기본생활 〉 건강하게 생활하기 〉 음식을 즐겁게 먹는다.
사회관계 〉 더불어 생활하기 〉 안정적인 애착을 형성한다.</td></tr>
<tr><td>가. 활동 자료</td><td>우유(모유), 가제수건</td></tr>
<tr><td>나. 활동 방법</td><td>1. 수유장소를 선택할 때에는 영아의 개별적 수유시간을 잘 맞추어 영아를 편안하게 안고 수유를 시작한다.
– 우리 ○○이 배고프구나.

2. 앉아서 우유병을 보여 준다.
– 선생님이 우유를 가져왔어요.
– 선생님이랑 같이 우유 먹자. 맛있는 우유!</td></tr>
</table>

	3. 수유를 하면서 영아가 어느 정도 먹기 시작할 때 자연스럽게 말하며 눈을 맞추어 준다. – ○○이가 우유를 잘 먹네, 배가 고팠었구나. – 쭈쭈 쭈쭈, 우유를 잘 먹는구나. – 우유를 맛있게 먹는 것을 보니까 참 좋구나. – 우유를 쭈쭈 다 먹어보자. 그래야 쑥쑥 잘 자란단다. 4. 수유가 끝났을 때에는 영아를 가만히 안아 주며 트림을 시킨다. – 우리 ○○이가 우유를 다 먹었구나. 배가 쏘옥 나왔네. – (등을 토닥이며) 쑥쑥 내려가라. ○○이가 먹은 우유 쑥쑥 내려가라. – (트림 후) 우아~ ○○이는 트림을 잘하는구나. – 시원하게 소화가 잘되겠네. 5. 영아의 상태를 고려하여 영아가 편안해질 때까지 안아 주고 기분에 대해 상호작용한다.
다. 참고사항	1. 수유 장소를 선택할 때에는 영아가 교사와 눈을 맞추거나 이야기를 듣기에 산만하지 않은 장소를 선택한다. 2. 수유 준비물과 우유 타는 것을 미리 준비해 두어 수유가 편안히 이루어지게 한다.
라. 주의점	1. 수유를 하고 난 후에는 반드시 트림을 시켜 영아가 소화를 돕고 토하는 것을 방지하도록 한다. 2. 젖병을 혼자 들고 먹을 수 있는 영아라도 수유 시에는 반드시 교사가 안아서 먹인다. 그러나 교실의 영아들이 한꺼번에 수유를 하는 경우라면, 교사는 안고 있지 않은 다른 영아와 눈을 마주치고 영아가 먹는 것을 보면서 영아에게 말을 건네는 것이 필요하다. 3. 수유를 할 때 교사가 눈을 마주치며 영아에게 안정감을 주는 것은 매우 중요하다. 

3. 손목 딸랑이 차고 기저귀 갈아요	
활동목표	기저귀를 가는 동안 매트에 편안히 누워 있는다. 손목딸랑이를 움직여 소리를 내어 본다
4차 표준보육과정 요소	기본생활 〉 건강하게 생활하기 〉 하루 일과를 편안하게 경험한다. 자연탐구 〉 탐구과정즐기기 〉 사물과 자연탐색하기를 즐긴다.
가. 활동 자료	기저귀 갈이 매트, 기저귀, 손목 딸랑이
나. 활동 방법	1. 영아의 손목에 영아가 좋아하는 딸랑이를 채워 준 후 기저귀 매트에 영아를 눕히고 기저귀를 갈 것임을 이야기해 준다. - 우리 ○○이가 쉬를 많이 했구나. 많이 축축하겠네. - 선생님이 깨끗하고 뽀송한 기저귀로 갈아 줄게. 2. 기저귀를 가는 동안 영아가 손목딸랑이를 탐색하도록 도와준다. - 우리 ○○이 손목에 딸랑이를 찼구나. - 딸랑딸랑 방울 소리가 나는구나. - 딸랑 딸랑! - 잘도 흔드네. 3. 영아의 팔과 다리를 부드럽게 마사지해 준다. - 우리 ○○이가 딸랑이 소리를 듣는 동안 뽀송뽀송한 기저귀로 갈았네. - 선생님이 다리를 쭉쭉쭉 만져 주니까 쑥쑥 크겠네. - 다리도 쑥쑥, 팔도 쑥쑥~
다. 참고사항	기저귀 갈이 도중 영아가 몸을 뒤집거나 거부할 때 손목딸랑이 외에 영아의 흥미를 끌 수 있는 가볍고 부드러운 재질의 놀잇감을 준비한다.
라. 주의점	영아가 손목 딸랑이를 빨 수 있으므로 소독하여 준비한다. 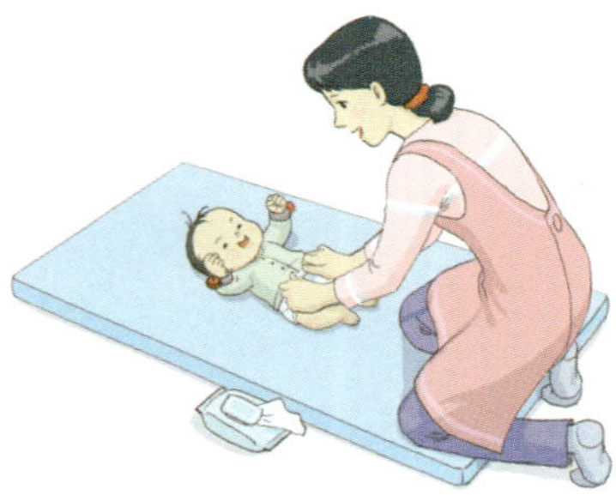

4. 선생님과 눈맞춤하며 기저귀를 갈아요	
활동목표	기저귀를 갈아 줄 때 교사와 눈맞춤하며 사랑을 느낀다.
4차 표준보육과정 요소	기본생활 〉 건강하게 생활하기 〉 배변의사를 표현한다.
가. 활동 자료	기저귀 갈이 매트, 기저귀, 로션
나. 활동 방법	1. 기저귀 매트에 영아를 눕히고 눈을 맞추며 기저귀를 갈아 준다. – (영아와 눈을 맞추며) 우리 ○○이 쉬야를 많이 했구나. – (엉덩이를 들어 주며) 많이 축축하겠네. 선생님이 깨끗하고 뽀송한 기저귀로 갈아 줄게. 2. 새로운 기저귀로 갈아 준 후 물휴지나 미지근한 물로 엉덩이를 깨끗하게 닦아 준다. – 뽀송뽀송한 기저귀를 갈았네! 상쾌한 게 기분이 좋겠구나. 3. (영아의 이름과 눈맞춤을 반복하며) 영아의 팔과 다리를 부드럽게 마사지해 준다. – ○○아, 선생님이 다리를 만져 주고 있어. 쭉쭉쭉 키가 커져라. – ○○이 발은 보드랍고 예쁘기도 하구나.
다. 주의점	기저귀 갈이 도중 영아가 몸을 뒤집거나 거부할 때 영아의 흥미를 끌 수 있는 가볍고 부드러운 재질의 놀잇감이나 모빌을 준비한다. 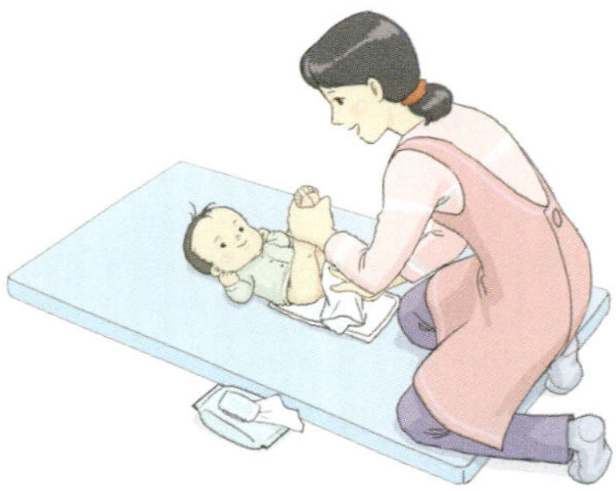

2) 만 1세 영아

1. 도움 받아 이를 닦아요	
활동목표	식사 후 이를 닦는다. 선생님의 말을 관심 있게 듣는다.
4차 표준보육과정 요소	기본생활 〉 건강하게 생활하기 〉 도움을 받아 몸을 깨끗이 한다. 의사소통 〉 듣기와 말하기〉 표정, 몸짓, 주변의 말과 소리에 관심을 갖고 듣는다.
가. 활동 자료	물을 머금고 뱉을 수 없는 영아–개별 칫솔, 물컵, 음료용 물 〈물을 입에 머금고 뱉을 수 있는 월령의 영아〉 - 영아용 치약, 작은 대야를 첨가하고 치약을 소량 사용하여 영아가 빨아 먹지 않도록 유의한다. - 놀이용 칫솔을 영아의 수만큼 제공하고 인형들로 이 닦는 흉내 내기 놀이를 한다.
나. 활동 방법	1. 교사의 무릎 또는 작은 베개에 영아가 편안히 누워 이를 닦자고 제안한다. – (무릎이나 베개를 두드리며) 여기에 누워 보자. – ○○ 칫솔도 여기에 있어요. 2. 영아의 이를 닦아 주며 양치와 관련된 노래를 불러 주거나 영아가 도움을 받아 닦도록 기다려 주는 것을 격려한다. – (노래 부르듯이) 치카치카 푸카푸카 이를 닦아요. ○○ 이를 싹싹싹 – 선생님이 닦는 동안 ○○이가 잘 기다려 주고 있구나. 〈월령이 조금 더 높은 1세 영아〉 3. 또래들이 이 닦는 것을 보고 있을 때 옆에서 인형에게 이 닦는 놀이를 해 보도록 한다. – (인형과 천으로 만든 칫솔을 보여 주며) ○○도 선생님처럼 인형의 이를 닦아 줄까? – 인형도 밥 먹고 이를 닦아 정말 깨끗해졌어요. 4. 영아가 이를 닦고 앉아 준비한 대야에 뱉고 물로 헹구는 시도를 해 본다. – (대야를 가까이에 두고) 여기에 뱉자.
다. 참고사항	1. 물을 뱉을 수 없는 영아는 치약을 사용하지 않고 먹을 수 있는 물과 칫솔만 사용하여 이 닦기를 하도록 한다. 2. 영아가 원하는 경우 스스로 해 볼 수 있는 경험을 제공하되 이를 잘 닦고 마무리하는 것은 교사가 하도록 한다. 

2. 과일을 맛보아요	
활동목표	오감을 활용하여 과일을 탐색한다. 즐거운 감정을 표현한다.
4차 표준보육과정 요소	기본생활 〉 건강하게 생활하기 〉 음식을 즐겁게 먹는다. 사회관계 〉 나를 알고 존중하기 〉 나의 욕구와 감정을 나타낸다.
가. 활동 자료	수박, 참외, 복숭아 등 과일, 쟁반
나. 활동 방법	1. 여름 과일을 쟁반에 준비한 후 탐색한다. – 쟁반 위에 맛있는 과일이 있네. – ○○이는 손으로 만져 보았구나. □□이는 냄새도 맡아 보고 있네. △△이는 눈으로 살펴보고 있구나. – 커다란 수박, 노란 참외, 과일이 아주 많이 있네. – 수박을 두드려 보자. – 통통 소리가 나는구나. – 커다란 수박도 안아 볼 거예요? 2. 과일을 잘라 맛본다. – 수박을 잘라 보자. – 와! 수박 안에 뭐가 있어? – 씨가 있네요. 물도 나오네. – 수박 냄새를 맡아 보자. ○○이는 수박을 손으로 만져 보고 싶구나. 만져 보자. 3. 과일 맛을 본다. – 조금 잘라서 과일 맛을 보자. – 입에 쏙 넣었네요. – 우아! 맛있구나. – 또 먹어 볼까요?
다. 참고사항	1. 가정과 연계하여 가정에서 탐색을 해 본 과일을 가져와 다양한 과일로 활동할 수 있다. 2. 영아의 표정을 교사가 민감하게 탐색하여 표현해 준다. 3. 빵 칼을 다룰 경우 영아의 안전에 유의한다. 4. 맛 탐색과 감각 · 탐색이 함께 일어날 수 있도록 과일을 만져 볼 수 있는 기회를 적절하게 제공한다.  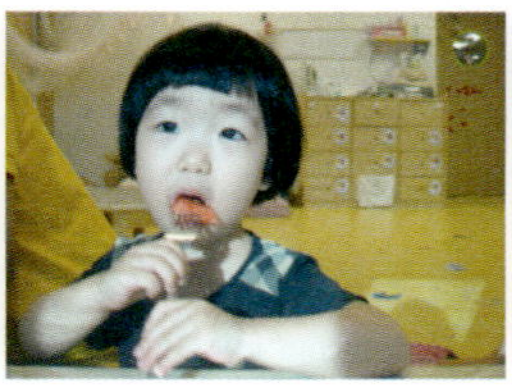 

3. 선생님이 그려 주는 손바닥 그림	
활동목표	선생님이 표현하는 친밀함을 느낀다. 편안하게 잠을 잔다.
4차 표준보육과정 요소	사회관계 〉 더불어 생활하기 〉 다른 사람의 감정과 행동에 관심을 가진다. 기본생활 〉 건강하게 생활하기 〉 하루 일과를 편안하게 경험한다.
가. 활동 자료	교사의 따뜻한 손
나. 활동 방법	1. 교사는 누워 있는 영아에게 가까이 가서 앉아 개별적인 상호작용을 한다. – (머리를 쓰다듬어 주며 귓속말로) 아침에 우리 바깥에서 미끄럼틀 탈 때 정말 재미있었지요? – 코~ 자고 일어나서 간식 먹고 또 타러 가자. 2. 영아의 손에 그림을 그려 줄 것이라고 알려 주고 의사표현이 가능한 영아들에게는 원하는 그림을 말하도록 할 수 있다. – (영아의 손바닥에 손가락으로 그림을 그려 주며) 선생님이 달팽이를 그리고 있어요. – (작은 소리로 노래를 부르며) 달팽이 집을 지읍시다. 아름답게 지읍시다. 점점 크게 점점 크게……. 3. 말하고 있거나 자리에서 움직이는 영아가 있는 곳에 가서 자리에 눕도록 도와준 뒤 손바닥에 그림을 그려 주는 것을 제안한다. – (영아를 눕혀 주고 미소를 지으며) ○○가 잘 준비가 되었구나. – 손바닥에 선생님이 그림을 그려 줄 거예요. 자동차를 그려 줄까요?
다. 참고사항	1. 자리에 눕지 못하고 울거나 움직이는 영아를 우선 도와줄 수 있도록 한다. 2. 1세아에게 낮잠 시간임을 강조하거나 또래들에게 피해를 준다는 것을 알리는 것보다 교사가 개별로 직접 가서 눕도록 도와주고 친밀감을 표현하며 재우도록 하는 것이 효과적이다. 3. 식사 후 낮잠을 잘 때까지의 시간을 최소 40분 이상은 간격을 두어 소화에 무리가 가지 않도록 유의한다. 

4. 인형을 변기에 앉혀요	
활동목표	인형을 변기에 앉혀보며 배변에 관심을 가진다. 인형을 이용하여 응가하는 흉내를 낸다.
4차 표준보육과정 요소	예술경험 〉 창의적으로 표현하기 〉 모방행동을 즐긴다. 기본생활 〉 건강하게 생활하기〉배변의사를 표현한다.
가. 활동 자료	동물인형, 아기인형, 장난감 아기변기, 휴지
나. 활동 방법	1. 영아 자신이 변기에 앉거나 인형을 아기변기에 앉혀 본다. – ○○이가 변기에 앉았구나. – 곰인형도 변기에 앉아 보고 싶은가 봐요. – 이번에는 아기인형도 변기에 앉았구나. – 아기인형을 데리고 ○○이도 변기에 앉았네요. 2. 동물인형이나 아기인형이 아기변기에서 쉬, 응가하는 흉내를 내 본다. – 곰인형이 쉬하고 있어요? 응가도 한대요? – 응가, 곰인형이 응가하고 있나 보네. – 쉬~ 쉬도 나오나 봐요. – 아기야, 응가하자. 어, 쉬만 나왔네.
다. 참고사항	1. 영아들이 변기에 관심을 가질 수 있도록 변기 주변에 영아들의 기저귀 모빌을 붙여 준다. 2. 이 활동은 지속적으로 반복할 수 있도록 하고 변기모양 종이에 끼적이기 활동을 함께 진행하여 변기에 대한 영아의 관심을 높일 수 있다. 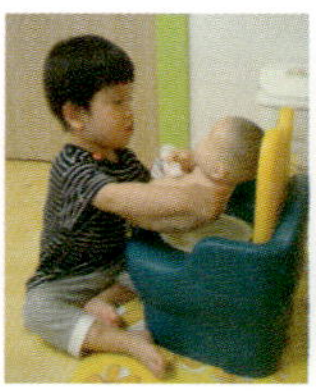   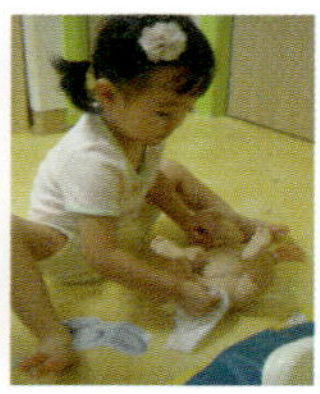

2. 만 2세 영아

1. 자장 자장~ 우리 아가	
활동목표	아기 돌보는 흉내를 낼 수 있다. 어린이집 하루 일과에 편안함을 느낀다.
4차 표준보육과정 요소	예술경험 〉 창의적으로 표현하기 〉 일상생활 경험을 상상놀이로 표현한다. 기본생활 〉 건강하게 생활하기 〉 하루 일과를 즐겁게 경험한다.
가. 활동 자료	아기 인형, 아기 인형 이불, 인형 포대기
나. 활동 방법	1. 역할영역에 있는 아기 인형에 영아가 관심을 보이면 아기 인형으로 낮잠 재우는 놀이를 한다. – (아기 인형을 들고) ‘응애, 응애~’ ○○아 누가 울고 있는 것 같은데? 누가 울고 있지? – 아가가 울고 있구나. 아가가 왜 울지? – 코~ 자고 싶어서 울고 있구나. – ○○아, 아가가 졸린데 어떻게 하지? – ○○이가 아가를 업어서 재워 주려고 하는구나. – △△이는 아가 안아 줄 거예요? – 아가를 편안하게 재우려면 어디에 눕힐까요? 2. 아기 인형을 눕힐 수 있는 침대를 쌓기영역에 만들어 아기 재우기 놀이와 연계한다. – ○○이가 종이벽돌로 아가 침대를 만들어 주었구나.
다. 참고사항	아기 낮잠 재우기, 우유 먹이기, 밥 먹이기 등 아기 돌보기 놀이를 함으로써 어린이집에서 경험하는 낮잠, 식사와 같은 새로운 사건에 대한 영아의 긴장을 해소한다.
라. 확장활동	계획안에 있는 낮잠 재우기뿐 아니라 밥 먹이기, 우유 먹이기, 놀아 주기, 목욕시키기와 같은 다양한 놀이를 할 수 있다.   

2. 쏙쏙 싹싹 잼 바르기	
활동목표	도구를 이용하여 딸기잼을 발라 본다. 자신이 요리한 음식을 먹는다.
4차 표준보육과정 요소	자연탐구 〉 생활속에서 탐구하기 〉 생활 도구에 관심을 가진다. 기본생활 〉 건강하게 생활하기 〉 음식에 관심을 가지고 즐겁게 먹는다.
가. 활동 자료	식빵, 딸기잼, 영아용 숟가락, 딸기잼 덜 그릇, 접시
나. 활동 방법	1. 요리 활동하기 전 손을 씻는다. – 맛있는 요리를 할 거예요. 하고 싶은 친구는 손 씻어 보자. 2. 요리재료를 충분히 탐색하고 음식을 만들어 본다. – 딸기잼을 식빵에 발라서 먹어 본 적이 있니? – 딸기잼은 어떻게 생겼니? 냄새는 어떨까? 맛은 어떨까? – 식빵은 어떻게 생겼니? 냄새는 어떠니? 맛은 어떠니? 3. 요리를 위한 도구를 탐색하고 음식을 만들어 본다. – 어떤 것이 필요한지 볼까? – 딸기잼, 식빵, 숟가락, 접시가 필요하구나. – 접시는 어떻게 사용하면 좋을까? – 딸기잼은 무엇으로 발라 볼 수 있을까? – 접시에 식빵을 놓고 숟가락으로 딸기잼을 발라 보자. – 딸기잼이 어떻게 되었니? 4. 자신이 만든 잼 바른 빵을 먹어 본다. – 우리가 만든 빵을 맛있게 먹어 보자. – 딸기잼이 발린 빵을 먹어 보니 어떠니?
다. 참고사항	1. 요리활동을 하기 전 반드시 손을 씻는다. 2. 영아들이 스스로 요리활동에 참여하여 결과물을 만들어 냈다는 성취감을 가질 수 있도록 영아의 시도를 격려한다. 3. 요리 활동이 있는 날은 오전간식의 양을 조절하여 점심식사에 지장이 없도록 한다. 4. 혼자서 하기 힘들어하는 영아는 교사가 도와주지만, 단순히 식빵에 잼을 발라 보는 것으로 끝나는 교사 주도의 요리활동이 되지 않도록 재료를 탐색하는 과정과 요리하면서 요리재료가 변하는 모습 등에 대해 충분한 상호작용을 하도록 한다.
라. 확장활동	1. 영아가 흥미를 느끼고 활동을 비교적 쉽게 수행하기 위하여 식빵 한 면을 모두 바르기보다는 모양 커터칼로 잘라 내어 부분적으로 발라 보도록 한다. 2. 요리한 빵을 포장하여 실외놀이터나 인근 잔디밭 등으로 나가 먹으면서 소풍 온 기분을 느껴 본다.

	3. 요리 순서를 촬영한 사진으로 요리책을 만들어 감각 · 탐색영역에 제시한다. 

3. 붕붕카 타기

활동목표	붕붕카를 탐색하며 어린이집에서 즐겁게 지낸다. 팔과 다리를 자유롭게 움직여 붕붕카를 운전한다.
4차 표준보육과정 요소	기본생활 〉 건강하게 생활하기 〉 하루 일과를 즐겁게 참여한다. 신체운동 〉 신체활동 즐기기 〉 대 · 소근육을 조절한다.
가. 활동 자료	붕붕카(실내에서 탈 수 있는 것이면 종류에 관계없이 무방)
나. 활동 방법	1. 붕붕카의 모습을 탐색한다. – 붕붕카에는 무엇이 있을까? – 손잡이도 있고 바퀴도 있어요. 2. 영아의 마음에 드는 붕붕카를 고른다. – 어떤 붕붕카를 타고 싶나요? 3. 붕붕카를 안전하게 타기 위한 약속을 한다. – 붕붕카를 재미있게 타려면 어떤 약속을 지켜야 할까요? – 친구와 부딪히지 않게 조심해서 타 보도록 해요. 4. 영아가 붕붕카를 타는 모습을 보며 도움을 주거나 격려한다. – 붕붕! ○○이 자동차가 앞으로 가네요. – '간다 간다 간다 간다 ○○이 자동차~' – ○○이와 △△가 부딪혔네요. 선생님이 도와줄게요. 5. 붕붕카를 다 타고 난 후 제자리에 정리한다. – 붕붕카를 어디에 주차해 주면 좋을까요? – ○○이가 주차를 잘하고 있네요.

다. 참고사항	1. 보육실에서 붕붕카를 탈 경우 다른 놀이를 하는 영아에게 방해되지 않도록 붕붕카 타는 구역을 표시해 준다. 2. 놀이 후 정리를 쉽게 하기 위해 색테이프로 주차할 수 있는 곳을 표시해 주면 도움이 된다. 3. 영아가 붕붕카를 신나게 탈 수 있도록 자동차와 관련된 노래를 불러 줄 수 있다. 4. 새로운 반이 낯선 영아의 마음을 이해하도록 한다. 붕붕카를 운전하지 않고 탐색만 할 경우에도 영아의 마음을 존중해 주고, 기다려 주도록 한다. 5. 붕붕카는 영아에게 매우 매력적인 교구이므로 분쟁이 일어나는 것을 막기 위해 충분한 수를 준비해 준다. 최소한 같은 모양, 색깔, 크기의 붕붕카를 2대 이상씩 준비하고, 붕붕카의 총 개수는 영아가 충분히 탈 만큼 보육실 상황에 맞춰 준비한다. 

4. 악어야, 양치하자	
활동목표	이 닦는 놀이를 통해 치아 건강에 관심을 갖는다. 자신의 경험을 놀이로 표현해 본다.
4차 표준보육과정 요소	기본생활 〉 건강하게 생활하기 〉 도움을 받아 몸을 깨끗이 한다. 예술경험 〉 창의적으로 표현하기 〉 일상생활 경험을 상상놀이로 표현한다.
가. 활동 자료	이를 닦을 수 있도록 제작된 악어 인형, 칫솔, 컵, 이 닦는 순서 그림판 교구 제작 방법: 악어 인형 헌 종이벽돌 2개, 펠트지, 계란판(흰색), 솜, 바늘, 실, 글루건 ① 사용하지 않거나 헌 종이벽돌 두 개를 준비한다. ② 종이벽돌 위에 펠트지를 붙인다. 시트지가 붙은 펠트지를 이용하거나 글루건을 이용하여 견고하게 붙인다. ③ 악어의 눈은 솜을 안에 넣어 부피감 있게 한 후 바느질로 꿰매어 부착한다. ④ 악어의 이빨은 계란판(흰색)을 이용하여 글루건으로 부착한다. ⑤ 악어 이빨을 위아래로 부착하되, 입 안쪽에는 붙이지 않아야 악어 입이 벌어진 상태를 유지할 수 있다.

<table>
<tr><td></td><td>⑥ 펠트지를 붙인 종이벽돌(악어입 윗부분과 아랫부분)은 바느질을 하여 서로 연결시킨다.
  </td></tr>
<tr><td>나. 활동 방법</td><td>1. 영아가 악어 인형과 칫솔에 관심을 보이면 함께 이야기 나눈다.
– 악어 친구가 ㅇㅇ반에 왔네. 사탕을 너무 많이 먹어서 이빨이 아픈가 봐. ㅇㅇ가 악어 이빨 속에 들어 있는 병균들이 사라지게 양치하는 걸 도와줄 수 있겠니?

2. 칫솔을 가지고 자유롭게 악어의 이빨을 닦아 준다.
– 악어가 입을 '아~' 하고 크게 벌리고 있네.
– 아이고, 벌레가 열 마리나 보이네.
– ㅇㅇ이가 이를 닦아 주니까 악어 이빨이 깨끗해지고 있네.
– 악어 혓바닥도 닦아 줄 수 있겠니?

3. 영아가 일상에서 이를 닦을 때 경험할 수 있는 행동들을 떠올려 놀이로 표현해 볼 수 있도록 돕는다.
– 악어 입에서 뽀글뽀글 거품이 나네. 이젠 어떻게 해야 하지?
– ㅇㅇ가 물로 입안을 헹궈 주고 있구나.
– 악어가 물을 삼키려고 하네.
– ㅇㅇ가 '오골오골 퉤' 하고 뱉는 걸 알려 주었구나.</td></tr>
<tr><td>다. 참고사항</td><td>1. 악어뿐만 아니라 영아가 좋아하는 동물이나 인물을 제작할 수 있으며, 입을 벌릴 수 있도록 제작하는 것이 효과적이다.
2. 이 닦기를 싫어하는 영아에게, 이 닦기에 대한 즐거운 접근을 유도하는 것이 활동의 목표이므로, 순서에 맞는 이 닦기를 강요하기보다는, 악어 인형을 탐색해 보고 이 닦기 활동을 놀이처럼 흥미를 느끼며 지속할 수 있도록 계획하는 것이 적절하다.
</td></tr>
</table>

13장

유아 건강교육의 활용

이 장에서는 유아가 스스로 몸과 주변을 깨끗이 하고, 즐겁게 식사하며, 자신의 신체 리듬에 맞게 휴식을 취하고, 질병을 예방하는 다양한 방법을 실천하는 내용을 담았다.

1. 만 3세 유아

1. 인형 목욕시키기	
활동목표	• 몸을 깨끗이 한다. • 가작화 놀이를 한다.
3세 누리과정 관련요소	• 신체운동 · 건강: 건강하게 생활하기-자신의 몸과 주변을 깨끗이 한다. • 예술경험: 창의적으로 표현하기-극놀이로 경험이나 이야기를 표현한다.
가. 활동 자료	인형, 대야, 비누 모형, 비누 곽, 수건, 로션 등

나. 활동 방법	1. 목욕하기 경험에 대해 이야기 나눈다.
	  – 몸이 더러워졌을 때 어떻게 하나요?
	
	2. 인형 목욕놀이에 대해 이야기 나눈다.
	  – 아기를 목욕시키려면 무엇이 필요할까요?

	3. 인형 목욕시키기를 한다. – 물이 너무 뜨거워요. 어떻게 할까요? – 비눗물이 아기의 눈에 들어갔네요. 빨리 닦아 주셔야겠어요. – 목욕이 끝났군요. 아기의 머리가 아직도 많이 젖었군요. – 아기의 몸에 바르고 있는 것이 무엇인가요? 왜 바르고 있죠? 4. 인형 목욕시키기에 대해 이야기 나눈다. – 아기의 머리를 감길 때는 어떻게 해야 했나요? – 목욕을 하고 난 후 몸이 깨끗해지면 기분이 어떨까요?
다. 활동의 유의점	쌓기 놀이 영역과 연계하여 목욕탕이나 욕조를 만들어 놀이할 수 있다.

2. 우리가 먹는 간식을 만들어요	
활동목표	• 유치원/어린이집에서 먹는 급간식의 종류에 관심을 갖는다. • 점토의 특성을 활용하여 음식을 구성해 본다.
3세 누리과정 관련요소	• 신체운동 · 건강: 건강하게 생활하기–몸에 좋은 음식에 관심을 가지고 바른 태도로 즐겁게 먹는다. • 예술경험: 창의적으로 표현하기–다양한 미술재료와 도구로 자신의 생각과 느낌을 표현한다.
가. 활동 자료	점토, 미술 깔판, 급식판, 미술가운, 간식화보, 점토도구, 급간식 내용 사진
나. 활동 방법	1. 유치원/어린이집에서 먹는 간식시간을 회상해 본다. – 집에서 먹는 간식과 유치원/어린이집에서 간식이 어떤 점이 다르니? 유치원/어린이집에서 먹은 간식 중에서 가장 맛있었던 간식은 무엇이니? – 친구들과 함께 간식을 먹어 보니 어떤 점이 좋았니?(어떤 점이 불편했니?) 2. 친구에게 주고 싶은 간식이나, 친구와 나누어 먹고 싶은 음식을 생각해 본다. – 친구들과 함께 먹고 싶은 간식이 있니? 있다면 어떤 간식을 나누어 먹고 싶니? 3. 점토를 탐색해 본다. – 이것은 무엇일까? – 만져보니 느낌이 어떠니? – 이것으로 무엇을 만들 수 있을까? 4. 점토로 친구와 나누어 먹고 싶은 간식을 만들어 본다. – 이 점토로 너희들이 친구들과 나누어 먹고 싶다고 이야기 한 간식을 만들어 볼 거야.

	– 동그랗게 생긴 간식은 동그랗게, 길쭉하게 생긴 간식은 길쭉하게 만들어 보자. 5. 점토로 만든 간식을 소개한다. – 점토로 간식을 만들어 보니 기분이 어떠니? – ○○는 어떤 간식을 만들었니? – 왜 친구와 이 간식을 나누어 먹고 싶니? – 간식을 나누어 줄 때 기분이 어떨까? 6. 점토로 만든 간식을 식판에 담아 전시한다.  
다. 활동의 유의점	1. 정확한 음식의 형태가 나오기는 힘든 연령이므로 구체적 모양보다 활동 자체를 즐길 수 있도록 한다. 2. 점토를 충분히 탐색할 수 있도록 한다.
라. 활동 평가	1. 유치원/어린이집에서 친구들과 함께 먹는 간식의 종류에 관심을 갖는지 평가한다. 2. 점토의 특성을 활용하여 음식을 구성하는지 평가한다.
마. 확장 활동	1. 흰색 점토에 색깔을 넣어서 간식 만들기 활동을 해 본다. 2. 급식시간에 먹었던 음식을 만들어 본다. 3. 점토로 만든 간식모형을 역할놀이영역에서 친구 초대상 차리기 놀이를 한다. 4. 친구와 함께 나누어 먹고 싶은 간식 중 한 가지를 정해 요리활동을 한다. 5. 간식을 먹을 때의 예절이나 태도에 대해 이야기 나누기를 한다.

3. 쉴 수 있는 잠자리를 만들어요

활동목표	• 휴식을 위해 잠이 필요함을 안다. • 블록을 이용해 잠자리를 자유롭게 구성한다. • 잠자기를 놀이로 표현한다.
3세 누리과정 관련요소	• 신체운동 · 건강: 건강하게 생활하기 하루 일과에서 적당한 휴식을 취한다. • 예술경험: 창의적으로 표현하기–다양한 미술재료와 도구로 자신의 생각과 느낌을 표현한다.

가. 활동 자료	종이벽돌 블록, 큰 스펀지 블록, 다양한 크기의 스카프, 쿠션, 인형, 자장가 음악
나. 활동 방법	1. 유아들과 함께 집놀이나 가족놀이를 하면서 쉴 수 있는 잠자리를 만들 것을 제안한다. - 너무 열심히 놀았더니 기운이 없네. 피곤하니까 잠이 오는걸. - 어디서 잠을 자면 좋을까? 2. 유아들과 함께 잠에 대한 이야기를 나눈다. - 우리는 언제 잠을 자니? 3. 잠자리의 크기, 모양 등에 대해 이야기 나누며 블록으로 구성해 본다. - 어떤 곳에서 잠을 자니? - 잘 수 있도록 만들려면 어떻게 만들면 좋을까? - 어떤 블록으로 만들면 좋을까? - 우리가 직접 누울 수 있으려면 얼마나 크게 만들어야 할까? - 어떤 모양으로 침대를 만들면 더 편안할까? - 나한테 딱 맞는 크기인지 한번 누워 볼까? 4. 잠자리를 편안하게 할 수 있는 방법에 대해 이야기 나누며 준비한다. - 잠잘 때 더 필요한 것들은 뭐가 있을까? - 어떤 것을 베개(이불)로 할까? - 잠잘 때 또 어떤 것들이 있어야 편안할까? - 잠을 자려고 하는데 잠이 잘 오지 않아서 힘들었던 적이 있니? - 그럴 때는 어떻게 해야 잠이 잘 올까? 5. 잠자는 역할놀이를 한다. - 우리가 만든 잠자리가 정말 편안한지 누워 볼까? - 자장가를 들으니 어떠니? - 아직 잠이 잘 오지 않는 친구들은 동화책을 읽어 볼까? - 아, 잘 잤다. 잠을 자고 나니 어떠니? 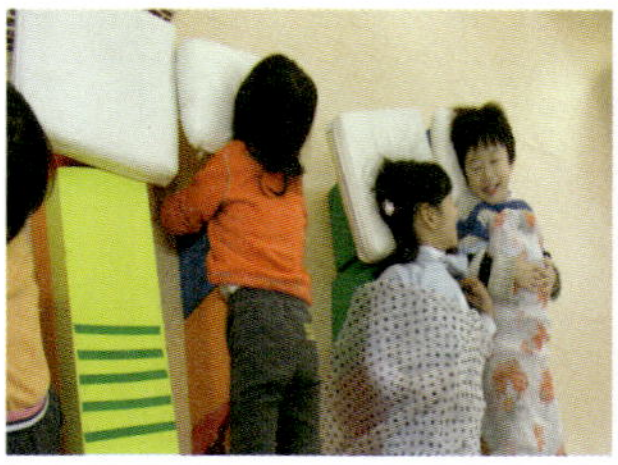 

다. 활동의 유의점	1. 유아가 제안한 방법과 소품으로 자유롭게 잠자리를 만들고 꾸밀 수 있도록 한다. 2. 유아 중 직접 잠자기를 싫어하는 유아는 아기인형의 잠자리를 만들어 재우는 놀이로 유도할 수 있다. 3. 잠자는 놀이 중 자연스럽게 음악 감상을 통한 휴식을 경험해 볼 수 있도록 한다.
라. 활동평가	1. 휴식을 위해 잠이 필요하다는 것을 아는지 평가한다. 2. 블록을 이용하여 잠자리를 구성하고 놀이에 즐겁게 참여하는지 평가한다.
마. 확장활동	1. 우리나라와 다른 나라의 다양한 자장가를 감상해 볼 수 있는 기회를 제공해 줄 수 있다. 2. 잠자리 외에 편안히 쉴 수 있는 다양한 공간을 구성해 보도록 할 수 있다.

4. 여름 날씨와 옷차림	
활동목표	• 여름 날씨의 특징을 안다. • 여름 날씨에 적합한 옷차림에 대해 관심을 갖는다. • 여름 날씨에 대한 자신의 경험과 생각을 말한다.
3세 누리과정 관련요소	• 신체운동 · 건강: 건강하게 생활하기–질병을 예방하는 방법을 알고 실천한다. • 의사소통: 듣기와 말하기–자신의 경험, 느낌, 생각을 말한다. • 자연탐구: 자연과 더불어 살기–날씨와 계절의 변화를 생활과 관련짓는다.
가. 활동 자료	여름 날씨와 옷차림에 관련된 사진  〈여름 날씨 사진〉  〈여름 옷차림 사진〉

나. 활동 방법	1. 아침 날씨가 어떠하였는지에 대해 이야기를 나눈다. – 오늘 아침 날씨가 어땠니? – 바람이 불었니? 햇볕이 많이 뜨거웠니? 비가 왔었니? 2. 여름 날씨와 관련된 사진을 보여 주며 여름 날씨의 특징에 대해 이야기를 나눈다. – 이 사진에서 날씨가 어떤 것 같니? – 햇빛이 뜨겁게 비치는 더운 날(비가 많이 오는 날, 비바람이 세게 부는 날)은 기분이 어떨까? 3. 여름의 다양한 날씨 변화에 따른 적합한 옷차림에 대해 이야기를 나눈다. – 햇빛이 쨍쨍 비추고 있지? 이렇게 더운 날에는 어떤 옷차림을 하면 좋을까? – 더운 여름날에 바닷가나 수영장에 가려면 어떤 옷을 준비해야 할까? – 비 오는 날(바람이 많이 부는 날)에는 어떤 옷차림을 하고 밖에 나가면 좋을까? 4. 유아가 입은 옷을 자세히 탐색하도록 하고 날씨와 관련지어 이야기를 나눈다. – 오늘 너희가 입고 온 옷을 잘 살펴보자. 어떤 옷을 입었니?(예: 반바지, 치마, 짧은 소매의 티셔츠, 민소매 원피스 등) – 소매 없는 옷이나 반바지를 입고 오니까 어떤 것 같니? 5. 유아가 신고 온 신발과 날씨를 관련지어 이야기를 나눈다. – 오늘 날씨가 많이 덥지? 너희는 오늘 어떤 신발을 신고 왔니? – 슬리퍼나 샌들을 신으니까 어떤 것 같니? – 오늘은 아침부터 비가 내리고 있구나. 너희는 어떤 신발을 신고 왔니?
다. 활동의 유의점	1. 여름 날씨 특징에 대해 이야기를 나눌 때 유아의 경험에 기초하도록 한다. 2. 여름 옷차림에 대한 사진 이외에 실제로 유아가 입은 옷을 자세히 탐색하여 날씨와 옷차림의 관계를 알 수 있도록 한다
라. 활동 평가	1. 여름 날씨의 특징을 아는지 평가한다. 2. 여름 날씨에 적합한 옷차림에 관심을 갖는지 평가한다. 3. 여름 날씨에 대한 자신의 경험과 생각을 말하는지 평가한다.
마. 확장 활동	1. 여름 날씨와 관련된 사진을 신문이나 잡지에서 찾아 오려서 붙여 보는 콜라주 활동을 한다. 2. 역할놀이 영역에 인형과 인형 여름옷을 제공하여 옷 갈아입히기 놀이를 해 본다.

2. 만 4세 유아

1. 건강하게 봄을 지내요	
활동목표	• 봄철의 특징적인 현상에 관심을 갖는다. • 봄을 건강하게 지내는 방법에 대해 알아본다. • 황사가 우리 건강에 미치는 해로움을 알고 대처 방법을 실천하는 태도를 갖는다.
4세 누리과정 관련요소	• 신체운동 · 건강: 건강하게 생활하기–자신의 몸과 주변을 깨끗이 한다. • 자연탐구: 자연과 더불어살기–생명과 자연환경을 소중히 여긴다.
가. 활동 자료	봄철 날씨에 대한 플래시 자료 1(꽃샘추위로 감기 환자 급증, 황사 피해), 봄철을 건강하게 지내기 위한 방법에 대한 플래시 자료 2(손 씻는 방법, 기침할 때의 예절, 황사가 발생했을 때에 대처방법, 기온에 따른 옷 입기)    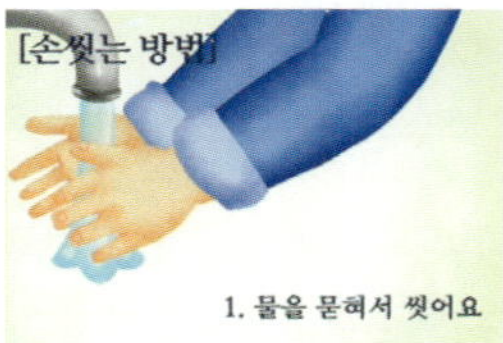  
나. 활동 방법	1. 플래시 자료 1을 보며, 봄철의 특징적인 현상(꽃샘추위, 황사현상)에 대해 이야기를 나눈다. – 영상을 보니 무엇에 대한 이야기인 것 같니? – 꽃샘추위라는 말을 들어 본 적이 있니? 꽃샘추위를 경험해 보았니? – 황사라는 말을 들어 본 일이 있니? – 황사가 심한 날 바깥에 나가 본 일이 있니? 어땠니? 2. 꽃샘추위와 황사현상이 우리 건강에 미치는 영향에 대해 이야기를 나눈다. – 오늘 아침에 유치원/어린이집에 올 때 날씨가 어땠니? – 유치원/어린이집에 있는 동안은 따뜻한데 왜 아침엔 다른 걸까? – 유치원/어린이집에 오지 못한 친구들은 왜 아픈 걸까? – 아침과 낮 기온이 크게 다르기 때문에 우리 몸이 쉽게 피곤해진단다. – 우리 몸을 아프게 하는 병균이나 바이러스와 싸우는 힘이 우리 몸에 있는데 나쁜 병균을 물리치는 힘이 약해져서 병에 걸리기 쉽단다. – 황사가 심한 날 바깥에서 놀면 어떨 것 같니? – 모래바람이 너희들의 눈, 코, 입, 귀와 목에 들어가면 어떤 일이 생길까?

	3. 플래시 자료 2를 보며 우리 몸을 건강하게 지키기 위한 방법에 대해 이야기를 나눈다. – 왜 깨끗하게 씻어야 할까? 깨끗하게 씻지 않으면 어떻게 될까? – 기침을 할 때 다른 사람들에게 피해를 주지 않으려면 어떻게 해야 할까? – 황사가 있을 때에 꼭 밖에 나갈 일이 생긴다면 어떤 차림을 하고 나가야 할까? – 마스크를 사용한 다음엔 왜 버려야 할까? – 물은 왜 자주 마셔야 할까? – 왜 옷을 여러 겹 겹쳐 입어야 할까? 4. 우리 몸을 건강하게 지키기 위한 방법을 실천해 본다. – 바깥놀이에 다녀와서 동영상에서 나온 손 씻는 방법에 따라 손을 씻어 보자.
다. 활동의 유의점	1. 봄철 유아들이 걸리기 쉬운 유행병에 걸린 유아가 있다면 유아의 경험을 이용해 문제점, 증상 등을 이야기하고, 어떻게 치료했는지, 기분이 어땠는지 등에 대해 이야기해 볼 수 있다. 2. 교사는 봄철 유아들이 걸리기 쉬운 유행병에 대해 미리 알아 둔다. 질병관리본부 사이트(http://www.cdc.go.kr)에서 비법정감염병, 유행성눈병 감염예방 수칙 등과 관련된 참고자료를 확인할 수 있다.
라. 활동 평가	1. 봄철의 특징적인 현상에 관심을 갖는지 평가한다. 2. 봄을 건강하게 지내는 방법을 아는지 평가한다. 3. 황사가 우리 건강에 주는 해로움을 알고 스스로 실천하는 태도를 갖는지 평가한다.
마. 확장 활동	1. 올바른 손 씻기 방법을 사진으로 제작하여 화장실 벽면에 붙이고 실천한다. 2. 황사 먼지로 덮인 식물을 가져다가 닦는 활동을 할 수 있다.

2. 메추리알 베이컨 말이	
활동목표	• 요리도구를 안전하게 사용하여 음식을 만든다. • 요리 활동에 즐겁게 참여한다.
4세 누리과정 관련요소	• 신체운동 · 건강: 건강하게 생활하기–몸에 좋은 음식에 관심을 가지고 바른 태도로 즐겁게 먹는다. • 자연탐구: 생활속 탐구하기–도구와 기계에 대해 관심을 가진다.
가. 활동 자료	요리 순서도, 삶은 메추리알, 베이컨, 접시, 칼, 산적대, 후라이팬, 전기식 가열대
나. 활동 방법	1. 준비된 재료를 보면서 어떤 음식들을 만들 수 있을지 이야기한다. – 베이컨은 어떤 동물로부터 얻을 수 있는 것일까? – 이것들로 무슨 음식을 만들 수 있을까?

2. 요리방법에 대하여 이야기를 나눈다.
   - 베이컨이나 메추리알로 만든 음식 중 무엇을 먹어 보았니?
   - 메추리알 베이컨 말이는 어떻게 만드는 것일까?
   - 요리를 하기 전에 주의할 점은 무엇일까?

3. 요리 순서도에 따라 요리를 한다.

4. 간식으로 먹는다.
   - 우리가 만든 음식을 먹어 보니 어떠니?

5. 활동을 평가한다.
   - 메추리알 베이컨 말이는 요리하기가 어땠니?
   - 메추리알 베이컨 말이 맛이 너희가 생각했던 맛과 같았니?

〈메추리알 베이컨 말이 요리 순서〉

① 메추리알 껍질을 벗긴다.	② 칼로 베이컨을 자른다.	③ 베이컨으로 메추리알을 감싼다.

④ 산적대에 꽂는다.	⑤ 후라이팬에 익힌다.	⑥ 맛있게 먹는다.

출처: 오물조물 맛있는 요리활동(대전교육청장학자료, 2007).

다. 활동의 유의점	1. 산적대에 메추리알과 베이컨을 꽂을 때 손이 찔리지 않도록 주의한다. 2. 후라이팬 사용 시 교사가 조리하도록 하며, 유아의 안전에 유의한다. 3. 피망, 버섯, 양파 등 유아가 잘 먹지 않은 음식을 한 가지 정도 준비하여 함께 산적대에 끼워서 편식지도에 활용해 본다.
라. 활동 평가	1. 도구를 안전하게 사용하는지 평가한다. 2. 요리 활동에 즐겁게 참여하는지 평가한다.
마. 확장 활동	1. 요리 후 요리 과정과 맛 본 느낌에 대해 동시 짓기 활동을 해 볼 수 있다. 2. 음식을 만들어 기관에서 일하시는 분들께 대접한다.

3. 슈베르트 자장가

활동목표	• 음악을 들으며 휴식한다. • 음악을 듣고 그 느낌을 표현한다.
4세 누리과정 관련요소	• 신체운동 · 건강: 건강하게 생활하기–하루 일과에서 적당한 휴식을 취한다. • 의사소통: 듣기와 말하기–자신의 경험, 느낌, 생각을 말한다. • 예술경험: 예술 감상하기–다양한 예술을 감상하며 상상하기를 즐긴다.
가. 활동 자료	슈베르트의 자장가가 담긴 CD, CD 플레이어, 여러 가지 자장가, 인형
나. 활동 방법	1. 슈베르트의 '자장가'를 듣고 이야기를 나눈다. – 이 음악을 들어 본 경험이 있니? – 언제(어디서) 들어 보았니? – 이 음악을 들으니 어떤 느낌이 드니? – 왜 잠을 자고 싶을까? – 이 음악의 제목은 무엇일 것 같니? – 자장가를 들으면 왜 잠이 올까? – 슈베르트는 왜 이 음악을 '자장가'라고 곡명을 정했을까? 2. 자장가를 만든 작곡가에 대해 이야기 나눈다. – 이 자장가는 누가 지었을까? – 슈베르트 외에 자장가를 만든 작곡가들을 알고 있니?(모차르트, 브람스 등) – 슈베르트에 대해서 알아볼까? 〈작곡가 소개〉 오스트리아의 초기 독일 낭만파의 대표적 작곡가이다. 주로 빈에서 활동하며 다양한 부문에 걸쳐 많은 작품을 남겼고 '가곡의 왕'으로 불린다. 가곡을 독립된 음악의 한 부문으로 끌어올렸으며 다양한 가곡 형식으로 독일 가곡에 큰 영향을 주었다. 주요 작품에 '아름다운 물방앗간의 처녀', '겨울 나그네' 등이 있다. 〈곡 소개〉 자장가는 1816년 슈베르트가 19세 때 작곡한 것으로 독일의 서정시인 클라우디우스(M. Claudius 1740~1815)의 시에 슈베르트가 곡을 붙인 것이다. 브람스, 모차르트의 자장가와 더불어 가장 널리 사랑받는 곡이다. 바장조, 4/4박자, 한 도막 형식의 곡으로 조용하고 편안한 분위기를 자아내는 화음의 반주 위에 간결한 음이 포근함을 느끼게 한다. 출처: 네이버 백과사전. 3. 음률 영역에서 자유롭게 '슈베르트 자장가'를 감상할 수 있음을 소개한다.

	– 자장가를 감상할 때 어떤 자세로 들으면 좋을까? (예: 목소리는 내지 않고 음악에 맞추어 몸으로 느끼며 듣기, 손을 저으며 듣기, 손가락으로 바닥을 살살 치면서 듣기, 스카프를 움직여 보며 듣기) 4. 자유선택활동 후 '슈베르트 자장가'를 감상한 느낌을 이야기 나눈다. – 음악을 다시 들어 보니 느낌이 어떠니? – 음악의 빠르기는 어떠니? (자장가를 작곡할 때 작곡가의 의도를 다시 한번 이야기 나눈다.) – (자장가를 들으며) 가장 생각나는 것은 무엇이니? 5. (또는 낮잠 시간에) '슈베르트 자장가'를 감상하며 휴식을 한다. – 자리에 누워서 음악을 감상해 볼까? – 눈을 감고 감상해 볼까? – 또 어떻게 감상하면 좋겠니? – 인형과 함께 휴식해 볼까? – 교실의 인형 중에서 좋아하는 인형을 가지고 와 볼까?
다. 활동의 유의점	1. 편안한 분위기(인형, 방석, 푹신한 의자 등)가 조성된 음률 영역에서 자장가를 들을 때 더욱 효과적이다. 2. 동적 활동이나 실외 활동 이후, 방과 후 과정의 낮잠 시간에도 자장가를 감상하면서 휴식을 할 수 있도록 한다.
라. 활동 평가	1. 음악을 들으며 편안하게 휴식하는지 평가한다. 2. 음악을 듣고 느낀 점을 움직임이나 말로 적절히 표현한다.
마. 확장 활동	1. 슈베르트의 자장가를 듣고 느낀 점을 신체표현 활동으로 확장할 수 있다. 2. 곡에 익숙해지면 노랫말을 만들어 함께 불러 볼 수 있다. 3. 우리나라의 전래 자장가를 부르며 활동할 수 있다.

4. 동물로부터 내 몸을 보호하기	
활동목표	• 집에서 기르는 동물의 습성을 안다. • 집에서 기르는 동물로부터 자신을 안전하게 보호한다. • 이야기 내용을 바르게 듣고 중요한 내용을 기억한다.
4세 누리과정 관련요소	• 신체운동 · 건강: 건강하게 생활하기-질병을 예방하고 실천하는 방법 알고 실천한다. • 의사소통: 듣기와 말하기-말이나 이야기를 관심있게 듣는다. • 의사소통: 듣기와 말하기-자신의 경험, 생각, 느낌을 말한다. • 자연탐구: 자연과 더불어 살기-생명과 자연환경을 소중히 여긴다.

가. 활동 자료

집에서 기르는 동물로부터 피해를 입은 상황 그림, 동물로 인한 위험한 상황의 그림 자료(생활주제와 함께하는 안전교육, 한국산업안전공단. 2003 참조), 반려동물을 안전하게 다루는 방법 그림자료

〈고양이에게 할퀴여 얼굴에 상처가 난 아이〉	〈거북이로부터 살모넬라균이 전염되어 열이 나고 구토가 나는 아이〉	〈먹이를 먹을 때 만지기〉

〈잠잘 때 만지기〉	〈동물을 만진 후 손을 씻지 않기〉	〈동물과 함께 자기〉

〈손으로 만지기〉	〈배설물을 만지기〉	〈동물 우리를 지저분하게 하기〉

<table>
<tr><td>나. 활동 방법</td><td>1. 집에서 기르는 동물로부터 피해를 입은 상황 그림을 보며 이야기해 본다.
– 이 친구는 집에서 고양이를 기르고 있단다. 그런데 이 친구의 얼굴은 왜 이렇게 상처가 났을까?
– 이 친구는 집에서 거북이를 기르고 있단다. 왜 이렇게 열이 나고 구토를 할까?

2. 집에서 기르는 동물이 사람에게 위험할 수 있는 상황 그림을 한 장씩 보면서 어떤 상황인지, 어떻게 해야 하는지에 대해 이야기를 나눈다.
– 지금 이 아이는 어떻게 하고 있니?
– 이러면 어떤 점이 위험할까?

3. 그림자료를 보면서 집에서 기르는 동물을 안전하게 다루는 방법에 대해 이야기 나눈다.</td></tr>
<tr><td>다. 활동의 유의점</td><td>1. 주의사항을 분명히 알고 체득해야 하는 내용이므로, 교사가 정확한 내용을 분명하게 이야기해 준다.
2. TV 프로그램 중 동물 안전과 관련된 내용을 녹화하여 보여 주는 것도 효과적이다.

〈반려동물을 안전하게 다루는 방법〉
– 약을 올리거나 때리지 않는다.
– 목욕이 가능한 동물이면 목욕을 시킨다.
– 전염병 예방주사를 맞힌다.
– 반려동물과 같은 방에서 잠자지 않는다.
– 배설물을 철저히 관리한다.</td></tr>
<tr><td>라. 활동 평가</td><td>1. 집에서 기르는 동물의 습성을 이해하는지 평가한다.
2. 동물을 기를 때 일어날 수 있는 위험한 상황으로부터 자신의 몸을 보호하는 방법에 대해 관심을 가지고 실천하는지 평가한다.
3. 이야기 나누기에 집중하고 이야기 내용을 이해하는지 평가한다.</td></tr>
<tr><td>마. 확장 활동</td><td>1. '상황카드 뒤집기' 게임을 전개할 수 있다.

〈상황카드 뒤집기 게임방법〉
① 카드의 양면에 동물을 기르는 바른 태도와 잘못된 태도 그림을 붙인다(카드 양면의 색을 달리하여 구분을 줄 수 있다).
② 동물 종류별로 나누어 가지고 바르지 못한 태도가 보이도록 카드를 바닥에 깔아둔다.
③ 주사위를 던져 자신의 동물 그림이 나오면 카드를 한 장 뒤집어 바른 태도가 보이도록 한다.
④ 한 쪽의 카드가 모두 바른 태도로 뒤집어지면 게임이 끝난다.</td></tr>
</table>

3. 만 5세 유아

1. 실외놀이터 청소하기	
활동목표	• 주변을 깨끗하게 해야 함을 알고 실천한다. • 실외놀이터를 청소해 주시는 분께 감사한 마음을 가진다.
5세 누리과정 관련요소	• 신체운동 · 건강: 건강하게 생활하기-자신의 몸과 주변을 깨끗이 한다. • 사회관계: 더불어 생활하기-서로 도우며 사이좋게 지낸다.
가. 활동 자료	청소도구들(쓰레받기, 빗자루, 쓰레기를 주울 수 있는 집게, 먼지떨이, 걸레, 분리수거가 가능한 쓰레기통)
나. 활동 방법	1. 실외활동 시간에 유아들과 이야기를 나눈다. – 친구들과 주변을 둘러 볼까요? – 내일 다시 놀이하려면 어떻게 하면 좋을까요? 2. 청소에 필요한 도구와 사용법을 알아본다. – 우리 어린이집의 실외 놀이터를 청소하려면 무엇이 필요할까요? – 우리가 앉는 의자, 그네, 미끄럼틀은 어떻게 청소하면 좋을까요? 3. 유아들을 소집단으로 나눈 후, 적절한 청소도구를 이용하여 맡은 부분을 청소한다. 4. 청소를 마치면 모아진 쓰레기는 분리수거하고, 사용했던 청소도구는 모두 제자리에 정리한다. 5. 평소에 실외놀이터를 깨끗하게 정리하는 분은 누구인지 알아보고 감사한 마음을 가진다.
다. 확장 활동	1. 실외놀이터를 청소해 주시는 분과 우리에게 도움을 주시는 분들께 감사한 마음을 카드로 적어 전달할 수 있다. 2. 아이들과 함께 실외놀이터 청소의 날을 정해서 주기적으로 청소에 참여할 수 있다.

2. 여름 과일로 만드는 별난 화채	
활동목표	• 몸에 좋은 여름철 과일을 안다. • 요리하는 과정에서 즐거움을 느낀다.
5세 누리과정 관련요소	• 신체운동 · 건강: 건강하게 생활하기–몸에 좋은 음식에 관심을 가지고 바른 태도로 즐겁게 먹는다. • 자연탐구: 탐구하는 과정 즐기기–주변 세계와 자연에 대해 지속적으로 호기심을 가진다.
가. 활동 자료	여러 가지 여름철 과일, 여러 가지 음료수(살짝 얼린 우유 · 요쿠르트 · 검은콩 두유), 설탕 또는 올리고당, 전지, 빵칼, 숟가락, 모양틀, 접시 등
나. 활동 방법	1. 활동을 시작하기 전에 집에서 즐겨 먹는 여름철 음식을 조사하여 발표하고, 음식 그래프를 만들어 본 경험에 대해 이야기를 나눈다. – 친구들이 발표했던 여름철 음식 중에서 가장 먹어 보고 싶은 음식은 무엇인가요? – 집 또는 어린이집에서 과일화채를 먹어 보거나 만들어 본 적이 있나요? 2. 소집단으로 나누어 앉아 요리 재료를 탐색한다. – 여름 과일 중에서 가장 좋아하는 과일은 무엇인가요? – 이 과일은 우리 몸에 어떤 점이 좋을까요? – 이 과일을 어떻게 좋아하게 됐나요? 3. 소집단별로 과일 화채 만드는 방법과 순서에 대해 의논하고, 전지에 글자로 적거나 그림으로 표현해 본다. – 여름 과일로 별난 화채를 어떻게 만들 수 있을까요? – 어떤 과일들로 화채를 만들고 싶나요? – 우유와 요쿠르트를 섞어서 화채를 만들면 어떤 맛이 날까요? – 과일의 모양을 어떻게 자르면 보기에 더 맛있어 보일까요? – 별난 화채의 이름을 어떻게 지을 수 있을까요? – 요리 순서는 어떻게 할까요? 4. 소집단별로 역할을 나누어 요리활동을 진행한다. 5. 요리가 끝나면 친구들과 함께 시식해 보고 느낌을 서로 이야기한다.
다. 활동의 유의점	1. 대부분의 유아가 가정 또는 어린이집에서 과일 화채를 만들어 본 경험이 있을 수 있으므로 정해진 요리 순서표를 제시하기보다 소집단별로 전지를 이용하여 독특한 요리 방법과 순서를 계획해 보도록 한다. 2. 요리를 진행하는 과정에서 과일의 모양과 맛, 여러 가지 음료수를 섞어 보는 등 창의적인 활동이 될 수 있도록 한다.

3. 엘가의 '사랑의 인사'를 감상해요	
활동목표	• 음악에 대한 자신의 느낌을 언어와 신체로 표현한다. • 음악을 즐기며 적절한 휴식을 취한다.
5세 누리과정 관련요소	• 예술경험: 예술 감상하기-다양한 예술을 감상하며 상상하기를 즐긴다. • 신체운동 · 건강: 건강하게 생활하기-하루 일과에서 적당한 휴식을 취한다.
가. 활동 자료	엘가의 '사랑의 인사' 테이프나 MP3 파일, 카세트 플레이어
나. 활동 방법	1. 유아와 휴식을 취하며 음악을 감상하는 태도에 대해 이야기를 나눈다. – 음악을 감상할 때 무엇이 필요할까요? – 음악을 감상할 때는 어떤 자세로 듣는 것이 좋을까요? 2. 음악을 감상한 느낌에 대해 이야기를 나눈다. – 이 음악을 들으면 우리가 어디에 가 있을 때가 생각나나요? – 음악을 색깔로 표현한다면 어떤 색일까요? – 이 곡에 나오는 주인공은 누구일까요? 3. 감상한 음악의 제목과 작곡가가 사랑하는 마음으로 인사하는 장면에 대해 이야기를 나눈다. 4. 음악을 들으면서 느낌을 손짓이나 몸짓으로 표현해 본다. – 음악을 들으면서 어떤 장면이 생각나나요? – 음악의 선율에 맞추어 손이나 머리, 몸을 어떻게 움직일 수 있을까요?
다. 확장 활동	1. 음악을 감상하면서 연상되거나 느낀 점들을 이야기나 그림으로 표현해 볼 수 있다. 2. 감상한 음악을 전이시간이나 점심시간에 유아들과 함께 감상해 볼 수 있다.

4. 겨울을 건강하게 보내려면	
활동목표	• 겨울철 날씨와 건강한 생활에 대하여 의견을 나눈다. • 겨울을 건강하게 보내는 방법에 대하여 알고 실천한다.
5세 누리과정 관련요소	• 의사소통: 듣기와 말하기-자신의 경험, 느낌, 생각을 말한다. • 신체운동 · 건강: 건강하게 생활하기-질병을 예방하는 방법을 알고 실천한다.
가. 활동 자료	겨울 날씨와 생활과 관련된 사진자료, 주사 맞는 그림, 손 씻는 그림, 겨울 놀이와 운동, 산책하는 그림자료
나. 활동 방법	1. 겨울철 날씨와 그에 따른 옷차림에 대해 이야기 나눈다. – 겨울 날씨는 어떤가요? – 추운 날씨로 변하면서 우리들의 생활은 어떻게 변했을까요? 2. 추운 겨울 날씨로 인해 몸이 아팠던 경험들에 대해 이야기를 나눈다. – 겨울 날씨 때문에 아팠던 경험들이 있나요? – 아팠던 이유는 무엇인가요? – 어떻게 해서 나을 수 있었나요? 3. 겨울철에 건강하게 보내는 방법에 대하여 이야기 나눈다. – 겨울을 건강하게 보내려면 어떻게 해야 할까요? – 몸의 체온을 유지하려면 어떻게 할까요? 4. 겨울철을 건강하게 보내는 방법에 대한 유아들의 의견을 적어 교실에 부착하여 실천한다. (예: 적정한 온도와 습도 유지하기, 환기시키기, 규칙적 운동과 청결 유지 등)
다. 확장 활동	1. '건강하게 보내요'라는 제목의 건강한 생활을 격려하는 약속 책을 만들어 본다. 2. 가정과 연계하여 겨울철 걸리기 쉬운 질병, 예방법을 인터넷으로 조사해 본다. 3. 겨울철 적정 실내 온도, 습도에 대해 알아보고 유지할 수 있도록 실천해 본다.

참고문헌

고선옥, 김경신, 임경례, 한성민(2021). 보육교사 1급승급교육. 정민사.

고용노동부, 안전보건공단(2017). 직업건강 가이드라인.

교육부(2015). 유치원 시설안전관리 매뉴얼. 교육부.

교육부(2020). 유치원생활기록부 기재요령. 교육부.

교육부, 보건복지부(2016). 어린이집 · 유치원 아동학대 조기발견 및 관리 및 대응 매뉴얼. 교육부, 보건복지부.

교육인적자원부(2006). 가족과 함께하는 유아체력증진 프로그램. 교육인적자원부.

국민건강보험관리공단(2021). 영유아 건강검진 프로그램. 국민건강보험관리공단

기은옥(2013). 영유아의 교사 애착안정성에 영향을 미치는 관련변인 연구. 전남대학교 대학원 박사학위논문.

김길숙, 박진아, 최윤경, 임현정, 이세용(2016). 유아기 신체 건강 증진을 위한 정책 방안 연구(Ⅰ): 프로그램 효과를 중심으로. 육아정책연구소.

김리원(2019). 사회복지사의 일터영성과 삶의 질의 관계-정신건강과 돌봄효능감의 다중매개 효과를 중심으로. 서강대학교 신학대학원 박사학위논문.

김미나(2015). 건강신념모형을 적용한 임신부의 구강건강관련행위에 영향을 미치는 요인. 을지대학교 보건대학원 석사학위논문.

김미수(2019). 조산으로 출생한 영유아의 감각처리특성과 섭식, 수면의 상관관계. 인제대학교 대학원 석사학위논문.

김세미(2016). 수도권거주 임신부의 건강기능식품 섭취실태에 관한 연구. 중앙대학교 의약식품 대학원 석사학위논문.

김승혜, 이대우, 이효설, 지명관, 이주현(2019). 전문가가 알려주는 어린이와 청소년의 치아 이야기. 세원문화사.

김영란(2017). 태교 프로젝트 활동이 임신부의 정서에 미치는 긍정적인 변화. 대구교육대학교 교육대학원 석사학위논문.

김영미(2018). 스토리텔링을 활용한 예술놀이 활동이 만2세 영아의 정서지능에 미치는 영향. 숙명여자대학교 원격대학원 석사학위논문.

김은숙(2015). 그림책에 나타난 영유아 건강교육 내용분석 및 그림책을 활용한 건강교육의 실태. 한양대학교 교육대학원 석사학위논문.

김태임, 김혜금, 최용득(2012). 아동간호학. 정민사.

김효주(2020). 모바일 알림장을 활용한 교사-학부모 간 의사소통을 통해 유아교사가 인식한 어려움과 개선점. 중앙대학교 교육대학원 석사학위논문.

대구광역시, 대구광역정신건강복지센터, 대구가톨릭대학병원(2020). **영 · 유아기 정신건강 가이드북. 몸도 튼튼 마음도 쑥쑥**. 대구광역정신건강복지센터.

대한간호학회(1996). **간호학대사전**. 한국사전연구사.

도로교통공단(2021). 2021년판 교통사고 통계분석(2020년 통계). 도로교통공단 안전본부 교통사고종합분석센터.

류경희(2013). 어린이집 만 2세 학급 영아의 하루 일과에 대한 연구. 원광대학교 대학원 교육학박사 학위논문.

보건복지부(2011a). **안전 · 급식위생 및 아동학대예방교육**. 보건복지부.

보건복지부(2011b). **어린이집 건강관리 매뉴얼**. 보건복지부.

보건복지부(2013). **어린이집 표준보육과정에 기초한 영아보육프로그램 1**. 경성문화사.

보건복지부(2020). "어린이집 아동 성 관련 일탈행위 대응방안" 연구용역 보고서. 보건복지부.

보건복지부(2022). **보육사업안내**. 보건복지부.

보건복지부, 대한소아과학회(2011). **어린이집 건강관리 매뉴얼**. 보건복지부.

보건복지부, 육아정책연구소(2013). **영유아 문제행동지도를 위한 어린이집 보육교사 지침서**. 보건복지부.

보건복지부, 중앙육아종합지원센터(2020). **어린이집 영유아의 성 행동문제 관리 대응 매뉴얼**. 보건복지부.

보건복지부, 한국보건복지정보개발원(2015). **아동생활기록부 업무 매뉴얼**. 보건복지부.

보건복지부, 한국보육진흥원(2020). **2021 어린이집 평가 매뉴얼**. 한국보육진흥원.

보건복지부, 한국보육진흥원(2021). **어린이집 평가 매뉴얼**. 한국보육진흥원.

송영희(1998). 어머니의 태교와 아동의 행동발달 관계연구. 충남대학교 교육대학원 석사학위논문.

송태원, 안강모, 이수영(2015). 영유아 식품알레르기 예방을 위한 최신 의견: 수유와 이유식을 중심으로. *Allergy Asthma Respir Dis, 3*(5), 320-325.

식약청(2012). **어린이 급식관리 지침서**. 식약청.

식품의약품안전처(2010). **생애주기 영양관리 정보관 영양관리의 중요성**. 식품의약품안전처.

신순식(2014). **아동간호학**. 정민사.

신의진(2007). **아이 심리백과**. 갤리온.

안계형, 최준식, 한정렬, 안현경, 양재혁, 김문영, 류현미, 김민형, 정진훈, 최규홍, 이시원, 김윤영, 채용화, 우장환(2009). 임신 제 1 삼분기 이부프로펜에 노출된 임신부에서의 태아 기형 및 임신결과에 관한 연구. **대한주산회지, 20**(4), 346-353.

안소연(2020). 스마트폰 앱을 통한 부모와의 의사소통에 대한 보육교사의 인식 및 개선요구. 중앙대학교 교육대학원 석사학위논문.

어린이집안전공제회(2014). **어린이집 야외활동 안전 길라잡이**. 어린이집안전공제회.

어린이집안전공제회(2019). **어린이집 안전관리백과 건강 · 환경 · 위생 · 급식**. 어린이집안전공제회.

어린이집안전공제회(2021a). **부상유형별 예방 및 대응**. 어린이집안전공제회.

어린이집안전공제회(2021b). **생활안전 그림이야기 보육실아, 안녕?** 어린이집안전공제회.

어린이집안전공제회(2021c). **영유아 안전교육 놀이지원 자료**. 어린이집안전공제회.

엄상희(2021). 어린이집 보육교원의 공감능력과 영유아 권리존중 보육실행과의 관계. 대진대학교 교육대학원 석사학위논문.

엄옥주(2005). 유아교육기관의 건강관리 및 건강교육 실태에 관한 연구. 경기대학교 교육대학원 석사학위논문.

여성부(2002). **영아보육모형**. 여성부.

육아정책개발센터(2007). **육아지원기관의 교육 · 보육활동 분석**. 육아정책개발센터.

윤순정(2014). 약물복용 임부의 성격, 사회적지지, 산전스트레스와 모-태아 애착이 우울에 미치는 영향. 공주대학교 대학원 석사학위논문.

윤지민(2011). 영유아를위한 안전 및 건강관리 시스템에 관한 연구. 단국대학교 대학원 석사학위논문.

윤지영(2004). 임신 중 태아와의 상호작용증진 프로그램 개발 및 어머니-신생아와의 상호작용에 대한 효과. 서울여자대학교 대학원 박사학위논문.

이도레(2016). 어린이집 일과에서의 영유아 권리존중에 대한 교사와 학부모의 인식비교 및 교사의 갈등 분석. 중앙대학교 교육대학원 석사학위논문.

이동건(2020). **유아교육 각론 2판**. 정민사.

이지윤(2021). 영유아의 놀이중심 체화적 공간에 관한 연구. 홍익대학교 대학원 박사학위논문.

임미혜, 정정옥(2010). **유아교육기관에서의 영유아 건강교육**. 창지사.

정윤진(2021). 유아의 수면의 질 및 애착 안정성과 문제행동의 관계. 덕성여자대학교 교육대학원 석사학위논문.

조정명(2012). 캄보디아 5세 이하 아동의 건강결정요인. 서울대학교 보건대학원 석사학위논문.

중앙육아종합지원센터(2016). **어린이집 문서 및 서식자료집**. 중앙육아종합지원센터.

최길용(2017). 임신 중 곰팡이 노출이 아이의 아토피피부염 발생 영향에 대한 연구. 울산대학교 대학원 박사학위논문.

하새봄(2014). 유아건강교육에 대한 어린이집 교사의 개념도 분석. 신라대학교 교육대학원 석사학위논문.

한국보육진흥원(2016). **어린이집평가인증안내－3. 문서자료집(문서 7)**. 한국보육진흥원.

한국영양학회(2010). **한국인 영양섭취기준**. 한국영양학회

Barros, H., Tavares, M., & Rodrigues, T. (1996). Role of prenatal care in preterm birth and low birthweight in Portugal. *Journal of Public Health, 18*(3), 321-328.

Bradley, R. H., & Corwyn, R. F. (2002). Socioeconomic status and development. *Annual Review of Psychology 53*, 371-399.

Cappon, G., Cook, J., & Hurtt, M. (2003). Relationship between cyclooxygenase 1 and 2 selective inhibitors and fetal development when administered to rats and rabbits during the sensitive periods for heart development and midline closure. *Birth Defects Research Part B: Developmental and Reproductive Toxicology, 68*(1), 47-56.

Charner, K., Murphy, M., & Ford, J. (2005). *The giant encyclopedia of transition activities.*

Gryphon House.

Gallahue, D. V. (2001). *Understanding motor development*. McGraw-Hill Humanities/Social Sciences/Languages.

Innis, N. S. (2006). Trans fatty intakes during pregnancy, infancy and early childhood. *Atherosclerosis Supplements, 7*, 17-20.

Kim, J. H., & Scialli, A. R. (2011). Thalidomide: The tragedy of birth defects and the effective treatment of disease. *Toxicological Sciences, 122*(1), 1-6.

Levy-Shiff, R., Lerman, M., Har-Even, D., & Hod, M. (2002). Maternal adjustment and infant outcome in medically defined high-risk pregnancy. *Developmental Psychology, 38*(1), 93-103.

Lynn, F. A., Alderdice, F. A., Crealey, G. E., & McElnay, J. C. (2011). Associations between maternal characteristics and pregnancy-related stress among low-risk mothers: An observational cross-sectional study. *International Journal of Nursing Studies, 48*(5), 620-627.

Mosley, W. H., & Chen, L. C. (1984). An analytical framework for the study of child survival in developing countries. *Population and Development Review, Supplement to Vol 10*, 25-45.

World Health Organization. (2010). *Global recommendations on physical activity for health*. Geneva: Author.

찾아보기

ㅇ

ㅈ

ㅊ

저 / 자 / 소 / 개

■ 신애선

원광대학교 대학원 유아교육학 전공(교육학박사)
유원대학교 유아교육과 교수

〈저서(공동)〉 영유아 언어교육, 영유아 발달, 영유아 미술교육, 영유아 음악교육, 아동안전관리, 아동문학교육 등

■ 임경례

원광대학교 대학원 유아교육학 전공(문학박사)
창의교육연구원 원장

〈저서(공동)〉 부모자녀관계론, 유아교직실무, 아동과학교육, 놀이지도, 부모교육, 보육학개론, 영유아 언어교육, 보육교사(인성)론, 영유아 교수–학습방법, 아동문학교육 등

아동건강교육

1판 1쇄 인쇄 – 2022년 2월 21일
1판 1쇄 발행 – 2022년 2월 25일

저　　자 - 신애선 임경례
발 행 인 - 강철원
발 행 처 - 양성원
주　　소 - 경기도 파주시 검산로 173번길 29-20
전　　화 - 031-946-3861(代)
팩　　스 - 031-946-3864
이 메 일 - tnwpub@naver.com
홈페이지 - tnwpub.co.kr
출판등록 - 2015년 8월 31일 제 2015-000211 호

ISBN 979-11-6126-429-5

정가 22,000원